W0323072

Jakob Schrenk

Die Kunst der Selbstausbeutung

Jakob Schrenk

Die Kunst der Selbstausbeutung

Wie wir vor lauter Arbeit unser Leben verpassen

DuMont

Ausgeschieden von den Büchereien Wien
Büchereien Wien
Philadelphiabrücke
Magistratsabteilung 13
Arcade Meidling
12., Meidlinger Hauptstraße 73
A-1120 Wien

Erste Auflage 2007
© 2007 DuMont Buchverlag, Köln
Alle Rechte vorbehalten
Umschlag: Zero, München
Gesetzt aus der DTL Documenta
Gedruckt auf säurefreiem und chlorfrei gebleichtem Papier
Druck und Verarbeitung: Clausen & Bosse, Leck
Printed in Germany

ISBN 978-3-8321-8027-0

INHALT

EINLEITUNG

Willkommen in der schönen neuen Arbeitswelt

Seit Jahrhunderten träumen die Menschen von einer angenehmen und selbstbestimmten Arbeit. Im 21. Jahrhundert könnte diese Utopie endlich Wirklichkeit werden. Jeden Morgen, wenn wir aufwachen und zu unserem Arbeitsplatz gehen, kommen wir diesem Ziel ein wenig näher. Ein Traum wird wahr. Angenehm, selbstbestimmt. Es gibt nur ein Problem: Er könnte sich als Albtraum entpuppen.

Der moderne Angestellte muss nicht jeden Tag zur selben Zeit ins Büro. »Entscheide selbst, wann du kommen willst«, heißt es. »Bleib noch ein bisschen im Bett liegen, wenn du mehr Schlaf brauchst. Ich vertraue dir.« Die Stimme des Arbeitgebers klingt freundlich und sanft. Wenn die Sonne scheint, kann man sich selbst hitzefrei geben und vom Freibad oder von Zuhause aus ein paar Anrufe erledigen. Die Kollegen sind die besten Freunde. Mit dem Chef ist man selbstverständlich per Du. Wer hätte nicht gerne eine Arbeit, bei der er seine eigenen Ziele und Wünsche verfolgen kann, keine monotonen Handgriffe erledigt, sondern interessante Aufgaben, sich herausgefordert fühlt und am Abend befriedigt sagen kann: Ich habe etwas erreicht, auf mich kommt es an.

Wenn man sich dann im Lehnstuhl entspannt, kann es sein, dass plötzlich das Telefon klingelt. »Schick doch noch schnell die Datei rüber«, bittet der Kollege. Dann muss man den Laptop aufklappen, Informationen recherchieren, die Präsentation überprüfen. Man ist schon zu Hause, aber der Arbeitstag ist noch lange nicht vorbei. Das ist einer der Momente, in denen der Traum Risse bekommt.

20 Prozent weniger Personal, 20 Prozent mehr Leistung. Immer mehr Arbeit wird auf immer weniger Schultern verteilt. Selbstbestimmung heißt auch, dass der Angestellte drei Nachtschichten aneinanderhängt, um ein Projekt noch fertig zu bekommen. Die Belohnung: ein weiteres Projekt. Die Stimme des Arbeitgebers kann auch schneidend klingen. »Wenn ihr die Vorgaben nicht erfüllt, müssen wir die Abteilung schließen.« Jeder muss seine Stelle selbst erwirtschaften. Die Parole lautet: »Gib das Letzte«.

Die neue Arbeitswelt ist widersprüchlich und radikal anders als die vertrauten Arrangements des 20. Jahrhunderts. Flache Hierarchien, Teamarbeit, Vertrauensarbeitszeit, Eigenverantwortung – die modernen Arbeitsformen schenken dem Angestellten Freiheit und unterwerfen ihn gleichzeitig ganz neuen Zwängen und Erwartungen.

Ende der neunziger Jahre erreichte der Kapitalismus eine neue Evolutionsstufe. Entwicklungen wie das Internet, Mega-Containerschiffe und die eine oder andere Logistik-Revolution sind zugleich Bedingung und Ergebnis einer neuen Weltwirtschaftsordnung. Güter und Informationen wandern blitzschnell um die Welt. Und diese globalen Veränderungen betreffen jeden Einzelnen von uns. Während des Internetbooms wurde die Welt vernetzt, der Computer zum wichtigsten Werkzeug, Börsenkurse schossen in den Himmel und Informatik-Studenten verwandelten sich über Nacht in Millionäre. Am Ende ist kein Geld übrig geblieben, Konsequenzen hatte die hysterische Episode dennoch. In der Hitze der verbrannten Milliarden hat die *New Economy* das Bild des alten Arbeitnehmers eingeschmolzen und eine *Version 2.0* erschaffen, die längst nicht nur in der IT-Branche und anderen Zukunftsindustrien verbreitet ist, sondern auch in der *Old Economy* Gültigkeit besitzt: für Millionen ganz normaler Angestellter, Banker, Versicherungsagenten, Friseure, Verkäuferinnen und Facharbeiter. Der moderne Arbeitnehmer muss nicht so aussehen wie die hippen Internetrevoluzzer, die T-Shirts zum Geschäftsmeeting trugen und während der Arbeitszeit Tischfussball spielten, um den gleichen Werten verpflichtet zu sein: Flexibilität, Einsatzbereitschaft, Unternehmergeist. Angestellte bei *IBM* oder *Siemens*, bei *VW* oder *BMW* verdonnern sich selbst zur Wochenendarbeit, schreiben Überstunden gar nicht mehr auf und sind sogar im Urlaub für die Kollegen erreichbar. Kein Chef muss mit Lohnentzug oder Abmahnung drohen. Wir haben den Kontrolleur verinnerlicht, er sitzt jetzt in unserem Kopf. Wir wollen, was wir sollen.

Der Kapitalismus dehnt sich immer weiter aus, folgt dabei inneren Gesetzmäßigkeiten, ganz wie das Universum seit dem Urknall. Die Tendenz der westlichen Ökonomie, auch noch die entlegendsten Erdteile zu erobern, hat Rosa Luxemburg als »Landnahme« bezeichnet. Durch die Globalisierung hat dieses alte Phänomen eine ganz andere Dimension erreicht. Neu ist, dass sich Marktprinzipien und Arbeitskultur nicht nur im Business-Universum ausbreiten, sondern zunehmend auch in der Innenwelt des Menschen. Die entfesselte Ökonomie erobert jene Bereiche, die zuvor noch strikt unökonomisch definiert wurden, die Freizeit, unsere Gefühle. Der Beruf verspricht Anerkennung und Abwechslung, Spaß und Spannung, Abenteuer und Freundschaft, nähert sich in seinen Formen dem Privatleben an – und frisst es damit auf. Man könnte das als eine »innere Landnahme« bezeichnen. Ähnlich wie die Globalisierung zerstört auch dieser kollektiv-psychologische Prozess alte Ordnungen und lässt neue entstehen.

Eine neue Welt wächst heran, von der wir noch keine Karten haben. Neugierig, verwirrt und ein wenig ängstlich bewegen sich die modernen Arbeitnehmer über die weißen Flecken auf dem Globus, die Terra Incognita der Arbeit. Wer eine neue Welt bereist, sollte nicht länger auf alte Landkarten blicken. Die wirken zwar vertraut, klar und übersichtlich, aber stiften keine Orientierung mehr. Die zentralen Begriffe der industriellen Gesellschaft – Stechuhr, Senioritätsprinzip, Flächentarifvertrag – könnten schon bald nur noch im Geschichtsbuch stehen. Die Normalerwerbsbiografie, die einen Beruf und eine kontinuierliche Karriere fürs ganze Leben versprach oder androhte, die Angestelltenschicht, welche zuverlässig um 8 Uhr früh begann und um 16 Uhr 30 endete, geht in Rente. In Fabriken und Büros arbeitet man nicht länger nach dem Prinzip *Command and Control*, Befehl und Gehorsam, sondern bevorzugt individuelle Autonomie und Netzwerk-Strukturen. Wie arbeitet und lebt man heute? Wie könnte eine Landkarte der neuen Arbeitswelt aussehen?

Dieses Buch ist der Bericht einer Reise durch das neue Job-Universum. Um es zu erforschen, musste ich nicht nach Japan fliegen, wo Angestellte das Büro erst auf der Krankenliege oder der Totenbahre verlassen. Es war auch gar nicht nötig, sich mit ein paar Web-Freaks aus dem Silicon Valley zu unterhalten, nein, es hat gereicht, sich in Deutschland umzusehen. Ich habe mit Bankangestellten gesprochen, die Hierarchien hassen und die Arbeit lieben, mit Zeitarbeitern geredet, die sich nach der Festanstellung sehnen. Aus Karriere-Ratgebern lernte ich, wie der moderne Angestellte sich selbst zur Marke macht und aus seinem Leben ein Assessment-Center. Dieses Buch handelt von Elektrikern aus Zittau, die einen 850 Kilometer langen Arbeitsweg haben und von Kleinkindern, die mit Chinesischunterricht für den kommenden Weltmarkt gedrillt werden. Ich bin mit Angestellten des Mobilfunkunternehmens *O2* joggen gegangen und habe mir vom Promi-Chirurgen Werner Mang erklären lassen, warum eine hübsche Nase auch der Karriere hilft.

In der neuen Arbeitswelt haben sich nicht nur die klimatischen Bedingungen und Verhaltensvorschriften geändert, sondern ist vor allem ein neues Leitbild entstanden, ein Prototyp des modernen Arbeitnehmers. Diese Codes und Regeln finden sich nicht in einem zentralen Schriftstück, sondern bestehen aus persönlicher Eitelkeit und Sehnsucht, informellen Rollenerwartungen im Betrieb und makroökonomischen Verwerfungen. Zusammengenommen ergeben sie die »Kunst der Selbstausbeutung«, die sich durch drei Kerntugenden auszeichnet.

Arbeit muss man sich verdienen: Die Jobs werden unsicherer, die Konkurrenz härter; um überhaupt unterzukommen, muss der Erwerbstätige immer mehr leisten. Er betrachtet sich selbst als Unternehmen, dessen einzelne Abteilungen ständig überprüft, analysiert und optimiert werden müssen, feilt an der Ego-Präsentation und versucht, neue Märkte zu erschließen – und zwar global.

Der Stand-by-Angestellte: Dank Smartphone, WLAN und PC ist der moderne Arbeitnehmer immer erreichbar, der Job ist nicht zu Ende, wenn um fünf die Sirene schrillt, sondern erst dann, wenn das Projekt abgeschlossen ist. Am letzten freien Wochenende bucht er eine Fortbildung. Die bezahlte Arbeit nimmt immer mehr Raum in seinem Leben ein, im Dienst der Firma rationalisiert sich der neue Angestellte selbst die Freizeit weg, für Hobbys, Freunde und Familie bleibt immer weniger Zeit. Macht nichts: Der Job bietet ja auch viel Abwechslung und Unterhaltung.

Freiheit, die unfrei macht: Der moderne Angestellte untersteht keiner strikten Kontrolle mehr, er gestaltet seine Arbeit nach eigenen Maßstäben, er nutzt seine Fantasie und seine Leidenschaft und identifiziert sich ganz mit dem, was er tut. Und weil man »auf Arbeit« nicht länger nur sein Fachwissen einsetzt, sondern auch Gefühle und sein Ego, erobert der Job ganz neue Hirnregionen, befreit den Angestellten und gewinnt dadurch paradoxerweise eine viel größere Macht über ihn.

Es wird wohl nur wenige Menschen geben, auf die alle aufgezählten Entwicklungen exakt zutreffen. Umgekehrt existiert kein Beruf, der von den beschriebenen Umwälzungen völlig unberührt ist. Noch wichtiger als die konkreten Veränderungen von Arbeitsroutinen und Verhaltensweisen, die sich jetzt schon beobachten lassen, ist, dass sich unser Bild von der Arbeit selbst wandelt, die Art und Weise, wie wir über unseren Beruf sprechen und denken, was wir von ihm erwarten und von uns verlangen. Dieses Leitbild war früher ein passiver Angestellter, der tat, was man ihm sagte und froh war, wenn er endlich nach Hause durfte. Das neue Rollenmodell ist ein begeisterter Selbstunternehmer, ein Künstler der Selbstausbeutung. Und dieses Bild wird unsere Arbeit in Zukunft noch viel stärker beeinflussen, als dies jetzt schon der Fall ist.

Der Künstler der Selbstausbeutung ist kein dröger, grauer Technokrat. Er ist ein Kind der Gegenkultur, die in den sechziger Jahren des vergangenen Jahrhunderts die alte Bürgergesellschaft aufrüttelte, großen Einfluss in Kultur und Gesellschaft gewann und tradierte Werte wie Ordnung, Disziplin, Sauberkeit und Pünktlichkeit durch ein neues, dezidiert individualistisches Sinnsystem ersetzte: Sei du selbst! Mach was du willst. Be different. Die 68er hatten natürlich eine konsumkritische Einstellung. Oft wird jedoch übersehen, dass ihr Individualismus und ihr Ausdrucksstreben eine hohe Kompatibilität mit dem Kapitalismus aufweisen. Es ist kein Zufall, dass so viele Exhippies wie *Apple*-Chef Steve Jobs oder Filmmogul George

Lucas zu Milliardären aufgestiegen sind und die Wirtschaftswelt entscheidend geprägt haben. Und wenn junge Banker oder Architekten heute über ihren Beruf reden, dann verwenden sie beinahe dieselben Wörter wie die Hippies in Woodstock: Selbstverwirklichung, besseres Leben, Glück, Veränderung und Spaß. Dieser schwärmerische, künstlerische Zugang zur Arbeit verschmilzt auf eine eigenartige Art und Weise mit dem Manager-Diskurs, der den Wirtschaftsstandort, die Lohnnebenkosten und den Imperativ der Produktivitätssteigerung betont. So klingt der neue Sound der Arbeit: Der Beruf wird zum Zentrum des gesellschaftlichen Strebens und individuellen Seins. Andere Bereiche des Lebens, die nichts mit ökonomischer Wertschöpfung zu tun haben, werden vernachlässigt. Eine Monokultur der Arbeit entsteht.

Um Missverständnisse zu vermeiden: Dieses Buch fordert nicht die Rückkehr zur alten industriellen Arbeitswelt. Wer hätte auch Lust auf Monotonie, Befehl und Gehorsam? Es ist gut, dass immer mehr Menschen Spaß und Selbstbestimmung in ihrer Tätigkeit finden. Doch um den damit verbundenen Gefahren zu begegnen, müssen wir die Strukturen und Mechanismen der neuen Arbeitswelt verstehen, müssen zweimal hinsehen, den schönen Versprechungen misstrauen. Dabei will dieses Buch helfen.

1. DIE TOTALE FREIHEIT

Die Hierarchien werden flacher, die Eigenverantwortung größer. Neue Organisationsformen der Arbeit geben dem modernen Angestellten mehr Unabhängigkeit und zwingen ihn gleichzeitig, sich in einen Selbstunternehmer zu verwandeln.

Wenn Jan Schiemer* seine Steuererklärung ausfüllt, wie immer pünktlich im März, dann tritt jedes Jahr das gleiche Problem auf. Es verdirbt ihm den ganzen Spaß. Es geht nicht um den Papierkram, als Banker spielt Schiemer gerne mit Zahlen, er kennt sich aus mit Entfernungspauschale und Kosten für Arbeitsmittel. Es geht auch nicht um das Geld, Schiemer bekommt ein gutes Gehalt, sogar netto bleibt genug. Und wenn er ehrlich ist, erfüllt es ihn mit kindlichem Stolz, dass er, obwohl erst 33 Jahre alt, schon einen so hohen Steuersatz zahlen muss – ein Beweis für seinen beruflichen Erfolg.

Das Ausfüllen der Steuererklärung ist eine Meditationsübung des wirtschaftenden Subjekts. Jedes Jahr etwa zur selben Zeit geht man in Klausur, an den Schreibtisch und zieht Bilanz: Was habe ich geleistet, was habe ich erreicht, war es ein gutes Jahr? Irgendwann in diesem Prozess kommt Jan Schiemer dann zu einer ärgerlichen Stelle, dem kleinen Rechteck: »Einkünfte aus nichtselbstständiger Arbeit«. Für Schiemer klingen diese Worte nach Bürozelle, Kleiderordnung und Weihnachtsfeier in der Kantine, nach Befehl und Gehorsam. Dinge, die Jan Schiemer verabscheut. Selbstständig und frei, das wollte er immer sein.

Man kann seine Einstellung für übertrieben halten, aber Schiemer legt nun einmal Wert darauf: »Ich bin mein eigener

Chef.« Die »nichtselbstständigen Arbeiter« – das sind die anderen. Das Finanzamt mag ihn in diese Gattung einordnen, aber Schiemer gehört nicht dazu. Er hat sie studiert, die Angestellten und Herdentiere, morgens in der U-Bahn: Sie sind schlecht gelaunt und jammern über ihre Kollegen oder den Vorgesetzten, dabei hat der Arbeitstag noch nicht einmal begonnen. »Das sind Leute, die keinen Spaß an ihrem Beruf haben«, glaubt Schiemer. »Ich verstehe nicht, wie man so arbeiten kann. Warum suchen die sich nicht einfach etwas anderes, das sie erfüllt?« Er hat auch in der Bank mit ihnen zu tun, Kollegen, seltener Vorgesetzte, »Bürokraten, die nur Dienst nach Vorschrift machen«, ihre Arbeitszeit erleben sie als Gefangenschaft, sie warten den ganzen Tag darauf, dass irgendjemand abends um fünf das Gitter aufschließt.

Der Rebell als Prototyp

Jan Schiemer hat auf dieses dröge Leben keine Lust. In seiner Jugend ist er mit dem Skateboard durch die Vorstadt gerollt, hat sich als Außenseiter gefühlt, unangepasst und irgendwie auch besser. Im Walkman lief »Hier kommt Alex«, die Anti-Angestellten-Hymne der *Toten Hosen*: »In einer Welt, in der man nur noch lebt, damit man täglich roboten geht«, sang Campino. Und später schrie er: »Jeder Mensch lebt wie ein Uhrwerk, wie ein Computer programmiert.« Das war Schiemers Lieblingssong, er hat die Liedzeilen auf sein Federmäppchen geschrieben und sich geschworen, selbst niemals so zu werden – und er ist sich treu geblieben. Die Abneigung gegen Autoritäten hat er sich bewahrt. »Natürlich habe ich einen Chef. Aber ich arbeite im Wesentlichen unabhängig. Ich habe meine Freiheiten.« Den Algorithmus für seine Handlungen programmiert er selbst.

»Ich mach mein Ding«, hat Jan Schiemer schon damals als Skater gesagt. Der Spruch passt immer noch. Rebellentum und Banker-Rollenbild, *Street* und *Office Credibility*, so groß ist der Unterschied gar nicht, die Werte sind hochkompatibel: Riskier was, sei kein Langweiler. Nur, dass es jetzt nicht mehr um den höchsten Sprung geht und den besten Trick, sondern um schnelle Entscheidungen, eine glänzende Analyse der Finanzstruktur eines Kunden, ein hohes Jahreseinkommen.

So wenig wie einen Boss braucht Schiemer Interessenvertreter, Mitglied in einer Gewerkschaft war er nie. Den Kampf zwischen *ver.di* oder *IG Metall* und den Arbeitgeber-Verbänden um 2 Prozent mehr Lohn oder vier Stunden mehr Arbeit verfolgt er mit amüsiertem Desinteresse, so wie man die merkwürdigen Rituale eines Südseestamms im Fernsehen betrachtet. Seine Welt ist das nicht, er kennt sie nur aus den ersten Minuten der Tagesschau und aus Erzählungen der Eltern, sie war schon Vergangenheit, als er 1999 mit dem *Lamy*-Füller aus seiner Schulzeit seinen ersten Arbeitsvertrag unterschrieb. Und während seine Hand die Striche und Kringel malte, die er vorher einstudiert hatte, hundertmal, auf weißem Papier, da hatte er das Gefühl, zum ersten Mal ein kompletter, vollständiger Mensch zu sein. Da war er glücklich, und das Gefühl stellt sich auch heute noch immer wieder ein: »In der Arbeit finde ich so etwas wie Selbstverwirklichung. Auch wenn das pathetisch klingt. Mir macht das einfach ungeheuer viel Spaß.«

Jan Schiemer, 1,80 Meter groß, 72 Kilo schwer. Abitur mit der Note 2,5; Studium, Auslandsjahr, Praktikum, Diplom mit 1,7; erste Stelle in Frankfurt, zweite in München. Kurze Haare, schmal geschnittene Anzüge, er trainiert dreimal die Woche. Jan Schiemer hat kein Patent entwickelt und noch nie ein Unternehmen an die Börse gebracht. Aber er kommt aus der Arbeitswelt von morgen, aus einem Universum, in dem neuartige Anforderungen herrschen, ein anderes Klima. Deswegen ist er für Wissenschaftler ein Glücksfall: Sie können an ihm studieren, wie sich der menschliche Körper und Geist unter den zukünftigen Bedingungen verhalten werden.

Das Credo des Jan Schiemer findet man oft in der Zeitung. Allerdings nicht im Politik- oder Wirtschaftsteil, sondern im Stellenmarkt, weit hinter den dicken, schwarzen Schlagzeilen und großformatigen Bildern. Aus den Arbeitsannoncen kann man mehr lernen als von den Börsenkursen oder einem vierspaltigen Bericht über den Flächentarifvertrag. Am Wandel des Stellengesuchs lässt sich der Wandel der Arbeitswelt und des Rollenverständnisses der Angestellten ablesen, vom Quasi-Sklaven bis zum modernen Selbstunternehmer à la Jan Schiemer.

Der General in der Führungsetage

Eine typische Stellenanzeige in der *Aachner Zeitung* von 1807 lautete: »Es wird eine Magd für um Remigii gesucht, die Hausarbeit und etwas Kochen versteht. Verleger sagt wo.« Das war der Standard der Kurzanzeige, er galt fast 150 Jahre lang, so der Medienwissenschaftler Michael Klemm. X sucht Y. Und Y waren Maschinisten, Dreher, Buchhalter, später auch Bürofachkräfte und Verkaufsleiter. Gebraucht wurden keine Köpfe, sondern Körper, die ganz bestimmte Handgriffe und Bewegungen automatisiert hatten und immer wieder neu abrufen konnten. Diese knappe Sprache spiegelt eine Form der Arbeitsorganisation wider, die vor über hundert Jahren erfunden wurde, in den siebziger Jahren des vergangenen Jahrhunderts in die Krise geriet und erst jetzt endgültig untergeht: Der Taylorismus.

Frederick W. Taylor, der berühmteste Unternehmensberater der Geschichte, hatte ein oberstes Axiom: »Die Menschen sind von Natur aus ziemlich faul«, schrieb er um die Wende zum 20. Jahrhundert. Da die Arbeiter naturgemäß alles täten, um den Produktionsprozess zu behindern, müssten sie vom Fabrikbesitzer bei jeder Handbewegung beaufsichtigt werden. Nichts dürfe ihrer Eigeninitiative überlassen bleiben.

In Taylors Modell funktioniert die ideale Fabrik wie eine Armee. Ganz oben, in den Büros mit Eichenvertäfelung und Vorzimmerdame, sitzen die Generäle. Ihre schriftlichen Anweisungen wandern die Stockwerke herunter, zu den Abteilungsleitern, den Offizieren, die das Papier mit weiteren Bemerkungen versehen. Unten wuselt ein Heer von Arbeitssoldaten in blauer Uniform und mit grauen Gesichtern, die aufs Wort gehorchen. Sie drehen an keiner Schraube, ehe der Vorarbeiter ihnen nicht den Befehl dazu ins Ohr brüllt. Die Arbeitsschritte sind kurz, einfach, standardisiert. Fällt ein Angestellter aus, kann sofort ein anderer übernehmen. Wie für einen gefallenen Infanteristen an der Front steht jederzeit humanes Ersatzmaterial bereit.

Den Taylorismus konnte man nur in einer Zeit erfinden, in der es eine feste Ordnung gab. Starke Figuren, die einem sagten, was zu tun und was zu lassen sei. Gottvater, Vaterland, Vater, Firmenvater. Die schönen Versprechungen der Moderne – Freiheit, Gleichheit, Würde – galten in Büro und Fabrik auch nach 1945 nur eingeschränkt. *Mannesmann*, *BMW* und *Siemens* bildeten einen Staat im Staate, eine graue Zone der Menschenrechte. *UNO*-Blauhelme sind dort allerdings nie einmarschiert.

»Halb neun. Helbling zieht seine Sackuhr hervor, um ihr Gesicht mit dem Gesicht der großen Bureauuhr zu vergleichen. Er seufzt, es sind erst zehn kleine, winzige, dünne, zarte, spitze Minuten verflossen, und vor ihm stehen dicke behäbige Stunden.« Mit diesen Worten beschreibt der Schriftsteller Robert

Walser 1907 in der Prosaskizze »Ein Vormittag« das öde Leben des Bankangestellten Helbling . Weil er seine Arbeit hasst, tut Helbling alles, um ihr zu entgehen. Er geht ständig aufs Klo, schmiert sich Tinte ins Gesicht, die er dann in mühevollen Prozeduren wieder abreibt und beginnt sinnlose Diskussionen mit Kollegen und Vorgesetzten. So schafft er es, sein Vormittagspensum, das Eintragen von Zahlen in Kontobücher, auf »drei Zahlen und den Versuch einer vierten« zu begrenzen.

Im Kino und in der Literatur wird die öde Büro- und Fabrikarbeit immer wieder als Gegenpol zum wahren Leben dargestellt. In David Finchers Film »Fight Club« von 1999 leidet der Protagonist unter der tödlichen Langeweile seines Berufs als Versicherungsangestellter. Als er dieses öde Leben nicht mehr länger ertragen kann, sprengt er sein *Ikea*-Apartment als Symbol seines fremdbestimmten Seins in die Luft – später müssen auch noch einige Wolkenkratzer der Hochfinanz dran glauben.

Schon Karl Marx hat die Verzweiflung der Angestellten beschrieben. Der industrielle Kapitalismus habe den Menschen in die Fabrik gezwungen, wo er nicht mehr für sich selbst produziert, nach eigenem Willen, sondern für den Fabrikanten. Nicht seine innere Uhr, sondern die Maschine gibt den Takt vor. Nicht einmal die Ergebnisse seiner Arbeit bekommt er zu Gesicht, denn er führt ja nur einen winzigen Handgriff in einer langen Fertigungskette aus. Er ist von seiner Tätigkeit und von sich selbst entfremdet.

Beobachtet man Jan Schiemer bei der Arbeit, ist Entfremdung das letzte Wort, was einem einfällt.

Schiemer ist zuständig für die Genehmigung von Darlehen an Firmen. Er muss abschätzen, ob das Unternehmen die Schulden auch zurückzahlen kann. Dafür liest er sich in die Firma ein, lernt ihre Abläufe kennen. »Früher hätte ich für die Genehmigung eines Kredits von den unterschiedlichsten Vorgesetzten die Zustimmung einholen müssen, jetzt entscheide im Wesentlichen ich.« Er kann einem mittelständischen Unternehmen einen Maschinenpark spendieren, Wachstum ermöglichen oder sein Ende besiegeln, er, ganz alleine: Sein Handeln hat Folgen.

Schiemers Arbeitstag hat heute um 7 Uhr 15 begonnen. Da hat er sich, noch in Boxershorts, Socken und Hemd, vor den PC gesetzt. Mit der einen Hand die Augen gerieben und mit der anderen ein paar Zahlen aus einer E-Mail, die der Kollege erst in der Nacht geschickt hatte, in die Powerpoint-Präsentation kopiert. Um 8 Uhr Frühbesprechung mit dem Team: Arbeitsplanung für die nächsten zwei Wochen. Das Headset benutzt er nicht zum Angeben, sondern um seine Hände für die Dinge frei zu haben, die er nebenher erledigt. Er tippt E-Mails, während er telefoniert, unterschreibt Formulare, die ihm der Drucker in regelmäßigen Abständen auf den Schreibtisch spuckt, und bestellt in jahrelang perfektionierter Zeichensprache bei der Assistentin einen Salat und ein Salami-Sandwich zum Mittagessen. Er liebt das Multitasking, es gibt ihm das Gefühl, die Zeit ausgetrickst zu haben. Er isst vor dem Computer und kleckert nicht ein einziges Mal auf die Tastatur. Um 17 Uhr macht er die erste wirkliche Pause und massiert sich mit den Fingerspitzen die Schläfen: »Das aktiviert die Energiezentren«, glaubt er. »Geiler Tag«, sagt er um 19 Uhr abends, »viel zu tun, aber alles hat geklappt.« Seinen Chef hat er heute weder gesprochen noch gesehen, aber das wäre auch ein schlechtes Zeichen: »Der kommt ja nur, wenn es ein Problem gibt, und das will ich natürlich vermeiden.«

Jan Schiemer arbeitet genau wie die literarische Figur Helbling in einer Bank. Er geht allerdings wesentlich seltener auf die Toilette, vertrödelt nicht die Zeit, und Tinte kommt bei ihm auch nicht oft zum Einsatz. Er ist das Gegenteil des langweiligen und gelangweilten Angestellten. Er versteht sich nicht als Befehlsempfänger, der sich einem General beugen muss, sondern operiert als unabhängige *Special Force* in den Territorien der globalisierten Welt.

Der Taylorismus ist nicht an der Kritik von Marxisten, Literaten und Filmemachern gescheitert, sondern aus ökonomischen Gründen. Diese Organisationsform war funktional in einer Zeit, in der sich die Wirtschaft langsam und gleichmäßig entwickelte, wie ein großer, breiter Fluss. Um den Konzern zu navigieren, musste der Patriarch nur alle paar Stunden ein Kommando von der Brücke rufen. Im Hochgeschwindigkeitskapitalismus wird der breite Fluss zu einem weit verzweigten Delta mit vielen Untiefen, Strömungen, Wirbeln, Wasserfällen. Alles geschieht rasend schnell. Bei einem Engpass oder einem Maschinenausfall in der Produktion würde es schlicht zu lange dauern, bis die Nachricht oben in der Führungsetage ankäme. Probleme müssen an Ort und Stelle gelöst werden. Dafür braucht man die richtige Besatzung, Personal, das sich auskennt und entscheiden kann.

Der Kunde ist anspruchsvoll. Er will kein Massenprodukt, sondern eines, das genau auf ihn zugeschnitten ist. Wie seine Bedürfnisse aussehen, weiß der Teamleiter oder der einfache Angestellte viel besser als der Manager in der Firmenzentrale. »Jeder Konsument kann sein Auto in jeder gewünschten Farbe bekommen – vorausgesetzt, sie ist schwarz«, soll Henry Ford einmal gesagt haben. Heute kann der Kunde selbst die Lackierung bestimmten, die Farbe der Fußmatten, die Form des Lenkrads.

Zu guter Letzt gilt: Die ständigen Kontrollen des Taylorismus ließen die Kreativität der Angestellten verkümmern. Wer immer nur Dienst nach Vorschrift macht, arbeitet nun mal nicht besonders effektiv. Das *Management by Surveillance* ist einem *Management by Objectives* gewichen. Die Ziele werden weiterhin von oben vorgegeben, der Weg dorthin bleibt aber den einzelnen Mitarbeitern überlassen. Ein bestimmtes Projekt – 300 LKW-Achsen herstellen, 150 Neukunden finden, einen Stapel Papier ordnen – muss in einer bestimmten Zeit erledigt werden. »Macht, was ihr wollt«, sagen die Vorgesetzten, »aber seid profitabel.« Anarchie als Mittel der Produktivitätssteigerung.

Im Rausch der Arbeit

Die klassische Fabrikarbeit – Metallstück einlegen, einspannen, Hebel ziehen, Knopf drücken, Stanzen, Metallstück entnehmen – gehört der Vergangenheit an. »Waren die Maschinenbediener früher praktisch nur mit unmittelbaren Bedienertätigkeiten befasst, so gehören heute noch ganz andere Aufgaben dazu«, erklärt der Soziologe Nick Kratzer. »Umrüsten der Maschine, Materialbereitstellung, Korrektur der Programme, Erarbeitung eigener Programme und Einsatzplanung.« Ohnehin sind Arbeitskräfte, die hauptsächlich geistige Arbeit leisten, zur größten Gruppe der Berufstätigen geworden, wie aus einer Studie des *Instituts für Arbeitsmarkt- und Berufsforschung (IAB)* hervorgeht. Der Angestellte muss kreativ und innovativ sein, anspruchsvolle Tätigkeiten werden in wachsendem Maße benötigt. Führungsaufgaben, Organisation und Management, Forschung und Entwicklung, Beratung und Lehre könnten in den nächsten Jahren schon einen Anteil von über 40 Prozent ausmachen, »einfache manuelle Arbeiten werden immer weniger nachgefragt und werden bis 2010 nur noch 16 Prozent betragen«. Schon jetzt arbeitet knapp die Hälfte aller Beschäftigten an einem Computer. Sie drehen nicht mehr am Fließband ein paar Schrauben in Bohrlöcher, sondern schreiben E-Mails, tippen in Excel-Tabellen, sitzen selbst am Drücker. Werden nicht mehr gesteuert, sondern steuern selbst einen PC.

Der Stellenteil von *SZ* oder *FAZ*, Anzeigen in der Zeitschrift *Karriere* oder im *Handelsblatt* spiegeln diese Entwicklung wider, wie der Medienwissenschaftler Michael Klemm beobachtet hat. Die Texte der Annoncen werden immer länger und verlieren an Eindeutigkeit. Je ungenauer sie die jeweilige Tätigkeit beschreiben, desto exakter und vor allem umfangreicher definieren sie die gesuchten Persönlichkeitsmerkmale, die übrigens immer die gleichen sind, unabhängig davon, ob es um einen Koch geht oder einen Unternehmensberater: »Überdurchschnittliche Leistungsbereitschaft«, »kommunikatives Talent«, »Teamfähigkeit«, »Begeisterungsfähigkeit«, »Leidenschaft«, »hohe emotionale Intelligenz«, »soziale Sensibilität«, »Ehrgeiz«. In den Stellenanzeigen wird das neue Rollenbild des Turbokapitalismus definiert, der graue Organisationsmensch ist passé, der Angestellte soll sich selbst zum aktiv-dynamischen, selbst-enthusiasmierten Marktteilnehmer upgraden. Das Feintuning des Charakters ersetzt die Feinmechanik an der Werkbank.

Noch bis vor wenigen Jahren haben nur Selbstständige und Angestellte in leitenden Positionen Visitenkarten für sich gedruckt, auf edlem Büttenpapier, Prägedruck, Buchstaben in Gold. Heute hat jeder eine Visitenkarte, wenn schon nicht auf Papier, dann doch wenigstens als Signatur in der Mail, ein zweiter Personalausweis, eine Bestätigung beruflicher Identität. Die Arbeitsbezeichnung ist fettgedruckt. *Junior Manager, Consulting Assistant, Human Resources Manager.* Man macht sich gerne über diese Namen lustig, weil sie ein wenig angeberisch klingen, mehr Schein als Sein. Diese Neologismen sind aber nicht nur kosmetische Veränderungen auf dem Gesicht des Durchschnittsangestellten, es wird nicht nur Rouge aufgetragen, sondern eine invasive Schönheitsoperation durchgeführt, mit Spachtel, Skalpell und Hammer, vielleicht fließt sogar Blut, und am Ende entsteht ein ganz neues Antlitz, sogar eine neue Persönlichkeit. Aus dem passiven Angestellten wird ein aktiver und stolzer Selbstunternehmer.

Wie seine neue Wohnung bei Tageslicht aussieht, weiß Jan Schiemer nicht so genau. Auch sechs Monate nach dem Einzug stehen Kartons unausgepackt herum. Glühbirnen hängen nackt von der Decke. In den Zimmern verstreut liegen die Ausgaben der Wirtschaftszeitungen mit ihren Star-Schnitten der Topmanager, wie etwa dem von Anshu Jain, dem smarten Investment-Chef der *Deutschen Bank.* »Er bewegt Milliarden, kassiert Millionen, zieht lukrative Geschäfte an sich, drückt unrentable weg«, heißt es im *Manager Magazin.* »Kurz: Er entscheidet über Wohl und Wehe der Deutschen Bank.« Schiemer ist Fan dieser Konzern- und Weltenlenker. Aber er muss sich ihre Poster nicht an die Wand hängen. Er hat sie im Kopf. Er arbeitet nach denselben Prinzipien.

In seinem ersten Berufsjahr hat Jan Schiemer einem Kollegen einen Abschlussbericht geschickt, als PDF, in die Mail schrieb er nur zwei Wörter: »Alles erledigt«. Und ein Ausrufezeichen, es war schon spätnachts, 2 Uhr. Drei Minuten später piepte das Handy. In der Textbotschaft stand nur: »Alles erledigt ist doch eigentlich nie«. Schiemer weiß nicht, ob der Spruch ernst gemeint war. Ob er tadeln oder ermuntern sollte, gefallen hat er ihm auf jeden Fall. In seinen wechselnden Mobiltelefonen bewahrt er diese eine SMS immer auf, sie ist auf der SIM-Card gespeichert. Eine der wenigen Konstanten in seinem unruhigen Leben: »Alles erledigt ist doch nie«. Ein Satz. Fünf Wörter. Das Dogma eines quasi-religiösen Wirtschaftssystems: Denk wie ein Unternehmer! Optimiere deine eigene Leistung!

Schiemers Erzählungen von einem langen Arbeitstag erinnern an die Geschichten von Extremsportlern, die in Rekordzeit eine 1000-Meter-Wand erstiegen oder den Südpol überquert haben. Auch sie berichten vom Glück, das man im Moment der totalen Erschöpfung erlebt, nachdem man die größte Gefahr überwunden hat – und vom Drang, diesen einen Augenblick immer wieder zu suchen. Den tayloristischen Angestellten kann man leicht austauschen. Moderne Beschäftigte wie Jan Schiemer sind unersetzbar. Sie werden gebraucht, ohne ihre Ideen, ihre kreativen Vorschläge bricht der ganze Laden zusammen. Deswegen dürfen sie nach eigenen Zielen arbeiten, ihre manchmal auch verrückten Ideen verfolgen, und wenn dann die LKW-Achsen hergestellt, die Neukunden gefunden, das Papier geordnet sind, dann ist das ihr Verdienst, nur ihres.

Jan Schiemer erzählt, dass er sich manchmal selbst beim Arbeiten zusieht. Er spiegelt sich im Display seines PCs. Was er sieht, gefällt ihm. Konzentriert sieht er aus, ruhig und souverän. Er hat die Dinge in der Hand. Nach einer durchgemachten Nacht bemerkt er dann plötzlich, dass die Fenster im gleichen hellblauen Licht strahlen wie sein Computer. Außenwelt und Innenwelt verschwimmen in einem flirrenden Leuchten. Er fühlt sich nicht nur unendlich müde, sondern vor allem auch berauscht. Wie auf Droge.

Der Selbstunternehmer

Die Soziologen Günter Voß und Hans Pongratz unterscheiden zwischen drei verschiedenen Arbeitnehmertypen, die in verschiedenen Zeiträumen des letzten und vorletzten Jahrhunderts dominant waren. Da ist zum einen der proletarisierte Lohnarbeiter der Frühindustrialisierung. Er vollführt einfache und einfachste Tätigkeiten und wird extrem ausgebeutet, manchmal rackert er bis zu 16 Stunden am Tag in der Fabrik. Der verbetrieblichte Arbeitnehmer des wohlfahrtsstaatlichen Kapitalismus – bei *Siemens*, *VW* oder *Thyssen* – hingegen hat eine gute Ausbildung, und seine Tätigkeit wird mehr oder weniger getreu den Lehrsätzen Taylors vom Management kontrolliert. Er genießt die Sicherheiten des Wohlfahrtsstaates und die Garantie einer lebenslangen Beschäftigung. Aber auch er passt nicht mehr in die Zeit. Der sich verändernde Kapitalismus schafft einen neuen Arbeitertypus: Nach dem Sklaven und dem treuen Hofdiener, der irgendwie zur Familie gehörte, kommt jetzt der Arbeitskraftunternehmer. »Er lässt sich nicht von einem Chef kontrollieren«, erklärt Günter Voß, »sondern überwacht seine Arbeit selbst. Er versteht sein Arbeitsvermögen als Ware, die er ständig zu optimieren und zu vermarkten trachtet.« Ein Unternehmer seiner selbst. Wenn es gut geht, hat er sogar noch Spaß dabei. Ein wichtiges Erkennungszeichen sind in jedem Fall die dunklen Schatten unter den Augen. »Der Arbeitskraftunternehmer arbeitet so lange, bis die jeweilige Aufgabe beendet ist – was im schlechten Fall zu exzessiver Mehrarbeit führen kann.«

Wie viele Menschen tatsächlich schon als Arbeitskraftunternehmer oder Selbstunternehmer tätig sind, lässt sich schwer sagen, so Günter Voß. »In unseren empirischen Untersuchungen finden wir diesen Typus in immer mehr Berufsfeldern. Freie Journalisten, Werber, PR-Agenten, Architekten, Ingenieure, Berater, Angestellte in Versicherungen, Banken und in der IT-Branche.« Aber neben dieser Luxusvariante existiert auch noch eine bescheidenere Ausgabe: Millionen von kleinen Selbstständigen und Scheinselbstständigen, deren Realität nichts mit der von Rechtsanwälten oder Ärzten zu tun hat. »Die schlagen sich mit Mühe und Not durchs Leben. Die sind zum Beispiel als Ausfahrer bei einem Pizza-Dienst tätig und müssen 40, 50 Stunden die Woche arbeiten, damit es zum Leben reicht. Und Arbeitskraftunternehmer sind auch die meisten der über zwei Millionen Menschen, die in Deutschland zwei und mehr Jobs gleichzeitig haben.«

Nicht nur die Arbeit ändert sich, sondern auch die Art und Weise, wie wir über sie denken. »Früher war es möglich, als fleißiger und ordentlicher Angestellter aufzutreten, der abwartet, was ihm aufgetragen wird«, erklärt Voß. »Man hat einfach das getan, was einem der Vorgesetzte gesagt hat. Das reicht heute nicht mehr. Es wird Eigeninitiative und selbstständige Leistungssteuerung erwartet.«

In den Arbeitsannoncen sind die kleinen Buchstaben und das Schwarz-Weiß, das enge und starre Layout längst großen, bunten Bildern und fetten Headlines gewichen. Die Anzeigen sehen aus wie Reklame, der es ja darum geht, Gefühle und Bedürfnisse zu wecken und somit Handlungen zu beeinflussen. Angaben über die Anzahl der Mitarbeiter, die Höhe des Umsatzes und Ähnliches sind eher selten, stattdessen beschreibt die Firma in vielen Worten, Metaphern und Bildern ihre Vision und ihre Mission, ihren so genannten *Employer Brand.* In einer Annonce der Bank *WestLB* heißt es: »Wer bei uns arbeiten möchte, muss nicht die ganze Welt verändern. Die Finanzwelt reicht für den Anfang.« *E.ON* schreibt: »Ohne Energie geht bei uns gar nichts. Wenn auch Sie ungewöhnliche Herausforderungen mit ganzer Kraft anpacken wollen, dann kommen Sie zu uns. Der Zukunftsmarkt Energie wartet auf Sie.« Bei *L'Oréal* lautet der Claim kurz und griffig: »It's my L'Oréality«.

Die Anzeigen gleichen der Reklame der Touristik-Unternehmen für fremde, exotische Destinationen, wie zum Beispiel die Karibik oder Bali. Sie locken in eine andere Welt, wo der Mensch ganz bei sich ist und seine Träume und Ideen verfolgen kann, in eine eigene Wirklichkeit oder L'Oréalität. Privatleben und Arbeit – dieser einst so scharfe Gegensatz – bilden mehr und mehr eine Einheit. Und wenn Jan Schiemer ehrlich ist, dann kann er auch gar nicht sagen, wo er sich besser fühlt: am Pool der Ferienanlage oder doch am Schreibtisch, in der Hitze des alltäglichen Gefechts.

2. DER KONTROLLEUR IN UNSEREM KOPF

Der Firmenpatriarch geht in Rente und auch der gute alte Gewerkschafter hat nicht mehr viel zu sagen. Der Beschäftigte muss sich seine Stelle selbst erwirtschaften. Das bedeutet: mehr Druck und mehr Stress.

Seit über drei Jahren arbeiten Drehbuchautoren an einem Kino-Remake der TV-Serie »Dallas«. Ein Retro-Szenario in Texas: mächtige Männer, rebellische Söhne, schöne Frauen, schwarzes Gold, die Ölbohrtürme unter der Wüstensonne, alles in Familienbesitz – mehr *Old Economy* geht nicht. Das Budget von ursprünglich 50 Millionen Euro wird ständig reduziert, der Regisseur ausgetauscht. Jennifer Lopez ging mehr oder weniger freiwillig, Meg Ryan verzichtete dankend. Sicher ist nur, dass John Travolta unbedingt den Familienpatriarchen J.R. spielen will. Man kann verstehen, dass ihn die Rolle des fiesen Öl-Magnaten reizt, man kann aber auch verstehen, warum sich die Planung des Films so schwierig gestaltet. Denn irgendwie passt die Serie und vor allem ihre Hauptfigur nicht mehr in die Zeit. Die texanische Erdöl-Aristokratie ist genauso modern wie die Baumwollfarmer in »Vom Winde verweht«.

J.R. ist der Prototyp des Patriarchen, der mit dickem Bauch und strenger Hand über Firma und Familie gebietet. Über die Bitte seines Bruders Bobby, der mehr Verantwortung übernehmen will, lacht er laut. Für J.R. geht es im Betrieb nicht um Selbstverwirklichung; von neuen Motivationsmethoden, von Kreativität und Selbstkontrolle hat er noch nie etwas gehört – und falls doch, dann hielte er es für »liberalen Quatsch«. Er ist ein Mann der Vergangenheit, ein Dinosaurier, der auf dem Börsenparkett des 21. Jahrhunderts gegen die flinken, schnellen Jäger keine Chance mehr hätte.

»Dallas« war in den siebziger und achtziger Jahren die erfolgreichste Fernsehsendung Amerikas und J.R. eine Respektsperson. 20 Jahre später sehen Firmenbosse und Abteilungsleiter im Fernsehen irgendwie anders aus. Die *Pro-Sieben*-Serie »Stromberg« zeigt einen Chef, der seine erschütternde Inkompetenz mit Kalendersprüchen, Klatsch und plumpen Lügen vertuscht. »Stromberg« macht auch deshalb so viel Spaß, weil die Sendung offen ausspricht, was sich viele Millionen Angestellte jeden Tag denken: »Der Chef checkt gar nichts!« Hauptdarsteller Christoph Maria Herbst hat mittlerweile bei *Langenscheidt* ein Lexikon herausgegeben mit dem Titel: »Chef – Deutsch, Deutsch – Chef«. »Und morgen bringe ich ihn um«, heißen die Bestseller-Memoiren einer Chefsekretärin. Ebenfalls erfolgreich ist Margit Schönbergers: »Mein Chef ist ein Arschloch, Ihrer auch?«.

Wer im Industriekapitalismus seinen Vorgesetzten beleidigte, flog raus, heute wird er zum Star. Am 9. März 2007 setzte sich ein wütender *Telekom*-Mitarbeiter an den Computer und schrieb eine E-Mail an den *Telekom*-Boss René Obermann und dessen Vorstandskollegen: »Sie kommen, strukturieren um, und das mit einer Arroganz und Selbstherrlichkeit«, tippte er in die Tasten. »Sie ziehen mit vollgestopften Taschen weiter, um im nächsten Unternehmen das Gleiche zu tun und sie hinterlassen skrupellos einen immer größer werdenden Scherbenhaufen.« In den Tagen danach verbreitete sich der Brief rasend schnell im Konzern und gelangte auch an die Öffentlichkeit. Der Briefautor wurde zum Held der abhängig Beschäftigten. Das zustimmende Echo war gigantisch. Früher hätte man auf einen solchen Affront wahrscheinlich mit einer Abmahnung oder einer Kündigung reagiert. Obermann hingegen schrieb am

21. März 2007 eine öffentliche Antwort an die »Lieben Kolleginnen und Kollegen«. Er freue sich über konstruktive Kritik, hieß es da, nur von Beleidigungen bitte er in Zukunft abzusehen.

Natürlich war das eine PR-Maßnahme. Aber dass eine solche Image-Reparatur überhaupt nötig war, zeigt, wie schlecht das Bild der Wirtschaftskapitäne mittlerweile ist. So viele Nieten in Nadelstreifen, finden Zeitungen und Zeitschriften, gab es noch nie. Der Autoritätsverlust der Generäle und Offiziere des Managements hängt nicht nur mit den Baisse- und Hausse-Gesetzen der Mediengesellschaft zusammen, sondern auch mit der neuen Arbeitsorganisation. »Im Taylorismus beruhte die Herrschaft der Manager auf ihrer Fachkenntnis«, erklärt der Soziologe Armin Nassehi, »heute können die Vorgesetzten nicht mehr einfach von oben herab befehlen, sie geben nur noch Ziele vor und müssen ihren Untergebenen viel mehr Freiräume lassen.« Führung wird also nicht mehr exekutiert, sondern inszeniert. »Manchen gelingt das mit dem nötigen Charisma sehr gut«, so Nassehi, »andere machen sich ganz einfach lächerlich.«

Wir amüsieren uns gerne über unfähige Vorgesetzte und peinliche Manager – vielleicht bleibt uns das Lachen aber auch einmal im Hals stecken.

Der Druck des Marktes

Der Firmenpatriach war ein unfreundlicher, autoritärer Kerl. Einen angenehmen Charakterzug hatte der alte Haudegen aber doch. Mit einer Mischung aus Selbstbewusstsein, Verantwortungsgefühl und Geltungssucht stellte er sich den Stürmen der freien Wirtschaft. Die Angestellten konnten sich in seinem Windschatten ausruhen und hatten durch Firmenwohnung, Betriebsrente und Beschäftigungsgarantie ein Gefühl der Sicherheit. Heute arbeiten sie nicht mehr für »den alten Herrn«, sondern für anonyme *Shareholder*-Netzwerke. Manchmal vermissen die Beschäftigten den breiten Rücken der Unternehmerpersönlichkeit. Der Wind der Weltwirtschaft weht sie fast um.

»Es wurde ja auch schon in den achtziger Jahren über flache Hierarchien geredet«, erklärt der Soziologe Nick Kratzer. »Anders als damals werden diese Ideen jetzt aber in vielen Betrieben auch tatsächlich umgesetzt. Das hat dazu geführt, dass sich viele Arbeitnehmer ihre Stelle in gewisser Weise selbst erwirtschaften müssen.« Jeder einzelne Beschäftigte muss bei jedem Projekt beweisen, dass seine Arbeitsleistung anderswo nicht billiger einzukaufen gewesen wäre. Die Vorgaben werden kontinuierlich erhöht; kommt eine Abteilung nicht hinterher, droht die Schließung. Die Orientierung am Kunden und dem Druck der Finanzmärkte »herunterzubrechen auf jeden einzelnen Mitarbeiter, das ist das Kunststück, das über das Überleben der Betriebe entscheiden wird«, sagt der Präsident des Arbeitgeberverbandes *Gesamtmetall* Martin Kannegiesser.

Früher reichte ein Unternehmer für tausend Angestellte. Heute sollen alle Unternehmer sein – aber nicht jeder ist dafür gemacht. Eine Umfrage des *ISO-Instituts* in Köln ergab, dass 42 Prozent aller Beschäftigten immer oder häufig unter Zeit- oder Leistungsdruck stehen. Laut einer Untersuchung des *Instituts für Arbeitsmarkt- und Berufsforschung* müssen sechs Millionen Menschen, also rund ein Fünftel der Beschäftigten, meist oder immer bis an die Grenzen ihrer Leistungsfähigkeit gehen und fühlen sich daher permanent überfordert. Bei einer Umfrage unter deutschen Betriebsräten hielten diese den zunehmenden Termindruck für das größte Problem der Arbeitnehmer. Der Abteilungsleiter ist nicht länger eine Mischung aus Sporttrainer und Gefängniswärter, der seine Untergebenen mit

Drohungen und Versprechen antreibt. »Der Chef sitzt mir im Nacken«, erzählten sich die Kollegen früher bei einer kurzen Pause am Kaffeeautomaten. Heute ist der Platz hinterm Bürostuhl, wenn man sich umdreht, verlassen und leer. Der Angestellte ist ganz allein.

Der Markt übt mindestens einen ebenso großen Druck aus wie früher der Vorgesetzte. Und es gibt da einen entscheidenden Nachteil: Mit dem Markt kann man nicht verhandeln. Wenn ein abgelehnter Auftrag oder ein verpatztes Projekt den Fortbestand der Abteilung gefährdet, wenn die Deadline tatsächlich zur Todeslinie wird, dann gibt es keine Argumente mehr. Eine Innensteuerung ersetzt die Außensteuerung. Der tayloristische Kontrolleur ist nicht verschwunden, seine Stelle wurde nur outgesourct, in die Köpfe der Angestellten. Jeder ist sein eigener Chef.

Kapitalismus ohne Gewerkschaften

Der klassische Gegenspieler des Kapitalisten war nicht der einzelne Beschäftigte, sondern das Angestelltenkollektiv, repräsentiert durch den Betriebsrat oder die Gewerkschaft. Auch deren große Zeit ist vorbei. Jedes Jahr verlassen 200 000 Menschen den *DGB*. Der hatte jahrelang ein gutes Argument in der Mitgliederwerbung. Eine Broschüre mit einem Diagramm, die Zeit ist die Y-Achse, das Gehalt die X-Achse, ein roter Pfeil, er zeigte immer nach oben. »Wir kämpfen für euch«, sollte das heißen, »wir machen euch reich«. Eine Lotterie, bei der jeder eine monatliche Sofortrente gewinnt, der Traum der BRD. Von den fünfziger bis in die siebziger Jahre hinein endete jede Tarifrunde mit enormen Gehaltserhöhungen, oft über 10 Prozent. In den Achtzigern waren 4 bis 5 Prozent normal. Damit ist es nun auch vorbei. Seit 1992 klettern die Löhne so langsam, dass sie den Anstieg der Verbraucherpreise nicht mehr ausgleichen können. Bei den spektakulären Arbeitskämpfen der letzten Zeit, für die 35-Stunden-Woche in Ostdeutschland oder gegen die Auslagerung von 50 000 *Telekom*-Mitarbeitern in eine Service-Gesellschaft, sind *IG Metall* und *ver.di* auf ganzer Linie gescheitert. Soziologen sprechen schon von einem »Kapitalismus ohne Gewerkschaften«.

Der Tarifstreit ähnelt mittlerweile einer schlechten Soap. An den ersten Abenden, immer um 20 Uhr in der Tagesschau, wird das Problem entfaltet, der Konflikt dargelegt und dann langsam gesteigert. Die Gewerkschaften fordern irgendetwas, »unangemessen und im höchsten Maß unverantwortlich«, schnappen die Arbeitgeber zurück, was wiederum die Arbeitnehmervertreter für eine »Provokation« halten. Sie drohen mit Kampf, ein kleiner Höhepunkt, der erste Streiktag: Vor Fabriktoren stehen Menschen in orangenen Westen und mit vermutlich angeklebten Schnauzbärten und frieren, manchmal schütteln sie drohend die Faust. Dann folgt das so genannte retardierende, das verzögernde Moment, man kennt das auch aus der Theorie des Dramas. Lange Nachtsitzungen und immer wieder letzte Treffen. Dann Katastrophe und Lösung in einem. Arbeitgeber und Arbeitnehmer stehen vor den Kameras. Sie berichten von harten Verhandlungen bis spät in die Nacht und dass man nun aber doch einen Kompromiss gefunden habe. Normalerweise gibt es eine Einmalzahlung und eine kleine Lohnerhöhung, die sofort wieder von der Inflation gefressen wird. Das Motto ist nicht: »Es wird viel passieren«, wie in der *ARD*-Soap »Marienhof«, sondern: »Es wird nichts passieren.«

Einzelkämpfer und Prämienjäger

Bis weit in die neunziger Jahre hinein kam der Lohn so regelmäßig wie die Jahreszeiten oder ein Regentag im April. Und auf das Wetter hat man bekanntlich keinen Einfluss. Nicht die eigene Leistung zählte, sondern die Jahre der Betriebszugehörigkeit, das so genannte Senioritätsprinzip. Ein Wort, das bequem klingt, aber auch ein wenig verstaubt. Vor allem Banken, Versicherungen und Web-Firmen haben in den letzten Jahren Prämienzahlungen in Deutschland etabliert. Bis zum Doppelten des Jahreseinkommens können *High Performer* dazu verdienen. Im späten Winter oder Frühling, wenn das Geschäftsjahr abgeschlossen ist, wird ausgezahlt. In der Prämiensaison kann man deswegen in Luxushotels weltweit Manager und Manager-Darsteller belauschen, die sich bei einem Martini an der Bar über Höhe und Angemessenheit ihrer Zusatzzahlung austauschen. Ein Ritual der neuen Arbeitswelt.

Dieses Prinzip wird jetzt auch in der *Very Old Economy* eingeführt. Die in den letzten Jahren abgeschlossenen Tarifverträge, beispielsweise in der Metall- und Elektroindustrie, lassen Spielräume für variable Entlohnung. Schon jetzt erhalten in Deutschland etwa 31 Prozent der Männer und 20 Prozent der Frauen eine teilweise leistungsabhängige Bezahlung in Form von Gewinnbeteiligungen, Prämien oder Verkaufsprovisionen. Das Ziel der Arbeitgeber ist, dass der fixe Gehaltsanteil sinkt und der Prämienanteil immer weiter steigt, auf mindestens 30 Prozent.

Postboten von privaten Zustellerfirmen werden pro verteiltem Brief entlohnt, Putzfrauen in Hotels pro abgefertigtem Zimmer, lässt sie ein Gast nicht herein, müssen sie auf eigene Kosten warten. Verkäufer in Möbelgeschäften erhalten ein niedriges Grundgehalt und bekommen zusätzlich eine Beteiligung am von ihnen selbst erzielten Umsatz. Die Mini-Unternehmer haben keinen Einfluss auf Marketing, Standort und Qualität der Produkte. Sie bekommen keine Entscheidungsfreiheit – sondern einfach nur das Risiko. Die Arbeitskraft wird zu einer Aktie. Hinweise auf die Kursentwicklung gibt es mehrmals am Tag: das zufriedene Lächeln eines Kunden, eine ärgerliche Mail vom Chef mit vielen Ausrufezeichen, die Unterschrift unter einem Vertrag. Abgerechnet wird einmal pro Jahr. Die Kontoauszüge sind der Kurzbericht zur Jahresperformance der Ich-AG. Der Lohn kommt nicht mehr wie das Wetter. Wer im Regen steht, braucht keine Hilfe und keinen Schirm zu erwarten. Denn er ist ganz einfach selbst schuld.

Die amerikanischen Ökonomen Robert H. Frank und Philip J. Cook beschreiben, wie nach dem Vorbild der Talentbewertung und Bezahlung in Kunst und Sport immer mehr *Winner-takes-all-Märkte* entstehen. Wer als besonders talentiert gilt, ob Journalist, Unternehmensberater oder Anwalt, bekommt die hohen Gewinne, die »Durchschnittlichen« verdienen immer weniger.

Der Arbeiter wird zum Einzelkämpfer, er vertraut nicht mehr den schwächelnden Gewerkschaften, sondern vereinbart Projekte, Arbeitszeit und Entlohnung gleich selbst mit dem Vorgesetzten. Die dafür nötigen Strategien besorgt er sich beim Gehalts-Coach, ein völlig neuer Berufszweig, den die neuen Arbeitsformen erst hervorgebracht haben. »Wollen Sie mehr Gehalt aushandeln? Dann brauchen Sie eine gute Vorbereitung – je individueller, desto besser.« Mit diesen Worten wirbt der Gehalts-Coach Martin Wehrle für sich. Er tritt oft im Fernsehen auf, wird in Zeitungen und Zeitschriften zitiert. Er sieht jung aus, gebräunt und smart, viel besser als der fahle *ver.di*-Chef Frank Bsirske. Wehrle passt in die heutige Zeit. Er bietet unter anderem folgende Dienstleistungen: »Ihren inneren Schweinehund überwinden. Ihr optimales Gehaltsziel herausfinden. Eine persönliche Strategie für Ihre Erhöhung ausarbeiten«. Tricks, Vorbereitung und Ego-Präsentation sind aber nicht alles. Das wichtigste Gebot Wehrles lautet: »Wer überdurchschnittlich verdient, muss Überdurchschnittliches leisten.«

Ähnlich hat auch Robert B. Reich, ehemaliger Arbeitsminister der Clinton-Regierung, die neue Weltordnung der *Prämien-Shooter* in seinem Buch »The Future of Success« beschrieben. »It's the Economy, Stupid« – so lautete das berühmte Wahlkampfmotto Clintons. »Auf die Wirtschaft kommt es an«, soll der Spruch sagen, alles andere ist zweitrangig. Es geht nicht um den Menschen mit seinen Bedürfnissen und Schwächen, es geht um das Leistungsprinzip, um Wettbewerb und um die Sieger. Beschäftigte, die begabt sind, hart arbeiten oder einfach nur zufällig an der richtigen Stelle stehen, haben ganz neue Möglichkeiten. »Sie können heute im Vergleich zu den Durchschnittslöhnen unendlich mehr verdienen, als es talentierten und ehrgeizigen Menschen im industriellen Zeitalter möglich war.« Reich geht davon aus, »dass die Intensität, mit der Menschen ihrem Beruf nachgehen, direkt mit der Größe des Ungleichgewichts im Einkommen zusammenhängt«. Dies sei einerseits so, »weil Menschen in den unteren Einkommensklassen mehr als bisher leisten müssen, um ein gewisses Einkommensniveau zu erreichen; andererseits, weil es für Menschen in den oberen Einkommensklassen ein größeres Opfer bedeutet, nicht so hart zu arbeiten.«

Klassenkampf 2.0

In der neuen Arbeitswelt ist der Firmenpatriarch fast ausgestorben, dafür treten neue Mutationen des *Homo Oeconomicus* auf, zum Beispiel der Gehalts-Coach, der Selbstunternehmer und der Vorstandsvorsitzende als Firmen-Maskottchen. Die Rollen von Chef, Arbeitskämpfer und Arbeitstier fusionieren. Der neue Angestellte muss sie alle gleichzeitig auf der globalen Bühne der Weltwirtschaft spielen. Zum Proben bleibt keine Zeit, agiert wird ohne Textbuch und Souffleur.

Als es noch Marxisten gab, sprachen die gerne über den Gegensatz von Kapital und Arbeit: Der Kapitalist wolle den Gewinn maximieren, der Arbeiter wolle etwas vom Leben haben und fordere dafür ausreichend Geld und Zeit. Diesen Klassenkampf hat der wohlfahrtsstaatliche Kapitalismus mit Gehaltserhöhungen, Beschäftigungsgarantien und Sozialversicherungsbeiträgen befriedet: Vergangenheit! Die alten Auseinandersetzungen brechen wieder auf: Kann ich wirklich noch dieses eine Projekt annehmen oder klappe ich dann einfach zusammen? Muss ich auch am Wochenende in die Firma? Darf ich den Anruf vom Chef ignorieren?

Der Klassenkampf tobt nicht zwischen Personen oder Gruppen. Sondern im Kopf jedes Einzelnen.

3. DIE JOB-FLATRATE

Arbeit von Nine-to-five, Montag bis Freitag und am Wochenende frei – mit dieser Zeiteinteilung der industriellen Moderne ist es jetzt vorbei. Dank Handy und WLAN sind wir immer erreichbar. Die Firma fordert uns 24 Stunden am Tag.

Am 1. Januar 1999 führte der Computerhersteller *IBM* die absolute Freiheit ein – oder auch den totalen Zwang. Vielleicht auch beides zugleich, es kommt ganz darauf an, wen man fragt. An diesem Tag jedenfalls entfernte die Firma ihre Stechuhren, diese Kontrollapparate, die Buch führen über die Pünktlichkeit und die Arbeitszeit der Mitarbeiter. Eine Stechuhr hat keine Ahnung vom einzelnen Menschen und will ihn auch nicht kennen. Für sie zählt nicht, ob der Angestellte fröhlich oder traurig ist und wie gut oder schlecht er deswegen arbeiten wird. Sie misst nur eines: Anwesenheit von Arbeitskraft, acht Stunden am Tag, 40 oder 38,5 Stunden die Woche.

Der Akt des Einstempelns war ein zentrales Ritual der Industriegesellschaft. Jeden Morgen führten die Arbeiter die gleiche Bewegung aus. Karte rein. Karte raus. Jeder musste das tun, unabhängig davon, was er konnte und wer er war. Und wenn er die Karte wieder aus der Transformationsmaschine zog, in die Brusttasche oder das Regalsystem steckte, hatte er sich verwandelt, dann war aus dem Mensch die Nummer geworden, die auf der Karte steht. Eine Arbeitskraft mit normiertem Ausstoß.

»Wir brauchen diese Kontrollen nicht mehr«, sprach Erwin Staudt, der damalige Vorstandsvorsitzende von *IBM Deutschland.* »Wir wollen, dass unsere Angestellten selbstständig handeln. Vertrauen ist wichtig.« Er warb mit diesen Worten nicht nur für seine Firma, die auf der Seite des Fortschritts stehe und den Menschen und seine Bedürfnisse ernst nehme, er verkündete auch eine helle, glückliche Zukunft. Ein neues Zeitalter, in dem Management und einfache Angestellte keine Gegner sind, sondern Partner, vielleicht sogar Freunde.

Viele Arbeitgeber sind mittlerweile diesem Beispiel gefolgt. Der Abschied von der Stechuhr, ob bei *Siemens*, *Nestlé* oder in der Stadtverwaltung von Wolfsburg, markiert das Ende der industriellen Arbeits- und Lebensorganisation. Schon bald werden letzte, restaurierte Kontrolluhren im Museum stehen. Neben ihnen wird ein *VW Käfer* zu besichtigen sein, oder der Schreibblock einer Stenotypistin. Vielleicht auch noch ein Mitgliedsausweis der *IG Metall*, ausgestellt 1983 in Schweinfurt, ein Plakat für die 35-Stunden-Woche, ein Button: »Samstags gehört Papi mir«. Und vor diesem Raum wird ein Schild stehen: »Das war die BRD.«

Mehr Arbeit durch weniger Kontrolle

Mit der Stechuhr verschwindet natürlich nicht die Verpflichtung zur Arbeit. Im Gegenteil: Anders als oft in Talkshows und auf den Wirtschaftsseiten unserer Zeitungen behauptet, arbeiten die Deutschen nicht immer weniger, sondern seit Mitte der neunziger Jahre wieder immer mehr. Die Schere zwischen tariflicher und tatsächlicher Arbeitszeit öffnet sich. Laut EU-Statistik liegt die Wochenarbeitszeit in Deutschland bei 42,3 Stunden, fast fünf Stunden mehr als in den Verträgen vereinbart. Das sind jedoch nur Durchschnittswerte, die noch nicht die starken Ausschläge nach oben in vielen Berufsgruppen berücksichtigen. Vor allem bei den Hochqualifizierten, die 20 Prozent aller Beschäftigten ausmachen, steigt die Arbeitszeit stark an: 27,5 Prozent kommen bereits auf mehr als 48 Stunden. Aber auch Zimmermädchen in Hotels oder Arbeiter auf dem Bau rackern oft über 50 Stunden. Zwei Milliarden Überstunden leisten die Deutschen pro Jahr, die Gewerkschaften gehen davon aus, dass mindestens die gleiche Anzahl so genannter »grauer Überstunden« erst gar nicht aufgeschrieben wird.

Der arbeitgebernahen *Initiative Neue Soziale Marktwirtschaft (INSM)* genügt das offensichtlich noch nicht. Sie zahlte 58 670 Euro an die Produktionsgesellschaft der *ARD*-Vorabendserie »Marienhof«, damit dort marktwirtschaftliches Engagement vermittelt werde. In Folge 1974 fordert der Drogeriemarktbesitzer Thorsten Fechner seine Angestellte Jenny Deile auf, Überstunden zu machen, um neu gelieferte Damenunterwäsche zu listen. Als diese ablehnt, weil sie sich um ihre Kinder kümmern müsse, sagt Fechner: »Schade, Frau Deile! Wenn Sie immer nur Dienst nach Vorschrift schieben, dann werden Sie es nie weit bringen! Und das ausgerechnet jetzt, wo ich mir überlege, Sie von der Zeitarbeitsfirma in eine Festanstellung zu übernehmen!« Die Antwort von Jenny: »Das freut mich ja auch, Herr Fechner, aber ob das heute Abend schon geht? Ich werde es versuchen!« Mit oder ohne Propaganda der *INSM*: Vor allem die jungen Arbeitnehmer haben verstanden. Die Umfrage »Generation 05« der Unternehmensberatung *McKinsey* zeigt, dass eine Mehrheit der Hochschulabsolventen sich zwar 39,5 Arbeitsstunden pro Woche wünscht, jedoch 48 erwartet und auch akzeptiert.

Über 40 Prozent aller Beschäftigten arbeiten am Samstag – vor 14 Jahren waren es weniger als ein Drittel – heute muss mehr als jeder Fünfte auch am Sonntag ran. Drei Tage Urlaub lassen die Deutschen pro Jahr im Schnitt ungenutzt verstreichen. Das Geschenk der unbezahlten Arbeit nehmen die Vorgesetzten jedes Jahr Ende März freundlich lächelnd entgegen.

Wir verlieren nicht einfach nur ein paar Stunden Freizeit,

sondern eine Tradition. In der industriellen Gesellschaft war die Arbeit zu Ende, wenn um acht, sechs oder fünf Uhr die Sirene schrillte. Jetzt ist die Arbeit fertig, wenn sie eben fertig ist. Die Vorgesetzten messen Produktivität nicht mehr über die Arbeitszeit, sondern anhand des Ergebnisses. Der Angestellte bekommt einen Zettel auf seinen Schreibtisch gelegt, darauf steht: Kundenname, Projektbeschreibung, Zeitrahmen. Solange der Beschäftigte den Auftrag bis zum vorgegebenen Datum erledigt, ist es dem Chef egal, ob er jeden Tag erst um zwölf ins Büro kommt oder drei Nächte durcharbeitet. Letzteres ist wahrscheinlicher. Studien zeigen: Dort, wo die Anwesenheit nicht kontrolliert wird, arbeiten die Angestellten wesentlich länger. »Die Situation ist beinahe unerträglich geworden«, schreibt eine *IBM*-Mitarbeiterin in einem Brief an den Betriebsrat über ihre Erfahrungen mit der Projektarbeit, »mich regiert blanke Angst ... denn die Projektarbeit hat kein Ende. Die Belohnung für ein beendetes Projekt ist ein neues Projekt.«

Die 38, 40 oder auch einmal 48 Stunden, die im Arbeitsvertrag stehen, sind für viele Angestellte nur noch eine Zahl, ein leeres Zeichen, das auf nichts mehr verweist. Ein Witz, den sie schmunzelnd zur Kenntnis nehmen. Die Uhr hat ihre Macht verloren. An Bushaltestellen oder in öffentlichen Behörden scheinen die großen Zeitmesser nicht mehr richtig zu ticken. Die Menschen eilen achtlos an ihnen vorüber, und weil wir uns nicht mehr für sie interessieren, beginnen die Uhren zu rosten, gehen nach oder haben den Betrieb ganz eingestellt. Der Verkauf von Armbanduhren geht seit über zehn Jahren zurück. Die Geräte sind vor allem als Schmuckstück noch interessant. Im Grunde bietet es sich an, das Uhrwerk der schönen Apparate einfach anzuhalten, die Zeiger stehen dann auf 10 nach 10 oder 10 vor 2 und verdecken den edlen Markennamen nicht mehr. Das Ziffernblatt, auf das Generationen von Menschen so hektisch geblickt haben, zeigt ein sanftes Lächeln, wirkt ruhig und friedlich.

Im Rhythmus der Uhr

Die mechanische Uhr, nicht etwa die Dampfmaschine, ist laut dem Philosophen Lewis Mumford die entscheidende Erfindung der industriellen Moderne. Sie sei »nicht nur als eine Maschine anzusehen, die den Verlauf der Stunden anzeigt, sondern ein Instrument zur Vereinbarung der menschlichen Tätigkeiten«. Ihre Zeiger zerschnitten und portionierten das Leben in kleine Einheiten, die der Kapitalismus gut verarbeiten konnte. Die Uhr hat uns regiert, ohne dass wir sie je gewählt hätten. Nüchtern und pedantisch, so wie es ihre Art ist.

Der englische Kulturwissenschaftler Edward P. Thompson hat erklärt, »dass sich zwischen 1300 und 1650 das Zeitverständnis innerhalb des europäischen Kulturkreises entscheidend gewandelt hat«. Lange Zeit war der Hahn der Zeitkünder. Die Menschen lebten im Rhythmus der Natur, säten im Frühjahr, verließen spätestens bei Einbruch der Dunkelheit das Feld, befuhren das Meer, sobald es die Gezeiten zuließen. Und wenn sie kurz vor Mittag genug Fische gefangen hatten, erhöhten sie nicht ihre persönliche Fangquote, sondern kehrten in den Hafen zurück. »Wo immer die Menschen ihren Arbeitsrhythmus selbst bestimmen konnten, bildete sich ein Wechsel von höchster Arbeitsintensität und Müßiggang heraus«, schreibt Thompson. Trotz bitterster Armut bestand das Leben der Menschen auch noch zu Beginn der industriellen Revolution »aus Zyklen von harter Arbeit und schmaler Kost, unterbrochen von vielen Festtagen, an denen Essen und Trinken reichlicher vorhanden waren«. Man kaufte »Luxusartikel« wie Fleisch oder Wein, tanzte, feierte und spielte. Die amerikanische Historikerin Juliet B. Schor fasst zusammen: »Unsere Vorfahren mögen zwar nicht reich gewesen sein, aber sie verfügten über einen Überfluss an Muße.«

Der Sozialökonom Holger Heide beschreibt, wie sich parallel dazu eine »Ideologie der grenzenlosen Beherrschbarkeit und Ausbeutbarkeit der Natur« entwickelte. »Das Bürgertum war auf Sklaven und zunehmend auch auf ›freie‹ Lohnarbeiter angewiesen, und darauf, dass es gelang, diesen eine ausbeutbare Auffassung von Arbeitsdisziplin zu vermitteln.« In England erhielten die Meister bereits 1351 durch die »Statute of Labourers« ausdrücklich das Recht, »durch körperlichen Zwang Arbeit zum gesetzlichen Lohntarif zu erpressen«. Massenhaft wurden Menschen geschlagen, ausgepeitscht, verstümmelt und umgebracht – »zum Einen, um die Unbrauchbaren schlicht zu beseitigen, zum Anderen, um bei den Übrigen die Bereitschaft zur disziplinierten Arbeit zu erzwingen«. Ehe europäische Kaufleute Afrika und Asien eroberten, machten sie erst einmal Kolonien aus den Dörfern und Vorstädten und brachten das Geschenk der Zivilisation: Kontrolle und Zeitbewusstsein.

Der Mensch ignorierte die Stimme der Natur. Am Himmel erschien neben der Sonne eine zweite leuchtende Scheibe: die Kirchturmuhr. Schon im Jahr 1283 soll in einem Kloster im englischen Bedfordshire die erste mechanische Uhr getickt haben, sie rief zum pünktlichen und regelmäßigen Gebet. Seit dem 14. Jahrhundert finden sich fast überall in Europa öffentliche Uhren in Städten und größeren Marktflecken. Patrizier spendeten viel Geld, damit die Kirchen Glocken kaufen konnten, die von da an über das Land dröhnten, in jedes Haus, eine Mahnung mit 80 bis 100 Dezibel: Geht früh ins Bett, kommt pünktlich zur Arbeit, bleibt nicht liegen, schlaft nicht aus!

Das feierliche Glockengeläut war nicht nur Teil des religiösen Ritus, sondern vor allem der Sound der Modernisierung. Schulen und Kirchen, Krankenhäuser und Kasernen dienten als Trainingsplätze, auf denen die künstlichen Rhythmen der Industriegesellschaft immer und immer wieder eingeübt wurden. Fabriken, in denen Menschen produziert wurden, die dann ihrerseits in den Fabriken produzieren konnten. Um die Beschäftigten in den Rhythmus des Fließbands zu zwingen, installierten die Arbeitgeber gigantische Überwachungssysteme samt Aufseher und bezahlter Spitzel. Um 1700 schrieb der Fabrikant John Crowley an seine Arbeiter: »Und da mir zu Ohren kam, dass verschiedene Angestellte ehrlos genug waren, sich bei ihrem Weggang nach den am schnellsten gehenden Uhren und einer zu früh schlagenden Glocke zu richten, bei ihrer Ankunft jedoch nach zu langsam gehenden Uhren und einer verspätet schlagenden Glocke, und dass jene beiden schwarzen Verräter Fowell und Skellerne dies wissentlich zugelassen haben, soll hinfort keine hier geführte Person sich nach irgendeiner anderen Uhr, Glocke oder sonstigem Zeitmesser als der des Aufsehers richten, und diese Uhr darf niemals nachgestellt werden.« Crowley führte Kontrollkarten ein, auf denen Aufseher auf die Minute genau Kommen und Gehen eintrugen. Dieses Prinzip wurde im Laufe der Zeit immer weiter verfeinert. Am 30. Oktober 1894 erhält in den USA Daniel M. Cooper das US-Patent Nr. 528 223 für einen »Workman's Time Recorder«: Cooper verkauft sein Patent schnell an die *Willard & Frick Company*, die nach mehreren Zusammenschlüssen ab 1910 den Stempeluhrenmarkt weltweit dominiert. 1914 erweitert die Firma ihr Sortiment, 1924 gibt sie sich einen neuen Namen: *International Business Machines Corporation, IBM.*

Die Uhr war das Symbol der Autoritäten: Kirche, Armee und Arbeitgeber. Aber um die strengen Pünktlichkeitsimperative erfüllen zu können, wurde sie zwangsläufig auch für normale Menschen zu einem unverzichtbaren Ausrüstungsgegenstand. In der zweiten Hälfte des 19. Jahrhunderts stieg die Produktion von Taschenuhren stark an. Junge Männer bekamen zur Firmung Armbanduhren geschenkt. Der Teenager sollte nicht nur in die religiöse Gemeinschaft aufgenommen werden, sondern auch in die der Zeitgläubigen. Ein Initiationsritual der synchronisierten und disziplinierten Gesellschaft. Folgerichtig gab es dann auch am Ende des Arbeitslebens einen goldenen Chronografen. Die Taschenuhr klopfte nah am Herzen, das Ticken der Armbanduhr schob sich über den Puls. Der Mensch war nun mit der Uhr gleichgeschaltet, mit dem Diktat der Effizienz und den Erfordernissen des Zeitplans.

Aus dem Takt geraten

Die Beschäftigten akzeptierten die Kategorien ihrer Arbeitgeber und schlugen im Rahmen dieser zurück. Es begann der Kampf um die Arbeitszeit. Schon 1840 engagierte sich der Zimmermann Samuel Palmer im neuseeländischen Petone mit einem Einmannstreik erfolgreich für den 8-Stunden-Tag. Lange Zeit blieb er der Einzige, der früh am Nachmittag seine Sägen und Nägel einpacken durfte. Wochenarbeitszeiten von 80 Stunden und mehr waren auch in der zweiten Hälfte des 19. Jahrhunderts in allen westlichen Ländern die Norm. Mit den Demonstrationen am 1. Mai, dem Tag der Arbeit, wurde ab 1886 die Einführung des 8-Stunden-Tags gefordert. In Deutschland gab es diesen erstmals 1900 bei *Carl Zeiss* – eine absolute Ausnahme, in der gesamten Bundesrepublik galten 40 Wochenstunden erst 70 Jahre später. Es bildete sich ein spezifisches »Zeitarrangement« heraus: Die 5-Tage-Woche, der 8-Stunden-Tag, das freie Wochenende, sowie 25 bis 30 Tage Jahresurlaub.

Diese Zahlen stellten nicht nur eine Verpflichtung dar, sondern verliehen auch Sicherheit. Ein fairer Deal. Die Zukunft erschien dem Arbeitnehmer berechenbar; zu den größten Gewissheiten zählte, dass die Arbeitszeit sinkt, die Wirtschaft wächst und ab Mai im Schrebergarten die Rosen blühen. An den Gesetzen der Natur hat sich nichts geändert. Für die sozialen und ökonomischen Regeln gilt das allerdings nicht.

Der natürliche Rhythmus der Menschen im Mittelalter war langsam, er musste gebrochen werden, um die enormen Produktivitätssteigerungen des industriellen Kapitalismus zu ermöglichen. Ein starres, kollektives Zeitregime wurde geschaffen, das lange eine enorme Beschleunigung ausübte – jetzt bremst es. Ein neuer Temposchub ergreift die Welt, wie der amerikanische Kolumnist Thomas L. Friedman in seinem Buch »Die Welt ist flach« erklärt. Containerschiffe schaffen tonnenschwere Lasten in fünf Tagen von Shanghai nach Los Angeles. »Windows öffnet das Fenster zur Welt« und spätestens seit das Glasfaserkabel weltweit verfügbar ist, kann jeder in jedem Land kooperieren und konkurrieren. *Outsourcing* und *Offshoring* bewirken, dass Kapital und Arbeit zwischen Ost und West, Nord und Süd ungehindert strömen. Zeit ist zum entscheidenden Wettbewerbsfaktor geworden. Derjenige bekommt den Auftrag, der am schnellsten liefern kann. Derjenige gewinnt, der am schnellsten Ideen entwickelt und sie noch schneller umsetzt. Friedman illustriert dies anhand eines ins Mandarin übersetzten afrikanischen Spruchs, den er am Schwarzen Brett einer chinesischen Fabrik entdeckt hat: »Jeden Morgen erwacht in Afrika eine Gazelle. Sie weiß, sie muss schneller rennen als der schnellste Löwe, oder sie wird gefressen. Jeden Morgen erwacht in Afrika ein Löwe. Er weiß, er muss schneller rennen als die langsamste Gazelle, oder er wird verhungern. Egal ob Löwe oder Gazelle – bei Tagesanbruch muss man rennen.«

Von der Erfindung des Rundfunkgeräts bis zu seiner Verbreitung auf 50 Millionen Empfänger brauchte es 38 Jahre. Vom ersten bis zum 50-millionsten Internetanschluss verstrichen nur vier Jahre. Der Produktionsprozess eines Kleides für Discount-Modeketten wie *Zara* und *H&M* beginnt bei einer Modenschau eines Couture-Hauses in Paris. Ein Fotograf macht Bilder der neuen Kollektion und schickt sie noch am selben Abend zum Kreativzentrum in La Coruña oder Stockholm. Am nächsten Tag diskutiert das Designteam über Trends und Tricks, Materialien und Schnittmuster. Zwei Tage später gehen die fertigen Entwürfe an eine Fabrik in der Türkei, in Spanien oder China. Die Nähmaschinen surren, Flugzeugdüsen jaulen, glühende Verbindungen zwischen Peking, Bangkok, London, Hamburg. Eines Morgens, nur knapp zwei Wochen nach der ersten Idee, hängen die fertigen Produkte in den Schaufenstern der Welt.

Die zentralen Orte der globalen Produktion sind nicht mehr die Fabriken, sondern Container- und Flughäfen. Auch *DHL*, das größte Logistikunternehmen der Welt, zeigt in Werbespots eine glorifizierende Reportage aus diesem Reaktor der Weltwirtschaft. »Die Deadlines sind knapp,« ruft ein *DHL*-Angestellter gegen den Motoren- und Turbinenlärm an, »die Geschwindigkeit ist extrem hoch.« Und er folgert: »Ich habe den besten Job der Welt.« Von einem 8-Stunden-Tag oder einer 5-Tage-Woche redet er nicht. »Die Aufhebung aller zeitlichen Restriktionen ist in der Wirtschaft zum wichtigsten Instrument geworden«, erklärt der Arbeitswissenschaftler Gerhard Bosch. Die flexible Produktion verlangt, dass ein Unternehmen sofort auf Entwicklungen des Marktes, den Wunsch eines Kunden oder ein Problem im Fertigungsprozess reagiert. Die Maschinen laufen rund um die Uhr. Gefertigt und geliefert wird *Just-In-Time*.

Immer erreichbar, immer im Dienst

Die neuen Arbeitsformen brauchen nicht nur Menschen, die länger arbeiten als 38 Stunden pro Woche. Der moderne Beschäftigte muss zudem noch rund um die Uhr verfügbar sein. Von einem leitenden Angestellten, ob bei *VW* oder *Siemens*, wird erwartet, dass er notfalls auch um 23 Uhr noch in die Firma kommt, egal ob er dafür die Oper verlassen muss, die Kneipe oder das Bett. Jedes mittelständische Unternehmen operiert mittlerweile global. Da muss man schon mal bis 1 Uhr nachts aufbleiben, um mit den Kunden in Übersee zu telefonieren. Und wir arbeiten nicht nur anders, wir reden auch anders über Arbeit. Früher stand der Angestellte um 6 Uhr abends in der Kneipe, wischte sich die Müdigkeit, den Dreck und die Wut mit dem Bierglas aus dem Gesicht und rief: »Nach fünf kann mich mein Chef mal gerne haben«, heute macht man Witze über faule Beamte, die um 16 Uhr 30 den Kugelschreiber fallen lassen. *Nine-to-five*, die klassische Arbeitszeit, für die Arbeiter hundert Jahre gekämpft und die sie dann zwei oder drei Jahrzehnte genossen haben, ist mittlerweile zu einem Schimpfwort geworden. Wer zugibt, tatsächlich nur 38 Stunden zu arbeiten, macht sich lächerlich. In Betriebskantinen geht es zu wie beim Reizen während eines Skat-Spiels: 40, 48, 60. Gewinner ist, wer gar nicht mehr zum Zählen kommt. Stolz ist man nicht auf die Stunden, die man mühsam dem »Kapital« abgerungen hat, sondern auf die dauernde Erreichbarkeit und das neue Diensthandy. Es strahlt kühl und blau, tags und nachts, und flüstert: »Wir brauchen dich. Immer und überall. Mach nicht schlapp.« Der moderne Vorgesetzte interpretiert das Gehalt als Flatrate: Für eine bestimmte, tariflich festgelegte oder individuell vereinbarte Summe darf er rund um die Uhr auf den Angestellten zugreifen.

Dass die Deutschen »Handy« sagen, wird oft belächelt, Engländer und Amerikaner selbst sprechen vom »Mobile« oder »Cell Phone«. Tatsächlich ist der falsche Anglizismus aber sinniger als gedacht. Er verweist auf den kriegerischen Ursprung des Geräts: Die Idee eines tragbaren Fernsprechapparats wurde von der US-Armee im Zweiten Weltkrieg entwickelt. Die Soldaten konnten so nach der Landung auch aus dem indonesischen Dschungel mit der Kommandozentrale kommunizieren, um Hilfe rufen, Luftschläge dirigieren. Die Geräte hießen »Handie Talkie«, der Name setzte sich jedoch nicht durch, stattdessen wurden die Apparate unter dem Namen »Walkie Talkie« bekannt. Die Firma, die die mobile Kommunikation erfand, hieß *Motorola*, und ist heute der drittgrößte Mobiltelefonhersteller der Welt.

Die Fähigkeiten eines Kriegers – Wachsamkeit, Reaktionsgeschwindigkeit und Schlagkraft – gehören mittlerweile auch zur Kernkompetenz eines modernen Angestellten. Die Banker und Berater des globalisierten Kapitalismus agieren wie ein Spezialkommando des *Marine Corps,* stehen ständig miteinander in Kontakt, sind über die Schwächen des Gegners informiert und dank der *Business-Class-Airforce* auch in der Lage, auf der ganzen Welt innerhalb von 24 Stunden zuzuschlagen. Nicht ohne Grund ist ihre Sprache von kriegerischem Vokabular durchdrungen. Wenn alles klappt, dann ist die »feindliche Übernahme« perfekt. Die Agenten flüstern in ihre Handys: »Area clear. Job done.«

Wer sein Mobiltelefon einmal abschaltet, kann sich am nächsten Tag des Vorwurfs sicher sein: »Wozu bezahlen wir dir eigentlich das teure Gerät, wenn wir dich nie erreichen?« Wissenschaftler berichten von der Handysucht, dem krankhaften Gefühl, immer erreichbar sein zu müssen. Für den Kapitalismus ist diese Pathologie funktional. Er braucht solche Angestellten.

Die drei kleinen Striche oben links auf dem Display zeigen den Kontakt zur Arbeitswelt, an ihm hängt der moderne Angestellte wie an einer Sauerstoffversorgung. Wenn der Empfang schlechter wird, sich die Striche zu kleinen Punkten verwandeln und am Ende zu einer roten Linie, dann droht Gefahr.

Längst können Mobiltelefone mehr als nur Schallwellen empfangen. So genannte *Smartphones*, am berühmtesten sind wohl das *iPhone* und der *Blackberry*, empfangen E-Mails und verwalten Termine. »Einfach im Geschäft bleiben«, heißt es in einer Anzeige von *T-Mobile*. Dazu wird ein Mann gezeigt, der auf einer Straße aus einem Taxi aussteigt, aber nur auf sein Handy blickt. Um die Autos, die an ihm vorbeifahren, kümmert er sich nicht. Im Text dazu wird erläutert: »Mit Blackberry Webmail und der ausgezeichneten Netzqualität von T-Mobile sind Sie immer und nahezu überall in der Lage, auf E-Mails direkt und unkompliziert zu reagieren« – auch wenn man vielleicht im nächsten Moment überfahren wird. Eine Anzeige von *Windows Office Mobile* präsentiert ein *Smartphone* wie eine Reliquie. Auf dem Display stehen in kleiner Schrift alle Projekte, die der imaginäre Benutzer des Geräts noch erledigen muss: »SMS: 2 ungelesen. Outlook E-Mail: 17 ungelesen. Hotmail: 11 ungelesen. 11 aktive Aufgaben. 15 Uhr: Abschlussbriefing (Raum 103)«. Frühere Arbeitnehmer hätten bei diesem Arbeitsrhythmus wahrscheinlich einen Nervenzusammenbruch erlitten. Die Business-Elite erkennt ihre Lebenswirklichkeit in der Werbung wieder und freut sich. Die Anzeigen der Telekommunikationsunternehmen machen nicht nur für ein Produkt Reklame, sondern auch für den dazu passenden Lebensstil: mobil, flexibel, arbeitssüchtig, immer unter Strom, immer Anschluss unter dieser Nummer.

Bevor aus der *Deutschen Bundespost* ein globaler Logistikkonzern wurde, galt sie als Synonym für Langsamkeit. Ein Brief schleppte sich im Schneckentempo vom Absender zum Empfänger. Er verstaubte in Briefkästen, lag in Sortierstellen, wurde auf Güterzüge geladen, die langsam durch Deutschland tuckerten, und war er endlich eingetroffen, wartete er vielleicht noch zwei Tage im Postfach auf den Adressaten. Diese Langsamkeit wirkte ansteckend. Weil ein Brief ohnehin ewig unterwegs war, konnte man sich auch mal zwei Tage Zeit lassen, um ihn zu beantworten. Diese Freiheit ist mit der Einführung der E-Mail verloren gegangen. Jeder ist überall und jederzeit erreichbar. Die E-Mail verlangt deshalb eine sofortige Antwort. Der elektronische Briefkopf zeigt auf Minute und Sekunde genau, wann die Nachricht abgeschickt wurde, manchmal ziemlich spät, oft auch am Wochenende. Die Datumszeile ist sowohl Dokumentation der Arbeitswut des Absenders als auch Verpflichtung für den Empfänger: »Wenn ich so spät arbeite, dann kannst du das auch.« In den USA gilt es bereits als Affront, eine E-Mail länger als 90 Minuten unbeantwortet zu lassen.

Die Nachrichten warten nicht mehr geduldig im Büro. Sie verfolgen ihren Adressaten über den ganzen Erdball und tauchen als SMS plötzlich mitten im Kundengespräch auf dem Display des *Blackberrys* auf. Sobald der Kollege in der Produktentwicklung einen Termin mit einem Kunden abgemacht hat, werden alle anderen Betroffenen in der Abteilung darüber unterrichtet; auf ihrem PC-Display oder ihrem mit dem Computer synchronisierten *Smartphone* erscheint die Frage: »Meeting annehmen oder ablehnen?« Wer einen Termin absagen will, muss eine kurze Begründung eingeben. Die meisten trauen sich das nicht. Dann läutet schon wieder das Festnetztelefon. Der nächste Anrufer klopft in der Warteschleife. Der Computer blinkt: Sie haben Post. Alarm.

Die Manager von *IBM* trafen eine kluge Entscheidung, als sie 1958 entschieden, ihren Stechuhrensektor an *Simplex* zu verkaufen, um sich ganz auf die Entwicklung von Computern konzentrieren zu können. Technologische Entwicklungen – der PC, das Internet und das Handy – haben letztendlich die alte Stempeluhr verdrängt.

Genauso präzise und fehlerlos wie die mechanische Uhr sollte auch der Arbeiter funktionieren. Die Armbanduhr war eine Handschelle, damit kettete man ihn für einen tariflich fixierten Zeitraum im Büro fest. Aus dieser Gefangenschaft befreien sich nun immer mehr Menschen. »Freiheit vorinstalliert« – mit diesem Slogan wirbt *HP* für einen neuen Laptop, der über eine eingebaute SIM-Card und UMTS immer online ist. »Greifen Sie mit hohen Geschwindigkeiten auf Dateien im Unternehmensnetzwerk zu, auch wenn Sie nicht im Büro sind.« Auch die Arbeit ist in unserem Betriebssystem schon vorinstalliert und lässt sich nicht mehr von der Festplatte löschen. Wie früher die Uhr sind nun Computer und *Smartphone* nicht nur Arbeitsinstrumente, sondern zugleich Metaphern für das moderne Angestelltenleben: Der Beschäftigte muss funktionieren wie ein intelligenter Schaltkreis, niemals müde werden, nichts vergessen, in wenigen Sekunden reagieren und eine kluge Lösung finden.

Vielleicht ist das Wort »Angestellter«, anders als beispielsweise Jan Schiemer glaubt, doch ein sehr modernes Wort. Das Präfix »an« ist die zentrale Vokabel des elektronischen Zeitalters. Eine grüne Leuchtdiode blinkt, das Gerät läuft, steht immer unter Strom, immer auf Stand-by – und ist nie ausgeschaltet.

4. BÜRO ALS LEBENSRAUM

Die räumliche Trennung von Arbeit und Leben löst sich auf. Die Firma imitiert unsere Wohnung und umgekehrt. Beruf und Privatleben sind eins. In Zukunft werden wir immer und überall arbeiten können.

Der oberste Stock des Hotels *Bayerischer Hof* erhebt sich 30 Meter über die Münchner Innenstadt. Eine Insel nahe den Wolken. 30 Meter – das ist hoch genug, um sich vom Alltag und der normalen Welt zu lösen. Man blickt hinunter auf die Fußgänger, die über die Plätze hasten, wie an Schnüren gezogen, und wie durch ein Wunder nicht zusammenstoßen. Da quietschen Reifen, knallen Türen, überall laufen Motoren. Ein LKW-Fahrer drückt auf die Hupe, Menschen schreien in ihr Handy, dass sie sich gern haben oder mal wieder fünf Minuten später kommen. Tausend Lärmquellen, ein riesiges Orchester ohne Dirigent, das 24 Stunden am Tag den Sound der Großstadt improvisiert. In 30 Metern Höhe kommt das alles nur noch als dunkles Brummen an, mal lauter, mal leiser. Ein oszillierender Geräuschpegel, wie Wellen, die im immergleichen Rhythmus an den Strand schlagen. Gemütlich und beruhigend klingt das und verrät nicht, wie gefährlich es zugeht, dort draußen auf dem offenen Meer.

Um auf diese Insel der Stille zu gelangen, nimmt man kein Schiff, sondern den Aufzug, der sich quietschend nach oben quält. Je höher der Lift fährt, desto langsamer wird er, als hielte ihn die Schwerkraft zurück. In der Kabine steht Christina Bach, die Ärztin, die es gewohnt ist, dass alles schnell geht, sehr schnell, eben »zackzack«, wie sie sagt. Deswegen nimmt die Effizienzexpertin normalerweise auch die Treppe. »Das geht genauso flott, außerdem trainiere ich so noch die Beine.« Mit einem Ruck hält der Aufzug im fünften Stock. Langsam ziehen sich die Türen auseinander, geben einen Spalt frei: Genau in der Mitte steht Heiko Wenzig.

Heiko Wenzig ist Manager des *Blue Spa*, so heißt das Wellness-Center des *Bayerischen Hofs*. Aber mit dem weiten schwarzen Hemd, der schwarzen Hose, den kurzen Haaren und den bedachten Bewegungen gleicht er eher einem Mönch. »Hier lernen Sie etwas, das für viele schon ungewohnt ist, eigentlich aber selbstverständlich sein müsste.« Wenzig redet ruhig und monoton. Vielleicht liegt das daran, dass er diese Sätze schon auswendig kann, weil er sie so oft wiederholt hat. Es ist seine Liturgie. Vielleicht will er aber auch nur sicher und ruhig wirken. Um seinen Job gut zu machen, müssen die Leute Vertrauen haben, nur dann können sie sich fallen lassen. Schließlich will er ihr Leben verändern. Heiko Wenzig ist Missionar, er will die Menschen bekehren, sucht Schäfchen für die Gemeinde des *Powernaps*.

Ein Missionar kommt nicht zu denen, die ohnehin schon seines Glaubens sind. Er geht zu den Heiden, zu den Wilden. Heiko Wenzig hat mit dem *Bayerischen Hof* eine gute Wahl getroffen. Eine Herberge für Topmanager und internationale *Business Traveller*. Sie haben ein hektisches Leben, rauschen vom Flughafen im Taxi heran, legen sich kurz auf die Bettdecke. Vier Stunden später stehen sie auf, strecken sich kurz und reiben sich den Jetlag aus den Augen. Müssen wieder fit sein für einen neuen 16-Stunden-Tag. Wenn Heiko Wenzig durch die Lobby geht, sieht er nicht die Mächtigen und Erfolgreichen, sondern die Hilflosen und Müden und will ihnen etwas mitgeben. »Gerade viele erfolgreiche Menschen beherrschen eine ganz entscheidende Technik nicht: Sie können nicht abschalten. Sie können nicht richtig schlafen.«

Vom Handwerker zum Schichtarbeiter

Nie sind wir weiter von den Imperativen der Leistung und des Erfolgs entfernt als im Bett. Die Decke wärmt uns und wirkt als Isolierschicht gegen Kälte, Telefonklingeln und Optimierungswahn. Der Schlaf ist die extremste Form der Leistungsverweigerung, das absolute Gegenstück zur Arbeit.

Die Trennung des Lebens in Freizeit und Arbeit, Feierabend und »auf Schicht sein« ist eine Erfindung der Moderne. In vorindustriellen Gesellschaften gab es eine Einheit von Arbeit und Leben. Ein mittelalterlicher Handwerker etwa arbeitete bei Tageslicht im Erdgeschoss und Innenhof seines Hauses, nach Einbruch der Dunkelheit zog er sich in den ersten Stock, in die Wohn- und Schlafräume zurück. Der Bauer kennt sogar sprichwörtlich keinen Feierabend, und der Viehstall liegt in der traditionellen ländlichen Architektur auch deshalb immer in Hörweite des Schlafzimmers, damit der Hofherr bei verdächtigen Geräuschen und Hilfeschreien seiner Biomasse alarmiert wird. Dafür hatte er vielleicht in der Mittagsstunde Zeit für ein kleines Nickerchen. In dieser Zeit lebte, arbeitete, feierte, schlief, schimpfte, aß und liebte der Mensch unter einem Dach. Das Grundstück als Grundriss des Lebens.

Die Industrialisierung hat diese organisatorische Einheit aufgelöst. Die Produktionsmittel waren nicht mehr auf viele Miniaturbetriebe verstreut, sondern konzentrierten sich an einem Ort, der Manufaktur oder der Fabrik. Das führte zu einer räumlichen und zeitlichen Trennung von Arbeit und Leben. Der Arbeitsweg verlängerte sich, man musste nicht mehr nur ins Erdgeschoss oder vor die Tür: Das Werkzeug und das Fließband standen nun ein paar Kilometer von zu Hause entfernt in einer Fabrik. Für den Kapitalisten hatte das den angenehmen Nebeneffekt, dass er seine Arbeiter effizient kontrollieren und so sicher sein konnte, dass sie auch tatsächlich diszipliniert ihre Aufgaben erledigten. Der Schlaf am Arbeitsplatz war eine der Todsünden, wurde mit sofortiger Entlassung bestraft und verwandelte sich schon deshalb in ein Instrument der Privatrebellion.

Spätestens wenn die Sonne unterging, endete die Herrschaft der Ökonomie. Die Dunkelheit befreite den Menschen, in ihr konnte er sich verstecken, entspannen – und einfach ein bisschen schlafen. Mangels technischer Ausstattung war die Nacht eine unproduktive Zeit. Bei Kerzenlicht kann man keine Manufaktur betreiben. Wegen der Brandgefahr galt in vielen Teilen Europas ein Nachtarbeitsverbot.

Und dann kam Thomas Alva Edison, der Mann, der keinen Schlaf brauchte. Nur fünf Stunden, behauptete der legendäre Erfinder, müsse er täglich ruhen. Der Biorhythmus als Werbeslogan für sein erfolgreichstes Produkt: die Glühbirne. Er ließ sie sich 1880 patentieren. Das künstliche Licht erlaubte den Menschen, wesentlich länger wach zu bleiben, sei es, um einen Roman zu lesen, oder doch, um bis Mitternacht am Webstuhl zu rackern. Das Licht vertrieb die Dunkelheit und damit die Refugien der Faulheit. Schlaf wurde zur Schwäche. Ein Zustand der Schlaffheit und Verletzlichkeit, der von moralischer Verfehlung kaum mehr zu unterscheiden war. Wissenschaftler erklärten den Schlaf zu einem krankhaften Zustand, der durch Sauerstoffmangel oder Blutleere der Hirnrinde hervorgerufen werde. Die so genannte »Ermüdungsforschung« versuchte herauszufinden, wie sich unnötige Pausenzeiten, zum Beispiel in der Nacht, effektiv verringern ließen. Die 16-stündigen Arbeitstage in den Fabriken des 19. Jahrhunderts waren das passende Echtzeit-Experiment zu dieser Fragestellung.

Die übermüdete Gesellschaft

Die Welt beschleunigte sich, die Maschinen liefen immer schneller, schlugen Funken. Es wurde immer heller. Ende des 19. Jahrhunderts schliefen die Deutschen etwa neuneinhalb Stunden täglich, heute verbringen sie nur noch etwa sieben Stunden im Bett und zwar durchschnittlich zwischen 23 Uhr und 6 Uhr 15. Das ist nach Meinung von Schlafforschern etwa eine bis anderthalb Stunden zu wenig. In so genannten »Höhlenversuchen«, bei denen die Versuchspersonen einen Monat in einem Bunker verbrachten, abgeschnitten von der Außenwelt, ohne Uhr und ohne Sonnenlicht, fielen sie schon nach wenigen Tagen in einen natürlichen Schlafrhythmus von acht bis neun Stunden. Unsere innere Uhr tickt anders, langsamer als die Atomuhr der Außenwelt. Anders gesagt: Wir gehen nach. Laufen der Welt hinterher. 24,7 Prozent der Deutschen klagen über Tagesmüdigkeit.

Den Super-GAU in Tschernobyl verursachten Mitarbeiter am frühen Morgen nach stundenlangen Wartungsarbeiten. Die Raumfähre »Challenger« soll abgestürzt sein, weil ein übermüdeter Verantwortlicher die falschen Entscheidungen traf. Doch die Folgen der Schlaflosigkeit zeigen sich nicht nur dann, wenn irgendetwas explodiert oder Menschen sterben. Viele Missgeschicke wären uns hellwach nicht passiert. Experten schätzen, dass die weltweiten Schäden durch Müdigkeit am Arbeitsplatz 300 Milliarden Euro jährlich kosten.

Computerisierung, globale Vernetzung und Highspeedkabel haben das ehemals so betuliche Büro in einen kinetischen Konferenzraum verwandelt. Der Angestellte ist über Maus und Headset an den Computer angeschlossen. Elektronische Informationen – Produktionsfehler, der steigende Aktienkurs, ein neuer Prototyp der Konkurrenz – schießen auf ihn ein. Er reagiert auf Nervenreize, Kurzschlüsse im Schaltkreis, zuckt, muss immer hellwach sein. Schläfrigkeit ist die schlimmste Sünde der Tempogesellschaft.

Im *Bayerischen Hof* beginnt Heiko Wenzig mit der »Tiefenentspannung«, wie er es nennt. Christina Bach liegt auf einem Futon zu seinen Füßen. Er sagt immer erst eine Zahl, dann eine Farbe. Mit einer tiefen, ruhigen Stimme: »Sieben – Blau. Sechs – Rot. Fünf – Orange.« Als er bei Zwei angekommen ist, sinken Bachs Mundwinkel herab, die Lippen öffnen sich, die Hände und Knie drehen sich leicht nach außen. Ihr Atem geht schwer. Christina Bach befindet sich zwischen Traum und Wirklichkeit. Heiko Wenzig betrachtet sie zufrieden: wie ein Magier, der sein Opfer verhext hat. Alles läuft planmäßig. Er sagt: »Es geht nicht darum, einfach irgendwie zu schlafen. Es geht darum, richtig zu schlafen. Gegen 13 bis 14 Uhr steuern viele körperliche Leistungsfunktionen auf ein Tief zu. In dieser Zeit ist das Schlafbedürfnis verstärkt. Der Powernap hat also zwei Vorteile: Er entspricht unserem biologischen Programm und überbrückt einen Zeitraum, der nicht für Leistungsanforderungen geeignet ist.«

So denkt und spricht auch ein Wirtschaftsexperte. Der Mensch ist eine Maschine. Und das *Powernapping* hat den gleichen Effekt wie das Aufladen eines Laptop-Akkus. Wenn die Batterie voll ist, strahlt der Bildschirm ja bekanntlich auch heller. Bei einem Feldexperiment der *NASA* zeigte sich, dass nach einem Minischlaf die Reaktionszeit um durchschnittlich 16 Prozent steigt und die Aufmerksamkeitsunfälle um 34 Prozent reduziert werden. Die Leistungsfähigkeit nimmt um bis zu 20 Prozent zu. Hochgerechnet auf einen 8-Stunden-Tag entspricht das einem Zeitgewinn von anderthalb Stunden. Je nach Gehalt eine Menge Geld.

Powernapping ist nicht einfach nur ein anderes Wort für

Schlaf, sondern tatsächlich eine andere Aktivität. Es geht nicht mehr darum, in weiche Kissen zu versinken und den Körper sich selbst zu überlassen, vielmehr handelt es sich um eine avancierte Bewusstseinstechnik. Entspannung nach wissenschaftlichen Erkenntnissen und mit nur einem Zweck: im nächsten Moment wieder voll belastbar zu sein. »Als optimale Länge eines Powernaps sind 10 bis maximal 30 Minuten anzusetzen«, sagt Heiko Wenzig. »Ansonsten fällt man in eine Tiefschlafphase, und die ist unbedingt zu vermeiden.« Nach einer Viertelstunde stellt sich Wenzig daher wieder neben die schlafende Bach und zählt einfach: »Eins, zwei, drei«. Ein umgekehrter Countdown, Christina Bach startet schon bei »zwei«, setzt sich auf. Ihr Blick gleitet unsicher durch den Raum, dann fixieren ihre Pupillen den Türrahmen. Sie ist wieder da. »Wenn Sie die Methode der Tiefenentspannung einmal gelernt haben, können Sie sie überall anwenden«, erklärt Wenzig, »natürlich auch am Arbeitsplatz.« Bach nickt. Sie überprüft noch einmal ihr Gesicht in der spiegelnden Glastür, ist zufrieden. Jetzt geht alles ganz schnell. Der Lift öffnet seine Türen, saugt sie in sein Inneres und bringt sie hinunter. Zehn Schritte durch die Hotellobby. Dann verschluckt sie das Meer der Großstadt.

Japaner nutzen jede freie Minute für ein Nickerchen, hat die Ethnologin Brigitte Steger beobachtet. Manager schlafen auf dem Schreibtisch, Sekretärinnen ruhen sich auf der Toilette aus, Schüler und Studenten halten im Klassenzimmer oder in der Bibliothek ein Nickerchen. *Inemuri* nennen sie das. Das Wort besteht aus den Schriftzeichen *i* für »anwesend sein« und *nemuri* für »schlafen«. In der Stadtverwaltung von Vechta in Niedersachsen, im Dortmunder Rathaus, in der *Sparkasse Bodensee*, im *BMW*-Forschungszentrum und beim *ADAC* dürfen die Angestellten Mittagsschlaf halten, teilweise in extra dafür eingerichteten Räumen. Die Firma *Sedus* hat schon 400 000

Bürostühle verkauft, die mit einer extrem weit nach hinten verstellbaren Rückenlehne und einer optimal geformten Kopfstütze exakt für den *Powernap* konzipiert sind. Noch innovativer sind Stuttgarter Architekturstudenten. Sie haben unter anderem ein aufklappbares kleines Zelt entworfen, das der ermüdete Angestellte einfach auf den Schreibtisch stellt und in das er seinen Kopf hineinlegt. Campingurlaub in der Mittagspause.

Gestresste Führungskräfte lehnen sich auch mal im Stuhl zurück und nehmen dabei den Schlüsselbund in die Hand. Wenn sie einschlafen, entspannen sich die Muskeln, und die Schlüssel fallen klirrend auf den Parkettboden. Der Körper als natürlicher Wecker. »Das Nickerchen am Arbeitsplatz wird sich weltweit durchsetzen«, glaubt Brigitte Steger. Es ist die Konsequenz daraus, dass der moderne Angestellte weniger Nachtschlaf bekommt und gleichzeitig tagsüber hellwach sein muss. *Powernapping* ist ein modernes Wort, das ein archaisches Verhalten beschreibt. Lange Zeit kannten die Menschen nur einen »wachen« Schlaf, waren immer bereit zur Flucht, schreibt der Kulturhistoriker Thomas Macho. Erst Mauern, Nachtwächter und Schlafzimmer ermöglichten den 8-Stunden-Schlaf, den wir heute als Idealzustand kennen. Aber die Wände, die unsere Träume beschützen, sind dünn geworden. Sind wie im Fall des Mittagspausen-Zeltes nur noch aus Baumwolle.

Schlafen ist eine intime Aktivität, weil es genau genommen keine Aktivität ist. Wir liegen still da, beinahe regungslos, sind der Welt ausgeliefert, die an uns vorbeirauscht. Deshalb können die meisten Menschen auch nur zurückgezogen im Privaten schlafen. Der *Powernap* macht den Schlaf zu einer öffentlichen Tätigkeit. Die Fähigkeit zum Abschalten auf Kommando wird zur karrierefördernden Kompetenz, genauso wichtig wie HTML-Kenntnisse oder Business-Chinesisch. Es könnte bald völlig normal sein, im Büro schlafende Menschen zu sehen. Zur

Mittagszeit läuft der Abteilungsleiter dann durch die Reihen seiner ruhenden Angestellten, wie eine Mutter, die den Schlaf der Kinder kontrolliert.

Der Arbeitsplatz der Zukunft

Das moderne Büro ist nicht nur zum Arbeiten da. Es imitiert sämtliche Funktionen eines Wohnhauses oder vielleicht sogar einer ganzen Stadt, glaubt Peter Kern: »Es ist ein Ort für ganz viele verschiedene Aktivitäten: konzentriertes, ungestörtes Arbeiten, Entspannung, Kommunikation.« Peter Kern ist Leiter des *Fraunhofer Instituts für Arbeitswirtschaft und Organisation* in Stuttgart. Er erforscht nicht nur zukünftige Arbeitswelten, sondern lässt sie auch bauen. Kern arbeitet mit rund 30 Angestellten im *Office Innovation Center*, einem Musterbüro der Zukunft. Kern ist, wie die Menschen, für die er die Büros entwirft, ein Multitasker: Ideologe, Konstrukteur und Schaufensterpuppe.

Das *Office Innovation Center* steht in der Stuttgarter Innenstadt und in der Zukunft. Die Dioden leuchten lila und kalt, ein riesiger Flatscreen hängt an der Wand. Auf einem Schreibtisch sind drei Computer aneinander geschlossen. Als arbeite hier ein Angestellter mit drei Augen oder mit drei Gehirnen. Ein weicher Teppich dämpft jeden Schritt. Wie eine Amöbe wuchert ein orangenes Sofa in den Raum, es sieht aus, als könne es sich seiner Umgebung und ihren wechselnden Bedürfnissen anpassen. Ein Kollege von Peter Kern, der sich auf das Sofa setzt, verschmilzt sofort auf rätselhafte Weise mit ihm. Ein wenig erinnert das Musterbüro an die Kommandozentralen der James-Bond-Widersacher, an »Star Wars« oder Science-Fiction-Movies wie »Minority Report«. Organische Formen, geschwungene Wände und Nierentische gehören zur Basisausstattung, und vorm Bildschirm steht der globale Ganove samt Assistenten. Er starrt auf das Display, alle Informationen der Welt laufen hier zusammen, in diesem Büro, auf diesem Computer, und deswegen muss sich, so denkt zumindest der Bösewicht, die gesamte Welt auch von hier aus steuern lassen.

Peter Kern ist kein Hollywood-Schurke, sondern ein schwäbischer Ingenieur mit Seitenscheitel und Kurzarmhemd. Er will nicht die Welt beherrschen, die Gedanken kontrollieren, sondern nur der deutschen Wirtschaft helfen. »Wir haben keine Bodenschätze. Wir können nicht so billig produzieren wie die Chinesen oder die Inder. Das einzige, was wir haben, ist der Kopf. Diese Kreativität müssen wir räumlich unterstützen.«

Das typisch deutsche Zellenbüro – zwei Mann, Topfpflanze, Drehstuhl – imitiert die im 16. Jahrhundert in Florenz geplanten Uffizien: Mittelgänge, an die sich rechts und links geschlossene Räume anschließen. Diese Isolation eignete sich gut für den klassischen Büroarbeiter des späten 19. Jahrhunderts, der Zahlen ins Kontobuch eintrug und ja nicht gestört werden durfte. Um die Jahrhundertwende rechnete man noch mit zwei Büroangestellten pro 100 Fabrikarbeiter, jetzt arbeitet jeder Zweite am Schreibtisch und vor dem Computer. Die Anforderungen haben sich grundlegend verändert. Das Büro aber sieht immer noch gleich aus. Peter Kern würde wohl am liebsten diese Millionen Quadratmeter verbauter Immobilien mit viel Sprengstoff in sich zusammenstürzen lassen, wie der Protagonist des Films »Fight Club«, der am Ende die Bürotürme Manhattans sprengt, um »einen neuen Anfang« zu ermöglichen. Kerns Entwürfe sollen der ideale Lebensraum für die neue Spezies von Selbstunternehmern sein, wie sie in den zeitgenössischen Arbeitsannoncen gesucht werden. Er baut ein Büro für die totale Arbeit, die alles vom Menschen fordert: seine Kreativität, seine Leidenschaft. Bisher war das Büro eine Hülle aus Beton und Glas zum Schutz vor Kälte, Regen und Sonne. Jetzt muss es zu einem Werkzeug werden, das die Mitarbeiter zu immer neuen Höchstleistungen animiert.

Die *Google*-Zentrale kommt Kerns Ideal am nächsten. In der kalifornischen Kleinstadt Mountain View im Silicon Valley hat der Internetgigant eine Firmenzentrale und gleichzeitig eine Kathedrale der neuen Arbeit errichtet. Von außen betrachtet sieht das Gebäude mit seinen hohen, durch Brücken verbundenen Türmen wie eine Burg aus. Von innen wie eine Mischung aus *Robinson Club* und Studentenbude. Im Foyer stehen Lavalampen und Plüschsofas. Projektoren werfen die Bilder glücklicher Menschen an die Wand. Sie feiern gerade – oder sie arbeiten, so genau lässt sich das nicht sagen, die Unterschiede sind wahrscheinlich auch nicht so groß. In Kühlregalen warten frisch gepresste Fruchtsäfte, Bio-Snacks und Salate. Es gibt einen Swimmingpool mit Gegenstromanlage, ein Fitnessstudio, einen Beach-Volleyball-Platz und eine Carrera-Rennbahn, Thai-Massagen, Friseure und einen Mitarbeiterservice, der den Hund ausführt, selbstverständlich umsonst. Sterne-Küche, Freizeitanlagen und Dienstleistungen als Motivationshilfe für die Mitarbeiter. Die Fürsorglichkeit der Firma entspringt keinem reinen Altruismus. Um die Angestellten möglichst lange zur Verfügung zu haben, macht *Google* den Arbeitsplatz zu einem selbstgenügsamen Planeten, den man nicht mehr verlassen muss – nicht einmal, um mit dem Hund Gassi zu gehen.

In Stuttgart ist Peter Kern besonders stolz auf den *Rückzugsraum*. Ein abgeschlossenes Zimmer, zu dem man durch einen langen Flur gelangt. Ein Vorhang aus Eisenfäden symbolisiert das Abstreifen aller Sorgen. Dann kann es sich der Angestellte auf einem weichen Sessel bequem machen. Ein Projektor wirft Bilder von Korallenriffen, Wüsten und verschneiten

Berggipfeln an die Wand. Vom Band kommt Enya, eine esoterische Frauenstimme mit Synthesizerklängen. Irgendwann soll der Raum über einen Retina-Scanner erkennen, welche Person eintritt, um dann Musik, Licht und *Visuals* anzupassen und einen individuellen Mix aus Wärme, Luftfeuchtigkeit und Duftstoffen zu erzeugen. Optimale Bedingungen für maximale Entspannung.

Der Kultursoziologe Hartmut Rosa hat den Begriff »Entschleunigungsoase« geprägt. Damit meint er beispielsweise »Einkehr-Aufenthalte in Klöstern oder Meditationskurse, Yogatechniken«. Besuche bei den spirituellen Service-Centern dienen nicht nur dazu, inneren Frieden zu finden, sondern haben auch weltliche Ziele. Die Entschleunigungsoasen stellen ein Mittel dar, um das »Berufs-, Beziehungs- und Alltagsleben danach um so erfolgreicher, d.h. schneller zu bewältigen«, schreibt Rosa. In Zukunft müssen wir nicht mehr ins Kloster, sondern erledigen das gleich im Büro, beim *Powernapping* im *Blue Spa*, im *Rückzugsraum* oder beim Minutenschlaf im *Sedus*-Sessel. Der ideale Arbeitsprozess ist eine nervös fluktuierende Kurve, eine Abfolge von Anspannung und Entspannung, Stress und Frieden, Krise und Euphorie. Der Angestellte wird so auf einem hochenergetischen Erregungsniveau gehalten, das sich gut verwerten lässt. Das Büro spielt bei der Genese dieser Generatorenmenschen eine entscheidende Rolle: Für die wechselnden Aggregatzustände des Angestellten muss es die jeweils passenden Räumlichkeiten bereitstellen.

Wohnst du noch oder arbeitest du schon?

Das Büro wird zu einer Simulation unseres Zuhauses. Umgekehrt ist die Wohnung auch immer öfter ein Arbeitsplatz.

Heimarbeit boomt. Das *Statistische Bundesamt* zählt bereits über fünf Millionen Beschäftigte, die entweder ganz oder teilweise von zu Hause aus arbeiten. Tendenz steigend. Heimarbeit stand in früheren Jahrhunderten für einfache und primitive Beschäftigungen, welche meist von Frauen ausgeführt wurden. Heute bedeutet sie Telearbeit und ist auch etwas für hoch ausgebildete Spezialisten. Wie immer sind die USA Spitzenreiter auch dieses Trends, dort werden sogar Callcenter ins Wohnzimmer outgesourct.

Natürlich bringt die Heimarbeit viele Vorteile. Der moderne Angestellte sitzt auf der Veranda, der Computer schnurrt auf dem Schoß, die Katze an den Füßen, Familie und Arbeit lassen sich leichter miteinander verbinden. Im Garten spielen die Kinder. Auf dem Weg zur Toilette lauert ganz bestimmt nicht der Idiot aus der Nachbarabteilung – und im Stau steckt man auch nicht mehr. Das Baby wickeln und gleichzeitig die Kundenanfrage per Headset beantworten. So muss das Paradies aussehen.

Sollte es uns stutzig machen, dass es mittlerweile vor allem die Arbeitgeber sind, die uns in dieses Paradies vertreiben wollen? Donatus Schmid, Marketing-Chef des US-Computerherstellers *Sun Microsystems*, will, dass sich seine Untergebenen wohlfühlen – deswegen schickt er sie nach Hause. Im Sommer 2006 gab *Sun* bekannt, dass beinahe alle Vertriebsbüros geschlossen werden, die meisten der 1500 Angestellten in Deutschland sollen am heimischen Computer arbeiten. Wer dort nicht die nötige DSL-Leitung bekommen kann, hat Pech gehabt. »Der muss dann eben umziehen«, sagte Schmid dem Nachrichtenmagazin *Der Spiegel*. Bei *Siemens* geht man davon aus, dass Angestellte zu Hause um etwa 20 Prozent produktiver sind. Und das dürfte weniger an den perfekten Arbeitsbedingungen liegen, an Ehemann, Hund und gut gelaunter Kinderschar, sondern einfach daran, dass man der Arbeit nicht mehr entkommt, wenn man sie erst einmal ins Haus gelassen hat. Heimarbeiter können das Projekt nicht abends um fünf im Büro einsperren und zweimal den Schlüssel umdrehen. Der Computer schläft nie, er schlummert nur, jede neue Mail wird ihn wecken. Sein leises Sirren sticht in den Ohren, wie ein Wecker, der immer klingelt. Erreichbarkeit ersetzt Anwesenheit, die digitale Architektur ergänzt die topografische.

Mittlerweile hat die Arbeit sogar das Allerheiligste der BRD erreicht: den Fernseher. Das ultimative Freizeitgerät. Hier guckte einst die gesamte Familie samstags »Wetten, dass?«, ein Ritual, das sich am Sonntag bei »Lindenstraße« oder »Tatort« noch einmal verfestigen ließ. Doch mittlerweile haben wir diese automatisierten Abläufe verlernt. Das neue *Microsoft*-Betriebssystem *Vista* soll die Fusion von Fernseher und PC ermöglichen. Die Glotze wird zu einem digitalen Mediencenter. Der Bildschirm ist Heimkino und Tor zum Internet – und damit für die Arbeit Einfallstor ins Wohnzimmer. Wir schauen einen Film an, arbeiten an einem Projektbericht und bekommen gleichzeitig signalisiert, dass eine neue Textbotschaft eingetroffen ist. Alles geschieht auf der gleichen Benutzeroberfläche. Wir zappen nicht nur zwischen drei Kanälen hin und her, sondern auch zwischen Arbeit und Freizeit. Mit einem Klick auf der Fernbedienung oder der Computertastatur verwandelt sich unsere Wohnung in ein Büro.

Die industrielle Revolution hat die Arbeit und das Leben raumzeitlich voneinander getrennt. Die digitale Revolution fügt diese getrennten Bereiche wieder zusammen, verklebt sie mit einem dicken Leim, angerührt aus Einsen und Nullen. Wie der Handwerker der Zunft-Ära hat nun auch der moderne *High Performer* Wohn- und Arbeitsbereich wieder unter einem Dach. Wie für den Bauern im Mittelalter, fallen auch für ihn im Büro der Zukunft oder im zum digitalen Kommandostand hochgerüsteten Wohnzimmer Leben und Arbeit zusammen.

Der Begriff Büro stammt vom französischen »burel«, das den Wollstoff bezeichnete, mit dem man Schreibtische überzog. Später stand das Wort für das Möbelstück, dann für den ganzen Raum. Schließlich wurde das Büro synonym mit der Firma: »Ich gehe ins Büro«. Der Arbeitsplatz der Zukunft ist noch radikaler als Peter Kern glaubt und als es uns die Set-Designer der Science-Fiction-Filme immer wieder zeigen. Ob der moderne Angestellte arbeitet oder nicht, ist keine Frage der Uhrzeit und keine Frage des Ortes, an dem er sich befindet. Es hängt allein davon ab, was er zulässt. Das Büro ist kein Raum mehr, sondern ein Zustand.

5. DIE AUSBEUTUNG DER GEFÜHLE

Die neue Arbeitswelt fordert den ganzen Menschen. Geschickt werden Emotionen wie Stolz, Sehnsucht oder Zuneigung für die Produktionssteigerung eingesetzt. Es wird fast unmöglich, zwischen eigenen Interessen und denen des Arbeitgebers zu unterscheiden.

Bei der Leipziger Softwarefirma *Nutzwerk* ist gute Laune Pflicht. So ließe sich zumindest der Arbeitsvertrag interpretieren. Ganz oben steht das Gebot, damit es auch niemand übersieht. Paragraf 1, Absatz 1, »Allgemeiner Unternehmensgrundsatz«: »Meckern und Jammern ist bei Nutzwerk verboten. Der Mitarbeiter verpflichtet sich, sich an diese Unternehmensrichtlinie zu halten. Dies gilt insbesondere während der Arbeitszeit, in den Räumen der Nutzwerk GmbH sowie gegenüber Mitarbeitern, Kunden, Partnern und Gästen. Ausnahmen bilden Themen, welche die Leistungsfähigkeit von Nutzwerk erhöhen können.«

Ramona Wonneberger, die Geschäftsführerin von *Nutzwerk*, sitzt in Leipzig und ist richtig gut drauf – sie erfüllt ihre eigenen Vertragsbedingungen. »Die Anti-Ärger-Klausel ist eine der besten Einfälle meines Lebens«, sagt sie, »darauf bin ich heute noch ein bisschen stolz.« Aber wie kontrolliert sie eigentlich die Absenz heruntergezogener Mundwinkel und abfälliger Bemerkungen? Hat sie in ihrem Schreibtisch eine Monitor-Batterie versteckt, die auf Knopfdruck ausfährt und ein Kamerabild jedes Arbeitsplatzes zeigt – Big Sister 2007? Hat sie ein emotionales Barometer erfunden und aufgehängt? Ramona Wonneberger verlässt sich wohl eher auf ihren siebten Sinn und geht mit gutem Beispiel voran.

Das Lächeln weicht nie aus ihrem Gesicht, es bleibt dort haften, als habe es ein talentierter Maler mit einem ganz feinen Pinsel auf ihre Haut gezeichnet, egal ob sie redet oder aufmerksam zuhört. An diesem Hochglanzbild der guten und optimistischen Unternehmerin perlt jede Kritik ab, etwa dass sie eine Stimmungsdiktatur betreibe oder einen emotionalen Totalitarismus im Arbeitsraum ausübe. »Wirklich alle haben profitiert. Die Arbeit macht meinen Leuten mehr Spaß und die Arbeitsergebnisse sind auch besser. Seit wir die Klausel eingeführt haben, geht es bei uns steil bergauf.«

Nutzwerk wird vom *BND* nicht als gefährliche Sekte eingestuft und ist auch kein Esoterikkonzern, der mit Zen, Yoga und Motivations-DVDs Milliarden umsetzt. Die Firma erstellt und vertreibt Anti-Viren-Software, arbeitet mit Mathematik, kühler Logik, Algorithmen. Der komplette Datenstrom der Kunden wird über den Firmenserver geleitet. Dort werden die Daten komprimiert, von Viren, Spam-Mails und auf Wunsch auch von pornografischen Inhalten gereinigt und dann erst auf den Rechner der Abonnenten geschickt. »Eine Waschmaschine fürs Internet«, erklärt Wonneberger. Vielleicht hätte sie ja auch gerne so eine Waschmaschine für die Köpfe ihrer Mitarbeiter. Denn wie verseuchte Dateien können auch negative Gedanken beträchtlichen Schaden anrichten: kleine Fremdkörper, die das große Ganze angreifen, Dateien löschen und das System zum Absturz bringen. Angesichts dieser immensen Gefahr kann Wonneberger nicht untätig bleiben, sie muss auf die Jagd. Und wie es für den Kampf gegen Viren eine Waffe gibt, nämlich einen Algorithmus, der sie findet und löscht, so muss es doch auch eine Formel geben, die schlechte Laune vernichtet.

Negative Energie wirkt wie ein Virus. Eine Informationsmenge, die sich in einem Raum voller Menschen blitzartig ausbreitet, ihre schädliche DNA in den ahnungslosen Wirt injiziert, wo sie sich vermehrt; die Zellen platzen, geben hunderte neu gebildeter Viren frei, das Opfer wird zum Täter. Ein Beschäftigter, der Ärger mit seinem Vermieter hat, kann einen Raum voller gutgelaunter Menschen blitzartig infizieren. »Man erzielt keine Höchstleistungen mit ärgerlichen Mitarbeitern. Schlechte Stimmung kann lähmen«, sagt Wonneberger. »Erst regen sich die Leute fürchterlich im Gespräch auf. Ganz egal, ob es dabei um ein gestohlenes Fahrrad, einen Kunden oder eine schlechte Software geht. Und wenn das dann vorbei ist, gehen sie zurück an ihren Arbeitsplatz und erleben ihre ganze Ärger-Geschichte ein zweites Mal. So sind dann ganz schnell einmal zwei Stunden weg.« Die emotionale Verfassung als Kostenfaktor: »Ein Programmierer kostet Nutzwerk etwa 30 Euro die Stunde. Wenn er zwei davon am Tag alleine durch Meckern verbringt, sind das 60 Euro. Auf 200 Arbeitstage pro Jahr gerechnet haben wir Kosten von etwa 12 000 Euro.« Enorme Summen. Klar, dass man sich schlechte Laune nicht leisten kann. Wonneberger setzte ihren Gute-Laune-Paragraf auf. Widerstand gab es kaum. Zwei Angestellte verließen *Nutzwerk* freiwillig. »Die haben sich hier eben nicht mehr wohl gefühlt, weil sie keine Zuhörer mehr für ihre Jammereien gefunden haben. Und das ist gut so«, sagt Wonneberger und lächelt schon wieder. »Niemand hat das Recht, andere Mitarbeiter mit seiner schlechten Laune runterzuziehen.«

Immer gut drauf

Ramona Wonneberger hat aus dem Kampf gegen die schlechte Laune eine zweite Karriere gemacht, hält Vorträge und leitet Anti-Ärger-Seminare bei der *Deutschen Bank*, bei *Porsche* oder dem Ketchup-Riesen *Heinz*. Das Thema hat Konjunktur, ein ganzer Berufsstand, der Glücks-Coach und der Glücksbuch-Autor, ist entstanden. Die Buchtitel lauten: »Das ganze Jahr gut drauf«, »Der begeisterte Verkäufer«, »Die Kraft der positiven Gefühle – Mit neuen Mentaltechniken innerlich frei werden« oder auch »Emotionales Management. Erfolgsfaktoren sozial kompetenter Führung«. Besonders erfolgreich ist der amerikanische Psychologe Daniel Goleman mit seinem Konzept der »Emotionalen Intelligenz«. Darunter versteht er die Fähigkeit, intelligent mit den eigenen Gefühlen und den Empfindungen anderer umzugehen. Intelligent bedeutet hier: profitabel. Emotionen werden zu einer wichtigen ökonomischen Ressource: »Die Marktkräfte, die in unser Arbeitsleben eingreifen, belohnen emotionale Intelligenz auf noch nie da gewesene Weise mit Erfolg am Arbeitsplatz«, schreibt Goleman. Sowohl Arbeit als auch Leben lassen sich, so die Botschaft der Bücher, mit guter Laune besser und erfolgreicher gestalten. Gefühlsmanagement wird zur neuen Schlüsselqualifikation.

Die Schleusen und Türen von Fabrik und Büro funktionierten im Taylorismus wie Filter: Alles Persönliche blieb darin hängen, die unkontrollierbaren Emotionen hätten die Choreografie der Handgriffe am Fließband nur gestört. Vor den Fabriktoren stauten sich, bunt und chaotisch, die Menschen, jeder unterschiedlich gekleidet, laut, lustig oder traurig, Individuen eben; in die Fabrik hinein tröpfelte nur eine Reihe von Blaumännern. Der Soziologe Max Weber fürchtete sich deshalb vor einer rationalisierten Wirtschaft, dem »stahlharten Gehäuse der Hörigkeit«. Theodor W. Adorno und Max Horkheimer glaubten sogar, dass die instrumentelle Vernunft des Kapitalismus den Menschen und seine Gefühle erstickt habe. »Personality« bedeute kaum mehr etwas anders »als blendend weiße Zähne und Freiheit von Achselschweiß und Emotionen«. Den Höhepunkt erreichte diese Kulturkritik in der Zeit um 1968. In der Gegenkultur galten Fabriken als gigantische Kühlhäuser und Schlachthöfe.

Der emotionale Kapitalismus war zuerst auf der Konsumentenseite des Warenflusses sichtbar. Man kann das in Naomi Kleins Bestseller »No Logo« nachlesen oder eine beliebige Autowerbung betrachten. Hier geht es schon längst nicht mehr um Zahlen, Daten, Vergleiche und Statistiken, PS und km/h, sondern um »Auto-Emoción« oder »Freude am Fahren«. »Je ne suis pas une voiture – ich bin kein Auto« – hieß es ganz explizit in einer französischen *VW*-Werbung. *Gucci* ist kein Mode-, sondern ein Sex- und Glamourproduzent. *Nike* verkauft uns keine Turnschuhe, sondern einen Glauben: »Just do it.«

Aber nicht nur die Produkte, auch ihre Verkäufer müssen den Kunden emotional erreichen und bewegen. Als Berater von *McKinsey* die ehemalige sowjetische Fluglinie *Aeroflot* durchcheckten, interessierten sie sich nicht nur für Passagierauslastung, Ticketpreise und Werbung, sondern auch für die Mundwinkel der Stewardessen. Die zeigten zu oft nach unten. Die Damen mussten daraufhin ins Lächelcamp. Die Hotelkette *Ritz-Carlton* gibt ihren Mitarbeitern den Rat: »Smile, we are on stage.« Die Millionen Beschäftigten der Konsum- und Servicebranche, der so genannten *Smile Industry*, werden zu Amateur-Darstellern in einem Real-Life-Werbespot. Ein Drehbuch sorgt für die Synchronisation von authentischen und fabrizierten Emotionen. Und mittlerweile gilt Paragraf 1 des neuen Kapitalismus: »Gemeckert wird nicht«, nicht nur in der Dienstleistungsindustrie, sondern in jedem Arbeitsverhältnis. Die Kollegen sind auch nur Kunden, denen wir unser Produkt verkaufen: eine Powerpoint-Präsentation, eine neue Grafik oder einen Vierstufenplan.

Mira ist 21 Jahre alt, hübsch, höflich, sie kennt ihren Text, sie ist die perfekte Botschafterin für eine neue Weltwirtschaftsordnung. Gerade beendet sie bei *Nutzwerk* ihre Ausbildung zur Kauffrau, danach wird sie von der Firma übernommen, denn sie hat nicht nur gelernt, Excel-Tabellen anzulegen und Umsätze zu kalkulieren, sondern hat auch alle Lektionen der Freundlichkeit verinnerlicht. Sie ist die Musterschülerin, ein Model der guten Laune. Das einzige Problem könnte vielleicht sein, dass sie den Laufsteg nie verlässt.

Als Mira vor drei Jahren zu *Nutzwerk* kam, fühlte sie sich wie eine Fremde. Wenn sie über den Benzinpreis schimpfen wollte oder über den Computer, der schon wieder abgestürzt war, dann kam von ihren Kollegen oft nur eine Antwort: »Du meckerst!« Zwei Wörter. Urteil, Begründung und Strafe in einem. Negative Energien ziehen soziale Sanktionen nach sich, manchmal starrten die anderen auch nur, als sei sie nicht da. Mira verstand, dass sie sich ändern musste. An ihrem 20. Geburtstag wollte sie Hühnersuppe mit ins Büro bringen. Bei einer Vollbremsung schwappte die Suppe über und landete im Auto. Mira war verzweifelt, den Tränen nah, dann tauchte plötzlich Wonneberger in ihrem Kopf auf, die sagte: »Man darf sich nicht ärgern über Sachen, die man nicht ändern kann«, und Mira lachte. »Da hat es bei mir Klick gemacht«, sagt Mira. »Dann hat es bei ihr Klick gemacht«, sagt Ramona Wonneberger.

Seit ihrem ganz persönlichen Damaskuserlebnis betrachtet Mira die Welt mit anderen Augen. Sie wundert sich jetzt oft, wenn sie in der Berufsschule den Klassenkameraden lauscht. »Viele Leute sind ständig unzufrieden. Meckern über die Arbeit, über ihre Kollegen und über ihre Chefs«, berichtet Mira. Bei *Nutzwerk* sei das anders, da habe niemand Probleme, abends auch einmal vier Stunden länger zu bleiben oder am Sonntag in die Firma zu kommen. »Ich denke nicht, dass das meine Menschenrechte einschränkt. Die Arbeit macht mir doch Spaß«, sagt Mira, »ich finde, dass es auch Freude machen kann, seinem Arbeitgeber Freude zu schenken.« Die Programmierer sitzen bei *Nutzwerk* manchmal 60 Stunden und mehr im Büro: »Sie arbeiten auch viel, weil sie es gerne tun, weil die Stimmung gut ist«, erklärt Wonneberger, »und ich kann meine Mitarbeiter natürlich auch nicht spätabends aus dem Büro jagen.«

Im 21. Jahrhundert hat die Marktwirtschaft die Imperative der Sachlichkeit und der Effizienz durch emotionale Werte ergänzt, wenn nicht sogar ersetzt. Der Grund dafür liegt in den unterschiedlichen Organisationsformen der Arbeit. Die Angestellten sind nicht mehr Menschenmassen, die wie ein Heer auf Befehl die gleichen Bewegungen ausführen, sie agieren unabhängig, vernetzt und auf Basis ihrer eigenen Ideen. Der Kapitalist kann deshalb nicht mehr mit der Flüstertüte Befehle durch die Fabrik oder die Büros schreien – niemand ist mehr da, alle sind auf Dienstreise, auf Kundenbesuch oder sitzen einfach nur vor dem Computer und denken nach; man kann sich also nicht sicher sein, ob sie auch gut arbeiten. Die Stechuhr ist abgebaut. Wie kommt es also, dass wir immer noch in die Firma laufen, pünktlicher denn je? Aus der Kontrollbeziehung ist eine emotionale Beziehung geworden. Das Verhältnis zwischen Firma und Angestelltem funktioniert ganz ähnlich wie das zwischen Kunde und Produkt. Die Aura des Warenartikels treibt den Produzenten genauso in die Fabrik wie den Konsumenten in den Einkaufstempel. Just do it. Wir produzieren mehr als nur ein Auto.

Personalberater wie Jörg Knoblauch oder Coaching-Klassiker wie »Führen, Fördern, Coachen« bewerten die Mitarbeiter nach einer Skala von schlapp bis fit. Güteklasse A ist der Angestellte, der Spaß und Freude hat und ständig eigene Vorschläge zur Produktoptimierung einbringt, leider ist er nur zu 13 Prozent in der Belegschaft vorhanden. Der C-Typ sei so schlecht, dass er sogar mehr Schaden zufüge denn Wertzuwachs schaffe. Die Mehrheit, 69 Prozent, wird dem B-Typ zugeordnet, der seine Arbeit gut, aber eben unmotiviert, ohne Leidenschaft verrichtet und kein Interesse daran hat, die Firma weiterzubringen, er brennt nicht für seine Arbeit. Das, was in der tayloristischen Betriebsorganisation der Normal- und Idealfall war, nämlich dass jeder das tut, was er zu tun hat, wird jetzt als Problem definiert. Aus B- müssen A-Angestellte gemacht werden, fordert die Coaching-Literatur. Diese Kategorisierungen erinnern an Aldous Huxleys Roman »Schöne Neue Welt«, der die Menschen allerdings nicht in drei, sondern in fünf Klassen einteilt, von den Alphas bis hin zu den Epsilons; der Rebell Sigmund macht sich übrigens vor allem durch permanente Melancholie verdächtig.

Wie man ein Klima der Begeisterung schafft, dafür geben die Experten der Mitarbeitermotivation die unterschiedlichsten Tipps. Büroarchitekten empfehlen den Bau einer beeindruckenden Empfangshalle – so spüre der Angestellte Tag für Tag, an welch großer Aufgabe er mitwirke. Eine andere Möglichkeit ist das Mitarbeitergespräch, eine moderne Form der Beichte. Befragte früher der Pfarrer seine Schäfchen nicht nur nach einzelnen Missetaten, sondern auch nach den Motiven und machte ihn damit zum Individuum, das eine kohärente Geschichte von sich selbst und dem eigenen Charakter erzählen kann, so geht es auch im Mitarbeitergespräch um die tiefsten Beweggründe: Gebe ich zu früh auf? Glaube ich genug an meine Aufgabe? Und an die Firma? So formt sich unter geschickter Anleitung des Chefs der Angestellte zum *Homo Oeconomicus*.

 Eine weitere Möglichkeit besteht darin, von den Beschäftigten implizit oder explizit ein Klima der Begeisterung einzufordern. Arbeitsfreude wird erwartet, unternehmerische Visionen, wie sie beispielsweise auch Zeitungsannoncen formulieren, sollen Begeisterung auslösen, der Beschäftigte muss sich ständig selbst motivieren. Wer in Heimarbeit für den US-Computerhersteller *Sun Microsystems* tätig ist, nennt sich stolz »Sunny«, Arbeit ist hier »mehr als nur ein Job«. »Obsession and passion for the business«, forderte auch der ehemalige Chef des *IBM*-Konzerns, Louis Gerstner. Der Angestellte als *Sunny* – Herz und Seele werden zu Produktivkräften, die Menschen zu kleinen Sonnen, die immer strahlen, zu nie versiegenden Energiequellen, harmonisch getakteten Nuklearreaktionen.

Es ist nichts dagegen einzuwenden, wenn Menschen ihr Beruf Freude bereitet. Und sicherlich ermöglichen es gerade die neuen Arbeitsformen, positive Gefühle im Job zu empfinden. Dennoch ist es merkwürdig, dass der moderne Angestellte ausgerechnet in jenen Zeiten seinen Beruf lieben soll, in denen permanent die Jobverlagerung droht und die Anforderungen täglich gesteigert werden. Und wenn man es sich genau überlegt, ist die Instrumentalisierung der intimsten Potenziale einer jeden Person ein wesentlich tiefergehender Eingriff als die bloße Kontrolle von Präsenz und Handgriffen in der tayloristischen Fabrik.

Freundschaft als Ressource

Die katholische Kirche hat neben Beichte, physischer Machtdemonstration, Autorität des Pfarrers oder Höllenvisionen immer auf die soziale Kontrolle durch die Gemeinde gesetzt. Auch dieses Prinzip haben sich die Firmen im Turbokapitalismus abgeschaut. Ramona Wonneberger hat einen *Personal Trainer* engagiert, der mit den Angestellten Ausdauertraining macht oder ihnen eine neue Fun-Sportart vorstellt, Kanufahren beispielsweise oder Klettern. Zum Firmengeburtstag fährt die gesamte Belegschaft jedes Jahr weg. Mallorca, Zürich, Moskau. Die Fotos davon hängen in den Büros, und sie hängen auch in den Köpfen. Gut gelaunte Gesichter, Schnappschüsse mit Sonnenbrand, Bar, Restaurant, Strand. Fotos dienen dazu, ein kollektives Gedächtnis zu schaffen. Sie verfestigen eine gemeinsame Erinnerung, ein Gefühl von Solidarität. Bei *Nutzwerk* sind dank solcher Maßnahmen aus Kollegen längst Freunde geworden. Auch außerhalb des von Wonneberger organisierten Freizeitstundenplans gehen die Mitarbeiter gemeinsam ins Kino oder in die Kneipe. »Wir sind ein gutes Team«, findet Mira, »wir treffen uns auch abends mal und gehen zum Beispiel zusammen aus.«

Aus Kollegen werden Freunde. Wenn wir immer mehr Zeit im Büro verbringen, lernen wir die Menschen dort zwangsläufig besser kennen. Und weil Arbeit heute einen Großteil unseres emotionalen Apparats beansprucht, teilen wir mit den Kollegen auch unsere Sorgen, Hoffnungen und Ängste. Wird das Projekt fertig? Haben wir zu dieser Zeit im nächsten Jahr noch den Job? Man hat das Gefühl: Die verstehen mich! Gleichzeitig bleibt aufgrund der erhöhten Arbeitsbelastung immer weniger Zeit und Energie für die alten sozialen Netzwerke. Und irgendwann sind die Urlaubsbilder und die Bilder in der Broschüre für den Börsengang dann endgültig dieselben.

Vorbild sind amerikanische Erfolgsserien wie »Ally McBeal« oder »Grey's Anatomy«, in welchen das berufliche und das soziale Netzwerk der Protagonisten praktisch identisch sind. Die Figuren erleben ihre Liebesdramen und Freundschaftskomödien allesamt am Arbeitsplatz. In den Serien ermöglicht das eine gewisse Ökonomie des Erzählens, man braucht weder zu viele verschiedene Nebenfiguren wie Lebensabschnittspartner oder Ehefrauen, noch Orte wie Privatwohnungen oder Kindergärten einzuführen. Und auch in der Realität generiert die Fusion von Arbeits- und Privatsphäre wirtschaftliche Effekte. Gemeinsame Erlebnisse und überstandene Extremzustände sind der sozial-emotionale Kitt, der das Team zusammenhält. Große Gefühle wie Freundschaft und Loyalität bilden einen erneuerbaren Brennstoff, mit dem die Firma ihre Maschinen antreibt. Die sozialen Netze wuchern wie schnell wachsende Pflanzen. Ihr Nährboden sind die kalten Margherita-Achtel vom Pizza-Service. Der Dünger besteht aus einer Mischung aus Espresso und *Red Bull*. Neonlampen statt Discokugeln sorgen für schnelles Wachstum. Der Arbeitgeber braucht die Ernte dann nur noch einzubringen.

Wer das Büro um 18 Uhr verlässt, obwohl alle anderen noch arbeiten, fühlt sich wie ein Verräter, der seine Freunde im Stich lässt. Zur Sonderschicht am Wochenende erscheinen wir so selbstverständlich, wie wir auch einem Bekannten am Samstagnachmittag beim Umziehen helfen würden. »Wenn diejenigen die Oberhand gewinnen, die ohne Ende arbeiten (und ohne Rücksicht auf ihre Gesundheit), dann beeinflusst das auch meine Entscheidung«, schreibt eine *IBM*-Mitarbeiterin. »Ich fühle mich dann als Außenseiter und Versager und ich fühle mich von den Kollegen und Kolleginnen und vom Management auch so behandelt. ›Der oder die ist halt nicht so schnell wie wir‹ oder: ›Wir machen ja auch nicht so viele Pausen wie der oder die‹. Einige entwickeln geradezu einen Stolz darauf, dass sie bis an ihre Grenzen und noch darüber hinausgehen. So wird im Laufe der Zeit ein Arbeitslevel erreicht, das jeden, der nach vernünftigem Maß zu arbeiten versucht, zum Außenseiter und Versager stempelt.«

Motivation durch Mobbing

Soziale Kompetenz gilt als absolute Schlüsselqualifikation in der neuen Arbeitswelt. Kommunikationsvermögen und Empathie sind gefragt. Diese Fähigkeiten dienen nicht nur der Prozessoptimierung im positiven Sinne. Es geht nicht nur um Höflichkeit und Freundlichkeit. Das Wissen um die emotionalen Abläufe im Gegenüber und die Wirksamkeit der Sprache verleiht dem sozial kompetenten Akteur eine gewisse Macht über die Umwelt. Soziale Kompetenz kann zur Waffe werden, um einen Kollegen zu verunsichern, zu verängstigen, zu schockieren. Mehr als 8 Prozent der europäischen Arbeitnehmer litten laut einer EU-Studie im vergangenen Jahr unter Mobbing. Jeder Vierte läuft Gefahr, im Laufe seines Berufslebens zu einem Opfer der Büro-Brutalität zu werden. Oft sind Neid, Eifersucht, Abneigung oder einfach nur Sadismus die Ursachen. Mobbing kann aber auch ein rational-strategisches Moment besitzen. »Der klassische Konflikt oben gegen unten ist heute nicht mehr der Standardfall«, sagt die Psychologin Susanne Klein. »Dagegen sind die Auseinandersetzungen unter Kollegen deutlich häufiger geworden. Die Angst, entlassen zu werden, ist extrem hoch. Das führt zu emotionalen Reaktionen. Und da wird dann oft mit den Ellenbogen gearbeitet.« Mobbing ist also auch eine Karrierestrategie, die bewusst dazu genutzt wird, Konkurrenten auszuschalten, eine weitere Facette des *Klassenkampfs 2.0*.

Für das Unternehmen sind diese Revierkämpfe und der Futterneid durchaus positiv. Mobbing ist ein Sanktionsmittel, mit dem die Bürogemeinschaft nonkonformes Verhalten belegt und die Sozialhygiene gesichert wird. Wenn ein Team kollektiv agiert, ist es auch kollektiv verwundbar. Wer exzentrisch ist, ein wenig langsamer arbeitet oder zumindest diesen Eindruck erweckt, der findet keinen Platz mehr in der Gruppe. Schwächlinge oder Sonderlinge will und kann sich niemand mehr leisten. Schon gar nicht, wenn sie die eigene Jahresprämie oder gar den Job gefährden. Im Idealfall agiert das Team dann wie ein Fischschwarm, der sich nach unsichtbaren Regeln durch das Pflanzendickicht und die Untiefen des Büroaquariums bewegt; tanzt ein Schwarmmitglied aus der Reihe, wird es zusammengebissen.

Die dünnen, niedrigen Plastikaufsteller, welche bei *Nutzwerk* und in so vielen anderen deutschen Großraumbüros die einzelnen Schreibtische voneinander abschirmen, bieten keinen Schutz vor den Blicken der anderen. Sie dienen gerade nicht dazu, Privatheit oder Intimität zu ermöglichen. Sondern sie machen darauf aufmerksam, dass man jederzeit von den Kollegen beobachtet werden könnte. Das Großraumbüro ist die Weiterentwicklung der panoptischen Überwachung, die der englische Jurist und Sozialphilosoph Jeremy Bentham für das ideale Gefängnis entwarf: Von einem zentralen Turm in der Mitte aus werden alle Gefangenen überwacht, deren Zellen kreisförmig um den Turm herum angeordnet sind. Die Wärter sind für die Gefangenen nicht sichtbar. Sie können zwar nicht alle Insassen gleichzeitig im Auge behalten, da die Gefangenen aber nicht wissen, wann sie beobachtet werden, müssen sie sich immer so verhalten, dass sie einer Kontrolle genügen würden. Auch der moderne Angestellte wähnt sich permanent überwacht und wird deswegen zum unbarmherzigen Kontrolleur seiner selbst.

Die Persönlichkeit als Produktivkraft

Die neuen Arbeitsformen benutzen den ganzen Menschen. Sie fordern und fördern den Verzicht auf eine Trennung zwischen

Erwerbs- und Privatleben, zwischen rationalen Gedanken und Emotionen, Gehirn und Herz, Kollegen und Freunden. Flache Hierarchien und Selbstbestimmung ermöglichen es, Arbeit tatsächlich als Quelle von Sinn, Stolz und Glück zu betrachten. Das ist natürlich angenehm, die doppelte Gefühlswelt fürs Privat- und Geschäftsleben führt aber auch zu psychologischen Defekten. Die niederländische Sozialpsychologin Ellen Heuven fand heraus, dass die emotionale Differenz, das heißt der Unterschied zwischen echten und gespielten Gefühlen, der wahrscheinlichste Grund für das Burn-out-Syndrom bei Stewardessen ist und nicht etwa das hohe Arbeitspensum.

Der französische Philosoph Michel Foucault hat Benthams Bild des »Panopticons« benutzt, um ein zentrales Merkmal der Moderne zu benennen: In der Disziplinargesellschaft werden die Menschen nicht mehr über brutale Strafen im Zaum gehalten. Vielmehr sind sie vernünftig geworden, sie kontrollieren sich selbst, sie verhalten sich aus eigenem Willen so, wie es die Herrschenden wünschen. Solche Mechanismen hat auch Aldous Huxley in »Schöne Neue Welt« beschrieben. Anders als in der Dystopie »1984« von George Orwell müssen die Untertanen hier nicht durch Verbote, Gefängnisstrafen und Folter zum Gehorsam gezwungen werden. Sie haben die Werte ihrer Herrscher schon verinnerlicht. Die Firmen bauen ein emotionales Regime auf. Dies darf man nicht so verstehen, als ob die Angestellten Drogen bekämen oder gegen ihren Willen zu etwas gezwungen würden. Vielmehr produzieren die neuen Arbeitsformen und Motivationsimperative einen Mitarbeiter, der sich ständig verpflichtet fühlt, Begeisterung herzustellen. Es wird nahezu unmöglich, zwischen den eigenen Interessen und denen des Arbeitgebers zu unterscheiden, zwischen Freunden und Kollegen, Freizeit und Arbeit. »Warum bin ich eigentlich immer noch im Büro, obwohl draußen so ein schöner Abend ist? Wieso nehme ich keinen Urlaub, obwohl ich kurz vorm Kollaps stehe? Warum sage ich nicht Nein, wenn mir das dritte Projekt aufgedrängt wird?«

Vielleicht braucht der moderne Angestellte aber ohnehin keine Freizeit mehr, weil er alle seine Emotionen und freundschaftlichen Gefühle schon bei der Arbeit gewinnbringend verbrannt hat.

6. GRENZENLOS MOBIL

In der neuen Arbeitswelt muss der Selbstunternehmer seine Arbeitskraft global anbieten. Vario-Mobile verbringen mehr Zeit in der Flughafen-Lounge als daheim, deutsche Telefonisten arbeiten in indischen Callcentern und Elektriker haben einen 850 Kilometer langen Weg zum Job.

Heimat ist für Ilona de March ein Fremdwort. Sie weiß natürlich, was das Wort bedeutet oder mal bedeutet hat, also eine Beziehung zwischen Mensch und Raum, wie das Lexikon schreibt, eine Landschaft oder Gegend, mit der man sich identifiziert. Selbst nimmt de March den Begriff allerdings selten in den Mund: Die sechs Buchstaben bilden ein Wort aus einer vergangenen Epoche, wie Hagestolz oder Notgroschen oder Wanderjahre. Für manche Dinge und Zustände findet man im Laufe der Zeit neue Begriffe: Single, Aktienfonds und *Global Travelling*. Andere Wörter hingegen verschwinden einfach, weil es das, was sie einmal beschrieben haben, nicht mehr gibt. Vielleicht ist das bei Heimat der Fall. Ilona de March kommt es manchmal so vor.

Die letzten vier Jahre hat sie in Bremen gewohnt, »mein Zuhause«, wie sie es nennt. Aber womöglich ist sogar das noch übertrieben und Bremen ist eher eine Wohnkonstante, ein Knotenpunkt im Netz, das sie mit ihren Fernflügen über den Globus zieht. Eine Buchstabenfolge, die auffallend regelmäßig auf ihren Flugscheinen auftaucht: BRE. Im Jahr 2006 war de March fünf Tage pro Woche mit dem Flugzeug unterwegs, insgesamt hat sie 200 000 Kilometer zurückgelegt, ist etwa fünfmal um die ganze Welt gereist. »Ich habe einen Job, bei dem ich sehr viel herumkomme. Ich fühle mich absolut privilegiert.«

Ilona de March, geboren 1963, Ausbildung zur Handelskauffrau bei der *Swissair*, dann Anstellungen bei *American Airlines*, *Carlson Wagonlit Travel*, *TUI*, eine Reise durch die Reisebranche in nur eine Richtung: nach oben. Jetzt ist sie Europa- und Indienchefin von *BCD Travel*, einer Art Reisebüro für Geschäftsleute. Die über 12000 Angestellten buchen im Auftrag von Kunden wie *VW* oder *Deutsche Bank* Flüge, Hotels und Mietwagen, Pauschalreisen für Business-Menschen. Außerdem beraten sie Firmen dabei, wie sie möglichst effektiv Geschäftsreisen planen, organisieren und abrechnen können. *BCD Travel* ist eine Schaltzentrale der globalisierten Arbeitswelt. Eine Raketenabschussbasis, von der aus der flexible Angestellte auf seine Umlaufbahn rund um den Globus katapultiert wird.

Die Zahl der Geschäftsreisen von Deutschland aus hat in den letzten zwei Jahren um mehr als 10 Prozent zugenommen, auf über 150 Millionen im Jahr 2006. Im Schnitt ist jeder Dritte der insgesamt rund 21 Millionen Beschäftigten in der deutschen Wirtschaft gut 21 Mal pro Jahr beruflich unterwegs. »Heute hat so gut wie jedes mittelständische Unternehmen internationale Kontakte und ist global vernetzt, da werden Reisen immer wichtiger«, erklärt de March. Internet und Videokonferenz haben die persönliche Begegnung nicht ersetzt, »Es ist in vielen Fällen enorm wichtig, Geschäftspartner zu sehen und ihnen direkt in die Augen zu blicken«.

Die globalisierte Arbeit

Deutsche Architekturbüros wie *AS&P* und *gmp* stampfen in China Städte für Hunderttausende aus dem Boden, *Siemens* baut milliardenschwere Kraftwerke in den Arabischen Emiraten, *Adidas* hat seinen amerikanischen Konkurrenten *Reebok* übernommen. Deutsche Firmen exportieren nicht nur Knowhow und Hochtechnologie nach Übersee, sondern auch Köpfe und Körper. Noch vor 10 oder 15 Jahren war die Geschäftsreise ein Privileg der Topmanager, die wie Feldherren durch die Welt zogen, Geschäftsbereiche eroberten und manchmal auch ein verwüstetes Schlachtfeld hinterließen. Mittlerweile sind aber auch das mittlere Management und ganz normale Angestellte international unterwegs. Die modernen Kommunikationstechnologien bewirken nicht, dass wir immer zu Hause bleiben können, sondern dass wir von jedem Punkt der Erde für den Arbeitgeber erreichbar sind. Um jeden Betrieb bilden sich Satelliten: Juristen, Wirtschaftsingenieure und Übersetzer kreisen auf einem universalen Kurs um die Firma.

Das globale Sein schafft ein eigenes Bewusstsein. Die Vielreisenden, die so genannten *Vario-Mobilen* oder *Internationals* bilden eine eigene Kaste, sie umfasst alle Hierarchien und Gehaltsstufen, bildet sich nicht über ein ethnisches, nationales oder materielles Kriterium, sondern anhand der raumzeitlichen Verfügbarkeit und eines globalen Lebensgefühls. Zu Hause verirren sich die *Vario-Mobilen* auf dem Weg zum Bäcker, dafür begrüßen sie in *JFK* die *DKNY*-Verkäuferin mit Küsschen. Ihre Kollegen treffen sie nicht am Wasserspender im Flur, um sie zu sehen, müssen sie schon ins Flugzeug steigen. Die Welt ist ihr Büro, der Schreibtischnachbar sitzt oft neun Flugstunden entfernt.

Internationals wie Ilona de March sind die Mannequins der flexiblen und globalisierten Arbeitswelt. Rollenbilder. Werbefiguren. Vorreiter. Die globalen *Business Traveller* sind gut gekleidet, attraktiv, bekommen ein hohes Gehalt. Und vielleicht kann man de March und ihr aufregendes Leben ja wirklich mit den Haute-Couture-Schauen in Paris vergleichen. Die Kleider der Modells sehen ein wenig übertrieben aus – durchsichtiger

Chiffon, 14 Zentimeter hohe Absätze – beeinflussen aber dennoch den Geschmack des Mainstreams. Langsam und in abgeschwächter Form setzen sich die gewagten Muster, Schnitte und Formen durch.

Immer wieder fordern Wirtschaftsexperten und Politiker die deutschen Arbeitnehmer zu mehr Mobilität auf. Ihre Stimmen vereinen sich zu einem Motivations-Sing-Sang, der nicht mehr aus dem Kopf geht, ein Ohrwurm im Viervierteltakt: Marschmusik, die den modernen Angestellten durchs Land und um den Erdball treibt. Personalberater gehen davon aus, dass ein Akademiker heute keine Karriere mehr machen kann, wenn er nicht bereit ist, mehrmals und für längere Zeit ins Ausland zu gehen. Bei vielen internationalen Unternehmen wird die Bereitschaft zum Umzug bereits im Arbeitsvertrag festgelegt. Und Arbeitslose sind verpflichtet, sich in ganz Deutschland zu bewerben. Der moderne Angestellte muss nicht nur im Kopf flexibel sein, sondern auch in den Beinen. Das Menschenrecht auf freie Wahl des Wohnortes ist hiermit suspendiert. Die Zeit der Sesshaftigkeit vorbei. Der Mensch wird wieder zum Nomaden.

Da die Zahl der mobilen Angestellten stark zunimmt, beobachten Soziologen dieses Phänomen sehr genau, bislang haben sie neben den *Vario-Mobilen*, zu denen Menschen wie Ilona de March gehören, noch zwei weitere Gruppen identifiziert. Die *Umzugs-Mobilen* fahren mit Sack und Pack der Arbeit hinterher, oft bis ins Ausland. Noch nie haben so viele Menschen Deutschland auf der Suche nach Arbeit den Rücken gekehrt. Über 155000 waren es im Jahr 2006. Erfasst werden nur die, welche sich offiziell abmelden, die tatsächliche Zahl dürfte weit höher liegen. Deutsche Architekten ziehen für ein paar Jahre ins Bauboomland China, ihre »Insel der Arbeit«, wie sie sagen. Münchner Ärzte arbeiten in England oder der Schweiz.

Brandenburger kellnern in österreichischen Hotels. Die dritte Gruppe besteht aus den Wochenendpendlern, für welche die Entfernung zwischen Arbeits- und Wohnort so groß geworden ist, dass sie nicht täglich, sondern nur noch zwei- bis viermal im Monat zurückgelegt werden kann.

Die mobilen Imperative gelten für Angehörige aller Bildungs- und Gehaltsniveaus. Jeder ist unterwegs. Manche reisen in der Sänfte, andere müssen zu Fuß gehen.

Das Leben als Wettrennen

Ilona de March ist sowohl Produzent als auch Produkt der globalisierten Arbeitswelt. Sie erleichtert und verbilligt Geschäftsreisen und trägt damit zum Boom bei. Für Meetings innerhalb ihrer international operierenden Firma oder einen Vertragsabschluss mit einem neuen Kunden ist sie selbst permanent unterwegs. Der Flugplan eines für sie typischen Monats sieht so aus: 1. Oktober: Bremen – Atlanta. 3. Oktober: Atlanta – Paris – Toulouse. 4. Oktober: Toulouse – Amsterdam – Bremen. 5. Oktober: Bremen – München. 6. Oktober: München – London. 8. Oktober: London – Bombay. 10. Oktober: Bombay – Zürich. 11. Oktober: Zürich – Bremen. 16. Oktober: Bremen – Prag. 17. Oktober: Prag – Frankfurt. 18. Oktober: Frankfurt – Bremen. 22. Oktober: Bremen – Johannesburg. 25. Oktober: Johannesburg – Berlin. 26. Oktober: Berlin – Bremen.

Das Leben als Wettrennen. *Survival of the Fastest.* Ilona de March hat sich an dieses Dasein angepasst und im Laufe der Zeit spezifische Taktiken entwickelt. Sie schläft nicht, wenn Körper und Kopf müde werden, sondern wenn es Flugplan, Terminkalender und die Tageszeit im Zielland erlauben. Der Raum hat seine Macht über den Menschen verloren. Kilometer,

Weltmeere – selbst die weitesten Entfernungen schmelzen in der Hitze des verbrannten Kerosins dahin. Die Zeit ist alles, es kommt darauf an, den Anschlussflug in *Charles de Gaulle* zu erwischen, drei Verabredungen in zwei Zeitzonen an einem Tag zu koordinieren. Ein Leben in der Hyperventilation, ein fluider Lifestyle, nichts für Leute, die Sehnsucht nach einem Reihenhaus und Regelmäßigkeit haben.

Ilona de March sagt, dass sie sich an einem Ort schnell langweilt. Deswegen ist sie nicht nur ständig auf Geschäftsreise, sondern wechselt auch oft ihren Hauptwohnsitz. In den letzten Jahren war sie in der Schweiz zu Hause, in den USA, in Frankreich, Frankfurt und in Bremen, jetzt zieht es sie gerade nach Amsterdam. Sie kann so leben, sie ist nicht verheiratet und hat keine Kinder. Fragt man sie nach Freunden, dann schaut sie erst einmal ein wenig im Zimmer herum, dann erwähnt sie ihre Pressesprecherin, später fallen ihr noch ihr Assistent und ein weiterer Angestellter von *BCD Travel* ein. Es ist schwierig für sie, Freundschaften zu pflegen. »Prinzipiell lebe ich nun einmal einen nicht so alltäglichen Stil«, erklärt sie, »bei uns sagt man: Du, ich bin am Wochenende zwei Tage in Nairobi, komm doch auch.« Normalerweise scheitern heute Verabredungen aus einem Grund: keine Zeit. Bei Ilona de March kommt aber noch ein weiteres Problem hinzu: falscher Kontinent.

Manchmal, wenn Ilona de March nach acht Stunden Flug die Augen öffnet, dann hat sie das Gefühl, sich überhaupt nicht bewegt zu haben. Denn um sie herum hat sich nichts verändert, alles sieht gleich aus. Ihre Sitznachbarn, die *Internationals* mit Augenringen und dunklen Anzügen oder Kostümen. Die Flughafenhallen mit ihrem Himmel aus Glas und Stahl. Die Lounges von *Lufthansa* oder *Virgin*, ein Zweitzuhause mit Duschen, Betten, Swimmingpool und Garten. Ein vertrauter Lebensraum. Das Interieur der Lounges mit seinen Braun- und

Cremetönen, den dunklen Hölzern, weichen Sitzhockern und geschwungenen Tischen hat schon längst die Bars, Restaurants und auch Privatwohnungen des heutigen Großstadtmenschen erobert. Hotelzimmer, Konferenzräume, Limousinenrücksitze und Flughäfen bilden einen uniformen und durchgestylten Lebensraum, der unabhängig von den übrigen Raumkoordinaten ist. Drinnen sind die Ledersessel weich und die Luft angenehm kühl. Die Klimaanlage sorgt überall im globalen Dorf für dasselbe Wetter, 365 Tage im Jahr. Die exotische Welt, Südafrika oder Indien, zirkuliert vor dem Fenster. Staubig, verschwitzt und fremd – zum Glück weit entfernt. Die reale Welt lenkt nicht ab, Ilona de March kann sich auf das Wesentliche konzentrieren, ihre Geschäftspartner, Akten und Verträge: auf ihre Arbeit.

»Are You a Jetrosexual?« fragt die Fluglinie *Virgin* in ihrer Werbung. Das Wort spielt auf den *Metrosexuellen* an, den modebewussten, manikürten Großstadtgeck mit unklarer geschlechtlicher Präferenz. Der *Jetrosexuelle*, so definiert ihn die Webpage von *Virgin*, trägt nicht seine Tagescreme immer mit sich herum, sondern seinen Pass. Sein Aktionsradius ist so groß wie die Welt, er ist immer auf dem Sprung, ein Firmen-Rockstar, er hat Erfolg, wo alle anderen scheitern. Dieser *Vario-Mobile* de Luxe kann seinen Wochenbedarf in eine schmale Tasche packen (und womöglich auch sein ganzes Leben), bestellt in sechs verschiedenen Sprachen Bier, hat vielleicht keine Stammkneipe, dafür aber einen Lieblingsflughafen.

Die Zeit der Jäger und Sammler endete in Süd- und Mitteleuropa zwischen 6500 und 4000 v. Chr. Von da an wurden die Wohnhöhlen kontinuierlich vergrößert, bequem eingerichtet und ideologisch überhöht. Trautes Heim, Glück allein. Der Spruch steht auf dem Zinnteller in der Schrankwand. Die bürgerliche Wohnung war Statussymbol, Kapitalanlage und Ordnungsinstrument, der Staat führte die Meldepflicht ein und wusste, wo er suchen musste, wenn er Steuern brauchte oder frisches Menschenmaterial für die Armee. Nur wer eine feste Adresse hatte, besaß in der bürgerlichen Ideologie auch feste Werte. Wer seinen Wohnort oft wechselte oder gar keinen hatte, wie die Zigeuner oder das fahrende Volk, machte sich verdächtig.

Die Bürger verschanzten sich hinter dicken Mauern. Es überrascht nicht, dass diese Mauern irgendwann gestürmt wurden. Überraschend ist nur, dass die Attacke nicht von außen kam, sondern von innen, aus den Kinderzimmern. Jack Kerouacs Roman »On the Road« formulierte 1957 das Lebensgefühl einer ganzen Generation von Hippies und Beatniks. Dean Moriarty und Sal Paradise cruisen per *Greyhound*, als Tramper mit LKWs oder mit gestohlenen Wagen durch Mexiko und die USA, auf der Flucht vor dem langweiligen Spießerleben und auf der Suche nach Drogen, Bebop und Frauen – in ziemlich genau dieser Reihenfolge. Filme wie »Easy Rider« und Michelangelo Antonionis »Zabriskie Point« haben mit 24 Bildern pro Sekunde dieses Fernweh noch einmal animiert. Jede Immobilie ist ein Sarg, der Gartenzaun eine Gefängnismauer, das Glück liegt auf der Straße, Freiheit schmeckt nach Benzin und Staub.

In der Figur des *Jetrosexuellen* vermischt sich die subkulturelle Sehnsucht nach Freiheit mit neoliberalen Leistungsimperativen. Der *Jetrosexuelle* sucht neben der bewusstseinserweiternden, erotischen und lebenskünstlerischen Erfahrung nun auch noch das geschäftliche Abenteuer, ist nicht mit einem gestohlenen Auto, sondern mit der Mittagsmaschine unterwegs. Anstatt im Club macht er die Nacht lieber vor dem Laptop durch. Wie die Hippies und Beatniks hat er meist nicht viel für feste Beziehungen übrig und verehrt Freiheit, Flexibilität und das aufregende Gefühl, heute noch nicht zu wissen, wo man morgen schlafen wird.

Im Silicon Valley, in dem schon längst nicht mehr nur neue Techniken, sondern auch neue Arbeitsformen und dazu passende Menschen produziert und geformt werden, nennt man den *Jetrosexuellen* oder *Vario-Mobilen* gern *Zero Drag*, ein Mensch mit null Luftwiderstand. Dieser neue Idealtypus bewegt sich reibungslos durch Ort und Zeit, stellt sein ganzes Leben der Arbeit zur Verfügung. Die Geschäftsreise ist sein Lebensgefühl, die Grenzen von öffentlich und privat, Arbeit und Freizeit sind aufgehoben.

Über die flexible und beschleunigte Gesellschaft schreibt der Soziologe Hartmut Rosa: »Die Identifikation mit Räumen, mit festen Kommunikationspartnern und Bezugsgruppen und mit Dingen nimmt einen zeitlich begrenzten und kontingenten Charakter an – das Subjekt wird gezwungen, sich von ihnen so weit zu distanzieren oder zu emanzipieren, dass es einen (freiwilligen oder erzwungenen) Wandel ohne Selbstverlust überstehen kann. Existenzen werden der Tendenz nach dabei ebenso ortlos wie Orte identitäts- und geschichtslos.« Das Individuum ist nicht mehr stabil definiert, es kann und muss sich die ganze Zeit neu erfinden, sich neben der Konstante der Arbeit ständig neue Interessen, Bezugspersonen und -räume suchen. Die Bindung an Freunde, Familie und Heimat wird zum Problem.

Ilona de March würde Hartmut Rosa vielleicht antworten, dass ein wöchentlicher Skatabend für sie nicht Freundschaft bedeutet, sondern Horror. Und dass »Zuhause« kein fester, unveränderlicher Ort ist, sondern ein Zeitpunkt oder ein Gefühl: »Auch in der größten Hektik gibt es eine Sache, die mir heilig ist. Am Samstag um 16 Uhr lege ich mich aufs Sofa. Und dann wird die *Gala* gelesen.«

Der Selbstunternehmer in Indien

Die globalisierte Weltwirtschaft, Internet und billige Flüge haben ganz neue Formen der flexiblen Arbeit ermöglicht. Nicht nur Firmen agieren global, sondern auch einzelne Menschen. Für das Internetreisebüro *Ebookers* wurden deutsche Callcenter-Mitarbeiter in Neu Delhi für einen Monatslohn von etwa 550 Euro angestellt. Das ist wenig im Vergleich zu dem, was ein Telefonist in Deutschland kosten würde, in Indien kann man davon gut leben. Auch andere Callcenter-Betreiber schicken ihre deutschen Mitarbeiter mittlerweile nach Indien oder Thailand, geben dies jedoch offiziell nicht zu: Die Kunden sollen nicht erfahren, dass ihre Gesprächspartner auf der anderen Seite der Erde sitzen. Und die *Süddeutsche Zeitung* hat sich ernsthaft überlegt, Teile ihres Online-Angebots von deutschen Muttersprachlern in Prag produzieren zu lassen. Die Idee wurde nicht – noch nicht? – in die Tat umgesetzt.

Vielleicht sind das Extrembeispiele, vielleicht ist es aber auch einfach nur die Zukunft. Es gibt keine Berge mehr, keine reißenden Flüsse und keinen Dschungel. Die Welt ist tatsächlich flach, wie Thomas L. Friedman schreibt. Eine Firma mit 100 000 Beschäftigten oder ein Selbstunternehmer stellt Zweck-Mittel-Berechnungen an, um in diesem Raum der unbegrenzten Möglichkeiten seinen idealen Standort zu ermitteln. In die Rechnung fließen Faktoren ein wie wirtschaftliche Stabilität, landesübliches Gehalt, Lebenshaltungskosten, Büromieten, durchschnittliches Qualifikationsniveau und Stand der Infrastruktur. Kommt als Summe Thailand heraus, reist der moderne Angestellte eben dorthin.

Die wichtigen Substantive der industriellen Moderne waren Stabilität, Dauer, Größe und Macht. Ihre betonierten Entsprechungen fanden diese Werte in den gigantischen Firmenzentralen der *National* und *International Player*. Der Angestellte startete seine Karriere in den untersten Etagen und kämpfte sich im Idealfall immer weiter nach oben, bis hin zum Eckbüro über dem Hudson River oder dem Main. Jetzt wird der tatsächliche physische Ort der Arbeit genauso unsicher wie die Beschäftigung selbst.

Bis der *BCD*-Hauptsitz fertig gestellt ist, arbeitet Ilona de March in Amsterdam in einem Mietbüro der Firma *Regus*. Noch so ein neuartiger Dienstleister, Produkt und Produzent der globalisierten Arbeit. *Regus* vermietet Besprechungsräume, Konferenzsäle und Bürozellen für einen begrenzten Zeitraum, ein paar Tage, ein paar Wochen. Die *Business-Center* sind für Vielreisende gedacht, die kurz in einer Stadt Halt machen, ein Meeting haben und zwei Stunden später schon wieder in der Luft sind. Genutzt werden sie aber auch von Firmen, die ein Projekt starten und noch nicht wissen, ob sich die Mitarbeiterschar in vier Monaten verzehnfacht hat oder doch wieder auf Null geschrumpft ist. Die einzelnen Büros – auch das von Ilona de March, der Vorgesetzten von 6 000 Angestellten – sind klein und eng. Die Türen, die nicht richtig schließen, und die Wände, gegen die man sich nicht zu lehnen wagt, wirken wie Kulissen einer Fernsehserie. Alles sieht aus, als könnte es im nächsten Moment zusammenfallen, in Kisten verstaut und auf einen LKW geladen werden. Und der Zirkus zieht weiter.

Immobilien mobil zu machen – das ist derzeit eines der wichtigsten Themen der Architektur. Achim und Werner Aisslinger haben einen *Loftcube* entwickelt, der sich innerhalb von zwei Tagen an jedem beliebigen Standort aufbauen lässt. Dafür braucht man nicht einmal ein Grundstück, man kann den *Loftcube* einfach auf ein Flachdach setzen. Seine 36 Quadratmeter bieten eine Küche, ein Bett und einen Arbeitsbereich. Noch radikaler ist der Designer Martin Ruiz de Azúa: Er hat ein aufblasbares *Basic House* entwickelt, der Polyester-Kubus passt sogar in eine Hosentasche. Ohne es zu wissen, waren die Kandidaten Jürgen und Zlatko der Reality-TV-Show »Big Brother« Trendsetter. Für ihren Beruf haben sie nicht nur ihre Familien und ihren Wohnort verlassen und – ganz wie die Dauergeschäftsreisenden – ihr Privatleben zur Karriere-Ressource gemacht, sie zogen auch in die modernste Mobilie überhaupt: den Container. Das Symbol der Globalisierung, in dem zwischen China und New York, Rotterdam und Kapstadt die Waren zirkulieren.

Liebe auf Distanz

Träge frisst der Audi A4 mit seiner breiten Schnauze die mittlere Spur der Autobahn. Thomas Bader ist ein geruhsamer Fahrer. Vor ihm liegt das graue Band im Licht der Scheinwerfer. Rechts der weiße Seitenstreifen. Dahinter nachtdunkler Wald. Ein Schild. Wieder Wald. Wieder ein Schild. Nach Hannover sind es jetzt nur noch 154 statt 172 Kilometer. Thomas Bader kommt es so vor, als habe er für diese 18 Kilometer mindestens zwei Stunden gebraucht. Dabei fährt er konstant 135, nicht schneller und nicht langsamer. Von Zeit zu Zeit wechselt der Radiosender. Dann ist er in einem neuen Bundesland.

Thomas Bader ist auf dem Weg zur Arbeit. 850 Kilometer. Von Zittau, im Dreiländereck von Deutschland, Polen und Tschechien, bis nach Amsterdam. Neben ihm sitzt sein Kollege Thorsten Kerler. Beide sind Elektriker. Und beide fahren nicht nach Holland, um eine weitere Stufe auf der Karriereleiter zu nehmen oder um Abenteuer zu erleben. Eigentlich würden sie gerne daheim bleiben. »Zittau ist herrlich. Wir haben da alles. Berge, Flüsse und Seen. Aber das Wichtigste, was ein Mensch braucht, das gibt es dort nicht.« Die Arbeitslosigkeit liegt bei

19 Prozent. Der wirtschaftliche Aufschwung, von dem man im Sommer 2007 so viel liest, findet irgendwo anders statt. Er ist in Zittau nur ein Gerücht, nur ein paar Schlagzeilen und Ausrufezeichen in der *Bild*-Zeitung.

Die Wege, die Thomas Bader zurücklegen musste, um zu seiner Arbeit zu kommen, sind mit der Zeit immer länger geworden. Zuerst führte er als Elektriker kleine Reparaturen in der Umgebung von Zittau durch. Das war noch zu DDR-Zeiten. Bader erinnert sich nicht an Stacheldraht und die Absenz der Südfrucht, sondern an geordnete Verhältnisse, Arbeit für alle, sichere Renten. BRD Ultra. Dann kam die Wende. In den Jahren darauf schlossen die Fabriken in der Umgebung. Bader verlor seinen Job. Bekam einen neuen. Fuhr für eine Baufirma regelmäßig nach Bautzen: 47 Kilometer. Dann ging die Firma in Konkurs. Mit seinem neuen Chef arbeitete er bei und in Dresden: 110 Kilometer, manchmal sogar in Nürnberg: 417 Kilometer. Ein weiterer Konkurs. Thomas Bader war fertig mit Deutschland. Er beschloss, nach Holland zu gehen. Seit vier Jahren arbeitet er mittlerweile für eine deutsche Zeitarbeitsfirma, die ihn an eine holländische Zeitarbeitsfirma ausleiht, die ihn dann wiederum an holländische Bauunternehmen vermietet. Für eine Woche oder auch einmal sechs Monate. Meist in der Umgebung von Amsterdam. Ein Arbeitsexil.

2200 Euro netto bekommt Thomas Bader monatlich. Davon gehen etwa 250 Euro für die Unterkunft und knapp 300 Euro Fahrtkosten ab, sodass am Ende etwa 1650 Euro bleiben. Thomas Bader kann sich über den Job nicht so recht freuen: »Man lässt auch viel zurück.«

Der Abschied von seiner Frau Amelie ist für Bader Routine. Er gibt ihr die Hand. Ein kurzer Kuss.

Wenn wir über Grenzen hinweg leben und arbeiten, dann müssen wir eben auch über Grenzen hinweg lieben. Jede achte

Partnerschaft in Deutschland ist eine Fernbeziehung, unter Akademikern ist es sogar schon jede vierte. Der Paarforscher Peter Wendl hält die Liebe auf Distanz für »eine der relevantesten Beziehungsformen der Gegenwart. Sowohl die Zahl der gewollten Fernbeziehungen als auch die Zahl der Paare, die gezwungenermaßen entfernt voneinander leben, wird zunehmen.«

69 Prozent der weiblichen und 42 Prozent der männlichen Wochenendpendler erklärten, dass sich ihre Situation negativ auf die Familienentwicklung auswirke. Die Unsicherheit auf dem Arbeitsmarkt greift über auf Wohnzimmer, Kinderzimmer und alle anderen Bereiche des Privatlebens, sie ist als unterschwelliges Surren immer zu spüren. Wer in einer Fernbeziehung lebt, pendelt auch zwischen zwei verschiedenen Welten hin und her und hat für keine der beiden genug Zeit. »Gerade Pendler aus einfacheren Verhältnissen haben diese Lebensform meist nicht freiwillig gewählt und haben nun Schwierigkeiten, damit zurechtzukommen«, glaubt Wendl. »Sie erleben ihre Fernbeziehung als unbefriedigend, weil es einfach ihre Vorstellung von Intimität ist, sich oft zu sehen. Außerdem gelingt es ihnen schlecht, am Ort der Arbeit soziale Beziehungen aufzubauen.«

Die Fahrt nach Holland ist für Thomas Bader eine Routinehandlung, die nur noch abgehakt wird. Abfahrt um 21 Uhr 45 am Sonntag. Um 23 Uhr 05: Dresden. Erster Fahrerwechsel: 24 Uhr. Zweiter Fahrerwechsel: 3 Uhr. Seine Lounges sind Raststätten, die *Grönegau Nord* oder *Tank-Treff Langenhagen* heißen. Grenzübertritt: 4 Uhr 45. Gegen 5 Uhr geht im Osten die Sonne auf. Irgendwo in dieser Richtung liegt auch Zittau, die Heimat, dort wird es einige Minuten früher hell. Die Lichtstrahlen fallen durch das Heckfenster in den Rückspiegel und so auf Baders Gesicht. Für einen Moment weicht die erschöpfte

Blässe, die Schnurrbarthaare schimmern in einem zarten Rosa. Bader sieht aus, als würde er glühen. Dann steuert er das Auto um eine Kurve und er ist wieder blass. Die Augen hat er nur halb geöffnet. Er kennt den Streckenverlauf auswendig. Als hätte er einen Autopiloten im Kopf.

Um 6 Uhr sind die beiden in Amsterdam angekommen. Die Arbeit beginnt erst um sieben, also parken sie ihr Auto neben dem Krankenhaus, das gerade von ihrer Firma renoviert wird. Thomas Bader stellt seinen Sitz zurück. Er stopft seinem Kollegen vorsichtig das Kissen unter den Kopf. Und wie sie dann nebeneinander liegen, die Gesichter einander zugewandt, sehen sie fast aus wie ein altes Ehepaar. »Ohne den Thorsten würde ich das nicht machen«, sagt Thomas Bader. Seine Privatsphäre in Holland besteht aus dieser Freundschaft und aus einem kleinen Moment am Morgen und einem am Abend. Da tippt er die Nummer seiner Frau ins Handy, lässt es zweimal klingeln und legt dann wieder auf. Ein Ferngespräch wäre zu teuer. Ein Gruß muss reichen, zweimal am Tag. Guten Morgen und gute Nacht. In ein oder zwei Wochen sehen sie sich wieder.

Es ist 7 Uhr. Thomas Bader schaltet zurück auf Autopilot. Die beiden Gastarbeiter rackern zwischen zehn und zwölf Stunden am Tag und fahren anschließend in eine Pension, 50 Kilometer außerhalb von Amsterdam, wo die Mieten billiger sind. Sie teilen sich dort ein Zimmer, das man auch Lagerhalle nennen könnte. Zwei Betten. Ein Fernseher. Der läuft noch 20 Minuten. Dann schlafen sie auch schon.

Zero Drag und Maximum Drag

Nomadentum, Reihenhaus und Residenzpflicht, Business-Mobilität – der Mensch muss sich immer den Bedingungen anpassen, die eine Gesellschaft für ihre Reproduktion braucht. Gerade ändern sich diese Bedingungen schlagartig, der zentrale Wert heißt nicht mehr Stabilität, sondern Mobilität. Je nach persönlicher Disposition, Ausbildung, Status und Persönlichkeitsstruktur gelingt es den Menschen unterschiedlich gut, den neuen Anforderungen zu genügen.

Ilona de March und Thomas Bader sind beide hochmobil, und wenn de March sich gerade im Firmensitz in Amsterdam aufhält, arbeitet sie nicht einmal einen Kilometer von dem Facharbeiter entfernt. Trotzdem könnten sie wohl kaum unterschiedlicher sein. Ilona de March ist aufrichtig entsetzt, als sie von Baders Lebensweise hört: »Ja, warum zieht der nicht einfach nach Holland?«, fragt sie. Bader wiederum reagiert verwundert, wenn man ihm diese Frage stellt. Er hat anscheinend noch gar nicht viel darüber nachgedacht. »Ich gehöre einfach nach Zittau«, sagt er. Er überlegt ein bisschen und sagt: »Jedes Mal, wenn ich aus Amsterdam zurückkomme und bei Bautzen die Burg sehe, dann ist da so ein schönes Gefühl.« Mehr sagt er nicht. Haus, Heimat, Familie, Langsamkeit – das sind die Werte von Thomas Bader. Das Leben von Ilona de March könnte man mit Worten wie Flexibilität, Ungebundenheit und Freiheit beschreiben. Es ist offensichtlich, welche Haltung besser in die Zeit passt.

Ilona de March hat die neuen Anforderungen perfekt in ihre Wertvorstellungen integriert, sie vermischt Arbeit und Leben zu einem spannenden Abenteuer. Thomas Bader hingegen kämpft nicht nur mit einer sich verändernden Arbeitswelt – sondern auch mit Ängsten, Sehnsüchten und kognitiven Dissonanzen. Sein Leben ist ein anstrengender, kraft- und zeitraubender Kompromiss zwischen Arbeit und Leben, ein Widerspruch, der immer wieder neu aufgelöst werden muss. Er ist kein *Zero Drag* wie die neuen Arbeiter im amerikanischen Silicon Valley, er hängt an seiner Heimat, seiner gewohnten sozialen Umgebung, vielleicht auch an irgendeiner alten Zeit. Er ist ein *Maximum Drag*, er leistet starken Widerstand. Und ein Aufstand gegen die Arbeit, der wird im 21. Jahrhundert bestraft.

Menschen sind nicht so mobil wie Daten- und Finanzströme. Sie bekommen Jetlag, Heimweh und Liebeskummer. Beziehungen lassen sich nicht wie Meetings und Geschäftsreisen organisieren, datieren und terminieren. Es sieht ganz so aus, als habe Heimat für viele Menschen doch noch eine gewisse Bedeutung.

7. CORPORATE BODY

In der bilderverrückten Gesellschaft wird die menschliche Schönheit immer wichtiger. Für den beruflichen Erfolg verzichtet der moderne Angestellte aufs Rauchen, geht ins Fitnessstudio und legt sich sogar unters Messer.

Es dauert nicht lange, aus Ines Röder einen neuen Menschen zu machen. 70 Minuten, wenn es gut läuft auch nur 60, dann ist alles vorbei und vielleicht auch besser. Auf dem Tisch liegen zwei Skalpelle, gebogene Klinge, gerade Klinge, außerdem Schere, Wundspreizer, Hammer und Meißel. Die OP-Lampe bringt das Metall zum Leuchten. Fast blendet es. Lichtblitze sind normalerweise Gefahrenhinweise, aber Ines Röder, eine Frau in den Zwanzigern, bekommt davon nichts mit. Dafür sorgt das Narkosemittel, das gleichmäßig in ihre Venen fließt und sie ruhig, regungs- und willenlos schlafen lässt. Ihre Nase ist dick mit Desinfektionsmittel bestrichen, im runden Ausschnitt des grünen OP-Tuchs leuchtet sie weiß, wie eine Zielscheibe.

Prof. Dr. Dr. med. habil. Werner Mang führt mit einer schnellen Bewegung das Skalpell ins rechte Nasenloch von Ines Röder, schneidet tief und legt den Knorpel von innen her frei. Aus dem Nasenloch läuft ein bisschen Blut, das aber sofort von der Schwester abgesaugt wird. Mang arbeitet schnell und konzentriert, er beherrscht die Abläufe perfekt, fast ohne hinzusehen. Fingerballett. Ohne Probleme kann er gleichzeitig reden und arbeiten. »Bei der richtigen Indikation kann eine Schönheitsoperation durchaus angemessen sein«, sagt er, »Es gibt Frauen oder Männer, die zum Beispiel eine riesige Nase haben oder ein fliehendes Kinn. Da kann man auch mit dem Skalpell helfen. Die fühlen sich danach privat und beruflich besser.«

Ines Röder liegt friedlich und zufrieden auf dem OP-Tisch. Wenn man will, kann man sogar ein Lächeln auf ihren Lippen entdecken. Einen unbewussten Optimismus. Schließlich passiert gerade etwas Einschneidendes in ihrem Leben. Nichts wird mehr so sein wie zuvor. Sie hat eine radikale Entscheidung getroffen, gegen sich selbst und ihre alte Nase: zu groß, zu krumm. Jeder konnte das sehen, vor allem sie selbst, sie musste sich ja jeden Morgen im Spiegel angucken.

Jeder Angestellte ist ein Unternehmen im Unternehmen und muss deshalb, genau wie *Nike*, *BMW* oder *E-Plus*, auf Marktwert und Image achten: Kleidung, Haarschnitt, Gesicht. Irgendwann ging es Ines wohl wie hunderttausend anderen Männern und Frauen, die sich bei den morgendlichen Image-Analysen im Badezimmer und dem *Benchmarking* im Lift nicht mehr vor der Wahrheit drücken konnten. Das Produkt stimmte, die Außenwirkung nicht. Röder beschloss ihre ganz private *Exit-Strategie*. Eine Nasenoperation, für etwa 10 000 Euro. Eine hohe Investition – aber sie könnte sich bald amortisieren.

Das Gesicht des Erfolgs

Werner Mang ist seit über 25 Jahren Schönheitschirurg. Im Lauf der Zeit hat er nicht nur einen scharfen Blick für Orangenhaut, Augenasymmetrien und schlaffe Oberarme entwickelt, sondern auch für psychische Probleme. In seiner Sprechstunde reden seine Kunden über ihre Ängste, Wünsche und Hoffnungen. Sie erklären, welche Körperstellen ihnen nicht mehr gefallen und was sie sich von einem chirurgischen Eingriff versprechen. Die Patientenakten, in denen Mang so akribisch Gewichtsangaben, Medikamentenpläne und Fieberkurven sammelt, enthalten nicht nur die medizinischen Daten eines Patienten. An ihnen kann man auch ablesen, wie es der deutschen Gesellschaft insgesamt geht, wie sich ihre Ideale, Wünsche und Sehnsüchte ändern. Ein Psychogramm der Ober- und Mittelschicht. »Ich beobachte, dass Schönheitsoperationen immer häufiger aus Karrieregründen unternommen werden«, sagt Mang. »Ich schätze, dass jede vierte OP bei einem Mann und jede fünfte bei einer Frau beruflich motiviert ist.« Diese Angaben decken sich mit Untersuchungen aus den USA, wonach sich im Jahr 2004 22 Prozent der Männer und 15 Prozent der Frauen wegen des Jobs operieren ließen. Eine krumme Nase, viele Falten oder ein schwabbeliger Hals – das kann sich keiner mehr leisten. Das ist manchmal schlimmer als Schlampigkeit oder fehlende Kompetenz im Beruf. Ines Röder hat nicht nur ihre Flirt- sondern auch ihre Jobchancen erhöht. Werner Mang betreibt Karriereberatung mit Skalpell und Spritze.

Die Coverboys und Covergirls der Wirtschaftspresse setzen die Maßstäbe. Schneidig, energetisch, cool. Actionhelden auf dem Börsenparkett. Und wie die Stars im Showbiz sind auch die Stars des *Real Business* meistens optisch ansprechende Menschen – Schönheit als Voraussetzung und Folge des Erfolgs. Topmanager wie René Obermann, Wolfgang Reitzle oder die ehemalige *HP*-Chefin Carly Fiorina mögen hin und wieder ihren Job wechseln, verkaufen mal Telefone, mal Finanzinvestitionen oder Autos, eine Konstante hat ihr unruhiges Leben aber doch: gepflegte, schmale Silhouette, reine Gesichtshaut und strahlend weiße Zähne.

In der alten BRD sahen mächtige Männer anders aus: Ludwig Erhard und Helmut Kohl waren dick, auf Fotos sah man sie oft in der Nähe von Genussmitteln wie Pfälzer Saumagen, Weißwurst, Weißbier und Zigarren. Man war wieder wer, hatte wieder einen Bauch, das ganz persönliche und jederzeit vorzeigbare Wirtschaftswunder, Körperfett und Kapitalanlage.

Nach den Kriegs- und Mangeljahren war die stattliche Statur in Deutschland zum Statussymbol geworden, ein Zeichen für Wohlstand und Macht. Und sie korrespondierte hervorragend mit Werten wie Gemütlichkeit und Heimatverbundenheit. Seht her, ich kann mir Fett und Zucker leisten! Die Fresswelle erfasste Volk und Politiker gleichermaßen, der ungesunde und hedonistische Lebensstil verband den einfachen Menschen mit seinem ähnlich schweren Repräsentanten.

Im 21. Jahrhundert hat man neue Bilder für Erfolg gefunden. Vielleicht haben sich auch die Regeln und Werte geändert, mit denen die Welt regiert wird. Stabilität und Heimatverbundenheit werden abgelöst von Dynamik und Wendigkeit. Guido Westerwelle, Franz Müntefering, Ursula von der Leyen, Wolfgang Bosbach, Fritz Kuhn, Christian Wulff. Abgesehen von sozialdemokratischen Atavismen wie dem Schlagerliebhaber Kurt Beck wird Deutschland von einer großen Koalition der schmalen Taillen regiert. So erkennt man heute die Eliten in Politik und Wirtschaft: Die Entscheidungskompetenz verhält sich umgekehrt proportional zum Körpergewicht.

Dass die Deutschen tatsächlich immer dicker werden, ist kein Gegenbeweis, sondern zeigt nur, wie Anspruch und Realität für die meisten Menschen auseinanderklaffen. Wer heute übergewichtig ist oder gar fettleibig, gehört in den Augen der Öffentlichkeit mit großer Wahrscheinlichkeit den unteren sozialen Schichten an. Der Bauch wird zu einem Eisengewicht, das einen auf der Karriereleiter immer weiter nach unten zieht. »Fressen ist also so etwas wie das innere Exil der Armen inmitten der Globalisierung«, stellte die *FAZ* fest und schlägt vor, diesen Menschen »statt Hartz-IV-Beratern Fitnesstrainer zu bezahlen«.

Schöne Menschen verdienen mehr – so titeln Zeitungen und Zeitschriften immer wieder, für Werner Mang ist das unbezahlte und unbezahlbare Werbung. Der Londoner Wirtschaftsprofessor Barry Harper untersuchte 11 000 Briten und fand heraus, dass weniger attraktive Menschen sich auch mit deutlich weniger Gehalt zufrieden geben mussten als ihre hübscheren Altersgenossen. Bei Männern lag dieser Unterschied bei 15, bei Frauen bei 11 Prozent. Der deutsche Verhaltensforscher Karl Grammer zitiert Untersuchungen, wonach schöne Straftäter für die gleiche Verfehlung geringere Strafen bekommen als weniger gut aussehende Verbrecher. Während 1986 nur 6 Prozent der Befragten glaubten, die äußere Erscheinung sei ein wichtiger Erfolgsfaktor beim Berufsstart, stieg diese Zahl im Jahr 2003 auf 27 Prozent, wie eine Studie der *Universität für Wirtschaft und Politik Hamburg* zeigt. Manager halten das Aussehen für den zweitwichtigsten Erfolgsfaktor nach Fachkenntnissen. In den Werbe- und PR-Berufen rangiert das Aussehen sogar schon auf Platz eins.

Die Natur verteilt ihre Gaben nicht gleichmäßig, sie ist nicht gerecht. Wir sind es ebenso wenig. Im Berufsalltag fehlt schlicht die Zeit, einem Menschen tief in die Seele zu blicken oder sich zumindest lange und ausgiebig mit ihm zu unterhalten. Der sachliche Austausch im Unternehmen wird immer mehr durch einen sozialen Austausch überlagert. Dem Manager und Betriebsathleten geht es vor allem darum, Begeisterung auszustrahlen und seine Untergebenen, Kollegen und Vorgesetzten mitzureißen. Besonders gute Karrierechancen bieten sich demnach Menschen, die ein Gesicht zu ihren Trümpfen rechnen können, das Aufmerksamkeit erregt und gefällt. »There is never a second chance to make a good first impression«, heißt es in der PR-Branche.

Der Mensch muss strahlen. Manche nehmen das ein bisschen zu wörtlich. Weiße Zähne sind ein modisches Must-have. Mit Wasserstoffperoxid bleichen immer mehr Menschen ihr Gebiss, die blitzblanken Zähne signalisieren Angriffslust, Aggressivität, Vitalität. »Hollywood Toilet White« heißt die farbliche Aura des Starmundes spöttisch in Blättern wie *People* oder *Bunte*. Die University of Newcastle fand heraus: »Popstars und Schauspieler, die Tausende für ihr blendendes Lächeln ausgeben, machen die Leute unzufrieden mit ihren Zähnen.« Anders gesagt: Sie erzeugen Handlungsdruck. Zahnbleichen kostet beim Zahnarzt zwischen 300 und 500 Euro, aber auch in der Apotheke findet man Bleichmittel in den Beauty-Regalen. *Home-Bleaching* als Freizeittrend, die Schönheitschirurgie des kleinen Mannes. »Weißer als Weiß« – was wie Waschmittelwerbung klingt, ist der Standardslogan der *Bleaching*-Branche, also weißer als der jungfräuliche Molar, wenn er durchs Zahnfleisch stößt. Dieser Aufstand gegen die Disposition der Gene markiert, wie der Autor Tobias Moorstedt schreibt, eine neue Phase im Kampf gegen Alter und Verfall: »Wir kreieren einen Archetyp der Schönheit, der nicht mehr einfach nur jung ist, sondern jünger als jung. Das menschliche Lächeln wird zu etwas Unmenschlichem.«

Die Gänge und Besprechungsräume der *Bodensee-Klinik* von Werner Mang gleichen dem Zimmer eines 14-jährigen Mädchens. An den Wänden hängen Bilder aus Illustrierten, sorgfältig ausgeschnitten und auf Tonpapier geklebt: Nicole Kidman, Madonna, Nina Ruge, Michael Jackson. Mang lässt offen, ob er diese Menschen operiert hat, »über Patienten spricht man nicht«. Doch die Botschaft kommt ohnehin an: Eine solche Art der Schönheit ist kein Zufall, sondern das Werk von Menschenhand, von Menschen wie Werner Mang. Der Look der Stars ist keine göttliche Gabe, sondern Ergebnis harter Arbeit und Leidensbereitschaft. Was von Prominenten schon lange praktiziert wird, das kann und darf sich jetzt auch der Normalverdiener leisten. Die »Mang-Nase« tragen 15 000 Menschen in Deutschland und weltweit. Nicht nur Stars und Sternchen, sondern ganz normale Bankangestellte und Lehrerinnen.

Manchmal, wenn eine 16-Jährige sich den Busen operieren lässt oder ein Model an Magersucht stirbt, steht in den Zeitungen etwas über »Schönheitswahn« oder »Gefahr für die Kinder«. Auf der nächsten Seite aber findet man eine Anzeige für ein Parfüm: Ein sehr dünnes und sehr schönes Model räkelt sich am Strand. Darüber steht: »Be beautiful«. Dann folgt der Wirtschaftsteil.

Werner Mang hat Nasen operiert und gleichzeitig auch die öffentliche Meinung verändert. Er ist nicht nur der Arzt der Stars, sondern ist selbst zu einem Semi-Prominenten geworden, tritt als Wanderprediger der Schönheitschirurgie auf und verkündet in Illustrierten und Fernsehshows die gleiche Botschaft: »Attraktivität ist machbar.« 1995 sprachen sich in einer Umfrage nur 5 Prozent der Deutschen für Schönheitsoperationen aus. Im Jahr 2000 war es bereits jeder Vierte. Nach Schätzung der *Gesellschaft für Ästhetische Chirurgie Deutschland* wurden 2004 rund 350 000 Menschen ohne medizinische Notwendigkeit operiert, damit hat sich diese Zahl im Vergleich zum Jahr 2000 fast verdoppelt. Mang glaubt, dass dieser Trend anhalten wird. »Schönheitschirurgie ist eine Zivilisationserscheinung mit viel Licht, aber auch Schatten. Diese Entwicklung kann man nicht mehr rückgängig machen. Man sollte sie aber besser kontrollieren. In ein paar Jahren wird man zum Schönheitschirurgen gehen wie zum Zahnarzt.«

Im April 2007 fusionierte die *Bodensee-Klinik* von Werner

Mang mit der *Medical One AG* zur *Mang Medical One AG*. Die Kette ist nach eigenen Angaben der »größte Klinikkonzern für plastisch-ästhetische Chirurgie und Medizin in Europa« und verfügt über zehn Kliniken und zehn Beratungszentren in allen großen deutschen Städten. Mang ist eine Marke. Die Operation ein standardisierter Ablauf, ein genormtes Produkt. Und Mang ist Vorstandsvorsitzender dieses visuell-industriellen Komplexes und gleichzeitig der emsigste Angestellte. Bis zu 1 000 Operationen macht er im Jahr, an einem durchschnittlichen OP-Tag kommt er auf etwa zehn Eingriffe. Mit strähnigen Haaren und verschwitztem Gesicht saust Mang zwischen den OP-Sälen hin und her, manchmal schnallt ihm der Oberarzt ein Headset um, dann erledigt Mang kurz vor der Operation noch ein oder zwei Telefonate: »Gib Gas«, ruft er ins Mikrofon. Ein Schwerarbeiter im Dienste des Erfolgs.

Mang setzt den Meißel im Inneren der Nase an, tastet sich mit dem Metallinstrument hinein, um die richtige Stelle zu finden. Dann schlägt die Schwester mit dem Hammer auf den Meißelkopf, vier, fünf Mal. Ines Röders Kopf kippt leicht nach hinten und dann wieder nach vorn. Es sieht aus, als würde sie nicken. Mang greift mit der Zange in das, was früher eine Nase war, holt ein Stück Knochen heraus und wirft es in eine kleine Blechschale, ein weiß-roter Klumpen, der Hauptschuldige für die bucklige Nase. Später wird er zwischen lauter Spritzen und Verbänden im Krankenhausmüll verschwinden. So einfach ist das.

Die alte Nase ist verschwunden. Sie hängt nur noch als Fotografie im OP, eine Erinnerung an ein vergangenes Leben. In zwei Wochen kann Ines Röder diesen Schnappschuss ihres alten Gesichts mit dem Spiegelbild ihres neuen vergleichen. Vorher – Nachher. Dieses Verwandlungsprinzip stand auch im Zentrum von TV-Shows wie »The Swan« oder »I Want a Famous Face«, die im Jahr 2004 viel diskutiert wurden. Die Protagonisten waren ganz normale Menschen, die einfach nur schön sein wollten. Die Kameras verfolgten die Männer und Frauen in den Wochen vor und nach der Schönheitsoperation. Die Storyline war simpel: Das hässliche Entlein wird zum strahlend weißen und eleganten Schwan. Auch bei den Operationen waren die Kameras hautnah dabei, und auch unter der Haut. Zeigten das Blut, die grotesk geschwollenen Gesichter, die Hämatome und OP-Narben. Aber jede Episode schloss mit einem Happy End ab. Die Kandidatinnen wurden, noch mit dem Verband auf dem Gesicht, vor einen Spiegel geführt. Dann nahm man die Binden ab, das Mädchen blickte in den Spiegel und sah einen neuen Menschen.

In der Moderne haben die Menschen gelernt, ihr Leben nicht als gottgegebenes Schicksal zu begreifen, sondern als gestaltbares Projekt. Das Individuum ist nicht länger ein interessierter, aber passiver Leser der eigenen Biografie, sondern nimmt den Stift selbst in die Hand. Seine Autorenrechte will es uneingeschränkt wahrnehmen. Die Ideologie des Individualismus lautet: Jeder hat eine Chance! Dieses Denken krönt die Einzelperson zum Herrscher über ihr Leben. Biografische Determinanten wie Schichtzugehörigkeit gelten nicht mehr als Entschuldigung für Misserfolg. Durch den enormen medizinischen Fortschritt kann sich die menschliche Emanzipation nun auf den letzten Gegner des freien Willens stürzen, den Körper. Auch der wird zu einer veränderbaren Größe, zu einem Projekt, in das man viel Zeit, Geld, Leidensbereitschaft und Disziplin investieren kann. Und wenn man Werner Mang Glauben schenken darf, dann lohnt es sich.

Der topfitte Angestellte

Es ist kein Zufall, dass sich Fitnessstudios oft in alten Fabrikhallen befinden. Die antiquierten Maschinen sind abgebaut, das Schnaufen und Stöhnen ist geblieben. Metall schlägt auf Metall, Muskeln spannen sich – die Fitnessstudios sind Museen, in denen das industrielle Zeitalter für die Nachwelt konserviert wird. Im Studio der Mobilfunkfirma *O2* in München arbeiten die Angestellten nicht mehr an Fließbändern, sondern laufen auf ihnen kilometerweit ins Nirgendwo. Sie quälen sich nicht mehr mit der Dampframme, sondern an der Beinpresse. Die *O2*-Arbeiter erledigen in dieser postmodernen Turn- und Fabrikhalle konzentriert ihren Job. 15 Wiederholungen, 90 Sekunden Pause, dann wieder 15 Wiederholungen, drei Sätze an jedem Kraftautomaten, neun Maschinen pro Tag. Wenn sich einer der Sportarbeiter in die Rumpfmaschine zwängt und sich die dick gepolsterten Hebel auf die Brust legt, dann verschmilzt er mit dem Gerät. Er dreht den Oberkörper nach links und nach rechts, von außen ist nicht zu erkennen, wer hier wen bewegt, der Mensch die Maschine oder die Maschine den Menschen.

Die Angestellten, die hier trainieren, arbeiten im Marketing. Sie analysieren das Kundenverhalten oder optimieren Netzauslastungen, bewegen Nullen und Einsen statt Trizeps und Bizeps. Der einzige Widerstand, den sie spüren, ist die Feder ihres Drehstuhls und der extra-sanfte Gegendruck der Computer-Tastatur. Vielleicht ist ja deswegen das Fitness-Studio so beliebt in der IT-Branche. Weil man auch im digitalen Zeitalter den Körper spüren muss.

E.ON, *Unilever* oder der *Spiegel*-Verlag – immer mehr Unternehmen leisten sich Fitnessstudios. In den USA sind Firmen wie *Google* und *Electronic Arts* nicht mehr von betonierten Parkplätzen umgeben, sondern von Laufbahnen, Basketball-

und Fußballplätzen. Die Angestellten können die gekrümmte Wirbelsäule aufrichten, ausbrechen aus der Bürozelle. Sport ist ein gutes Ventil, man kann auf der Laufbahn entspannen und die Energie loswerden, die einem der Wissensarbeitsmarkt nicht mehr abkauft. Nicht so schön ist, dass vielleicht der Abteilungsleiter irgendwo versteckt im Gebüsch sitzt und die 400-Meter-Zwischenzeit stoppt. So absurd, wie sich der Gedanke anhört, ist er nicht: Die *Deutsche Post* verteilte Schrittzähler an ihre 140 000 Mitarbeiter im Innendienst, mit der Aufforderung, mindestens 10 000 Schritte am Tag zu gehen, am besten sogar 13 000.

Betriebssport war früher vor allem ein soziales Event. Wichtiger als der Spielstand oder die Zwischenzeit war die Kameradschaft, das Bier nach dem Spiel in der Vereinsgaststätte. »Schön und gut«, meint Swen Grauer, »aber das bringt nur wenig messbare Ergebnisse in Hinblick auf eine systematische Gesundheitsförderung«. Swen Grauer ist der Leiter des »Corporate Activity Programme« bei *O2*. Grauer ist 37 Jahre alt, durchtrainiert, braungebrannt, vor ein paar Tagen war er noch Surfen im Mittelmeer vor Barcelona. »Bei *O2* haben wir ein Gesundheitsmanagement, das möglichst alle Mitarbeiter erfasst. Ideal ist es, wenn jeder für seinen Körper und seine Gesundheit sorgt«, sagt Grauer, gestikuliert mit den Armen, ist begeistert von seiner großen Aufgabe, von der Revolution, die kommen wird; unter seinem T-Shirt sieht man die Brustmuskeln zucken, langsam kommt er richtig in Fahrt. »Viele Studien zeigen, dass Angestellte für 100 Prozent Leistung bezahlt werden, aber durchschnittlich nur 70 bringen. Der Arbeitgeber hat durchaus ein Recht auf die fehlenden 30 Prozent. Und deswegen kann er auch erwarten, dass sich die Leute fit und gesund halten, damit sie eben auch die vollen 100 Prozent geben können.« Swen Grauer sitzt in der Kantine von *O2*, scannt seine Umgebung, der Blick schweift langsam über die Mitarbeiter und bleibt an einem Bauch hängen, über dem sich das Hemd spannt. Grauer schüttelt den Kopf. Er spricht über Körperfettanteil, Rückenschmerzen, mangelnde Stressresistenz und den Tennisarm vom Mausklicken. Faktoren, welche die Produktivität mindern. »Viele Mitarbeiter von *O2* sitzen permanent am Computer und arbeiten überdurchschnittlich viel. Deswegen ist es wichtig, dass sie auch Sport treiben oder sich bewegen, denn wer fit ist, ist auch belastungsfähiger.« Swen Grauer ist ein Körperingenieur, der die humane Leistungskraft optimiert, an den richtigen Schrauben dreht und den Druck erhöht, damit auch genug Dampf ausgestoßen wird.

Ein Gerücht zirkuliert in den Bürofluren von *O2*, es stand auch schon in der Zeitung. Der Konzern will bis zu 700 der rund 4700 Arbeitsplätze in Deutschland abbauen. Die Personalkosten sind zu hoch, wie immer. Die Strukturen weiterhin zu starr. *O2* hat, wenn man so will, Speck angesetzt, jetzt muss die Firma wieder schlanker, muskulöser und sehniger werden, damit sie wendiger auf dem Markt agieren kann. Wer bleiben darf, muss die Jobs der gekündigten Kollegen mit übernehmen. Auf Grauer kommt viel Arbeit zu: Überlastungen, Burnout, akuter Erschöpfungszustand. Verletzungen wie beim Leistungssport – dort kann man durch gutes Training vorbeugen. Im Ultrakapitalismus muss der Angestellte jederzeit topfit sein und über hervorragende Sprintfähigkeiten, Ausdauerwerte und Nehmerqualitäten verfügen. Er ist immer im Alarmzustand, mit zuckenden Muskeln und gespannten Nerven wartet er auf den Startschuss.

Der Arbeitnehmer vermietet seinen Körper an den Arbeitgeber. Per Vertrag verpflichtet er sich, an einem gewissen Ort und zu einer gewissen Zeit Befehle seines Vorgesetzten zu akzeptieren. Die Nutzungsbedingungen weichen nun zunehmend auf. Der Angestellte verhält sich auch in seiner Freizeit so, wie es den Interessen der Firma entspricht. Arbeitsverträge regeln nicht mehr nur den Arbeitsablauf und seine Abrechnung, sondern implizit auch, welche Werte für den Angestellten gelten, was er in seiner Freizeit und mit seinem Körper machen darf. Sie definieren, was ein gutes Leben ist. Der *Soft contract* für die *Soft skills*. Die bereits erwähnte Anti-Ärger-Klausel der Firma *Nutzwerk* ist nur ein Beispiel dafür. Und was früher ein normaler Bestandteil des Tagesrhythmus war, die Raucherpause, wird heute zur verbotenen Handlung. Arbeitgeber wie die *WHO* oder die US-amerikanische Eisenbahngesellschaft *Union Pacific* stellen überhaupt keine Raucher mehr ein. Denn der Suchtkranke ist das Gegenstück zum vorzeigbaren, disziplinierten und fitten Mitarbeiter. Er achtet nicht auf seine Gesundheit, lässt sich gehen, hat sich nicht mehr unter Kontrolle. Derartige Schwächen werden nicht mehr toleriert. Die Berliner Druckerei *Laserline* zahlt allen Nichtrauchern einen monatlichen Bonus von 100 Euro. Um einen heimlichen Raucher zu überführen, engagierte man sogar einen Privatdetektiv, der den Übeltäter vor der Wohnungstür beim Paffen fotografierte. Das Arbeitsverhältnis wurde beendet.

Swen Grauer erwartet, dass die regulierenden Eingriffe der Arbeitgeber in Bereiche, die mal als Privatsphäre galten, in Zukunft stark zunehmen werden: »Ich kann mir schon vorstellen, dass es in ein paar Jahren eine Verpflichtung geben wird, etwas für Körper und Gesundheit zu tun.« Die Firmen wollen sich Produktivitätsausfälle durch unsportliche Mitarbeiter nicht mehr leisten und zwingen ihre Angestellten deshalb zum Training.

Joggen ist die perfekte Betätigung für den modernen Arbeitnehmer. Die Wörter »laufen« und »rennen« gehören schließlich auch in ein businessnahes Wortfeld: Fortschritt, Geschwindigkeit und Ziel. Joggen passt zum Geist der Zeit. Während 1998 noch etwa 2,2 Millionen Menschen regelmäßig ihre Runden drehten, waren es 2006 schon über fünf Millionen. Laufen ist der Sport für die Leistungsgesellschaft und als solcher von jedem spielerischen Element gereinigt. Außer der Leistung, der zurückgelegten Distanz, gibt es keine zusätzliche Variable – ein Ball, eine hohe Welle oder ein kleines Kunststück –, die intervenieren und vom Wesentlichen ablenken kann: der Optimierung des Körpers. Joggen ist ein Sport für Einzelkämpfer. Man muss sich nicht den Codes oder Interessen von Mannschaftsmitgliedern beugen, man ist, auf Wunsch, ganz allein, Einsatzzeiten und Ort sind flexibel. Im Sommer sieht man in deutschen Großstädten sogar mitten in der Nacht die Menschen ihre Runden drehen. Mit dem Marathon hat der Laufsport auch seine Apotheose in der Leistungsgesellschaft aufzuweisen. Manager und ganze Firmengruppen gehen an den Start, um sich unter Beweis zu stellen. Es geht nicht um die sportliche Leistung, ausgedrückt in Stunden, Minuten und Sekunden; es geht um die Leidenschaft und Leidensfähigkeit. Und diese Kerntugenden der Gegenwart demonstriert man am besten, indem man unter Schmerzen nach knapp vier Stunden mit blutigen Füßen ins Ziel taumelt. Man hat alles gegeben, für sich selbst und vielleicht auch ein wenig für den Arbeitgeber – und das demonstriert man stolz mit dem durchgeschwitzten Firmentrikot.

Die Laufgruppe bei *O2* geht ähnlich akribisch und analytisch vor wie bei einem Business-Projekt. Vor dem Trainingsbeginn steht der körperliche Check-up. Blutdruck, Körperfettanteil, Laktatwerte. Dann wird für jeden Sportler ein exakter und persönlicher Plan erstellt. Das Ziel: die Grenze zu verschieben, jede Woche ein kleines Stück. Wenn die Laufgruppe durch den Olympiapark joggt, ist Hochtechnologie im Einsatz. Ein Chip im Turnschuh misst Schrittfrequenz und Geschwindigkeit, eine Uhr ermittelt Pulsschläge und verbrannte Kalorien. Die Ergebnisse können später am Computer ausgewertet werden. Zweimal trainiert das Firmenteam in der Woche. Das Jogging-Date steht im Kalender neben einer Kundenpräsentation und einem Mitarbeitergespräch und ist ähnlich verbindlich.

In einheitlicher Kleidung laufen die Computerfachleute und Marketing-Menschen durch den Park. Silbern glitzern die Trikots in der Abendsonne. Ein gleichmäßiges Tempo, niemand fällt zurück. Diese Bilder könnte man auch für einen Werbespot des Unternehmens verwenden. Der Werbeslogan – »O2 can do« – klingt ohnehin wie der Spruch eines anderen großen Motivationskonzerns, *Nike*, »Just do it«. Das Image einer Firma wird nicht nur von der Geschichte der Marke, von Produkt und Marketing bestimmt, sondern auch von den Körpern der Mitarbeiter. Sie sind Werbe- und Sympathieträger. Sie machen Reklame für sich und die Firma, innerhalb und außerhalb der Arbeitszeit – und dafür braucht es natürlich das richtige Aussehen. Zur *Corporate Identity* tritt der *Corporate Body*.

Der Körper als Visitenkarte

Je weniger wir mit dem Körper arbeiten, desto mehr arbeiten wir an ihm. Der digitale Fortschritt hat den Körper nicht überflüssig gemacht, wie manchmal behauptet wird, sondern ihm nur neue Funktionen zugewiesen. Auf der einen Seite ist er der Lieferant von Energie und Adrenalin für die aufreibende 14-Stunden-Schicht, auf der anderen ist er die fleischgewordene Visitenkarte unserer Ambitionen.

Der Arbeitsmarkt fordert Schönheit, Schlankheit und Fitness explizit ein, Menschen mit krummer Nase und hohem

Körperfettanteil haben keine Chance. Die Künstler der Selbstausbeutung verwandeln sich in Analysten ihres körperlichen Kapitals. Immer genauer ermitteln sie die Zusammensetzung des leiblichen Aktiendepots. Das Ziel sind höhere Renditen auf dem Partnerschafts- und Arbeitsmarkt, die ohnehin nach den gleichen Prinzipien funktionieren: Jugend und körperliche Attraktivität. Der Arbeitnehmer der Zukunft ist nicht nur jederzeit erreichbar und voll belastbar – er muss auch jederzeit vorzeigbar sein. Eine Aufgabe, die ihn auch dann noch beschäftigt, wenn sein eigentlicher Arbeitstag in der Firma schon vorüber ist. Als Überstunden darf er diese Zeit allerdings nicht verrechnen. Im postindustriellen Kapitalismus geht die Firma davon aus, mit dem Gehalt nicht nur Arbeitszeit und Arbeitskraft eingekauft zu haben, sondern die ganze Person, 24 Stunden am Tag. Und so sind der Kauf eines neuen Anzugs, *Home-Bleaching* und *Body-Styling* nichts weiter als eine körperbezogene Projektarbeit, die im Arbeitsvertrag implizit festgehalten ist. Vielleicht sollte man wenigstens das Geld für die Schönheits-OP von der Steuer absetzen können: als Werbungskosten.

8. GEDRILLT FÜR DEN ERFOLG

Um ihre Kleinen auf die Anforderungen des Weltmarkts vorzubereiten, scheuen Eltern keine Mühen. 16-Jährige gehen zum Karriereberater, Vierjährige zum Chinesischunterricht, und Embryonen werden zur Intelligenzsteigerung im Mutterleib mit klassischer Musik beschallt.

Chinesisch ist eine einfache Sprache. Zwar sehen die Schriftzeichen altertümlich aus und scheinen besser auf alte Bronzemünzen oder an die Wände zerfallender Tempel zu passen als in eine PDF-Datei, aber die Symbole folgen einer einfachen visuellen Logik: Das Zeichen für Haus zum Beispiel hat ein Dach, gebaut aus einem Dreieck. Auch die Grammatik ist recht unkompliziert, es existieren keine verschiedenen Zeitformen, die Verben werden nicht konjugiert. »Ich liebe dich« heißt auf Chinesisch: »Ich lieben du.«

»Die chinesische Sprache ist wie gemacht für Kinder«, sagt Carol Chang-Cheng. Sie unterrichtet an der Frankfurter *Mulan-School* Mandarin für Vierjährige – das bisher einzige Angebot dieser Art in Deutschland. Für ehrgeizige Eltern muss das sehr attraktiv klingen. China wird in den nächsten Jahren Deutschland als drittgrößte Wirtschaftsmacht der Welt überholen. Die Handelsbeziehungen zwischen Bundes- und Volksrepublik werden immer enger. Wer sich mit Geschäftspartnern in ihrer Muttersprache unterhalten kann, hat einen Vorteil. In New York gelten chinesische Nannys bereits als das Statussymbol schlechthin – die teuren Kindermädchen passen nicht nur darauf auf, dass der Nachwuchs nicht zu viel vor dem Fernsehapparat hängt, sondern kümmern sich auch um zweisprachige Erziehung. Im Berliner Elite-Kindergarten *Villa Ritz* – monatliche

Gebühren bis zu 1 000 Euro – soll ebenfalls schon bald Mandarin angeboten werden.

Manchmal sieht es aus, als würde Carol Chang-Cheng statt Mandarin Gymnastik unterrichten. Sie hüpft auf der Stelle, wirft die Arme nach oben, eine animierte Befehlsform. Chang-Cheng muss sich anstrengen, um die Aufmerksamkeit der Kinder zu bekommen: »Mama, ich lieben du. Mama, ich lieben du«, skandiert sie, immer wieder. »Jetzt sag du«, ruft sie und zeigt mit ausgestrecktem Finger auf die kleine Elena. »Mama, ich lieben du. Mama, ich lieben du.« Doch Elena reagiert nicht. Nach dem dritten vergeblichen Versuch setzt sich Chang-Cheng hin, zieht Elena auf ihren Schoß, hält sie dort mit der rechten Hand und klopft mit der linken auf den Tisch, tack, tack, tack, wie ein Metronom. »Mama, ich lieben du. Papa, ich lieben du.« Irgendwann fällt Elena in diesen Singsang ein, ganz leise und schüchtern. Vielleicht wiederholt sie den Satz, vielleicht singt sie auch nur ein Lied ohne Sinn. Die Bedeutung eines Wortes hängt im Chinesischen auch von der Höhe des Tons ab, mit der es ausgesprochen wird. Spricht Elena zu tief, sagt sie nicht »Mama«, sondern »Pferd«. Aber darauf kommt es nicht an. Elenas Mutter wird nicht merken, wie sie genannt wird, sie freut sich, wenn Elena heute Abend das eingeübte Wortkunststück im Familienkreis vorführt, ist zufrieden mit ihrem Kind und mit sich selbst.

Jedes Kind ist ein Star

Chinesisch in der Vorschule, Physik im Kindergarten – Frühförderung boomt. An den privaten *Helen-Doron-Schulen* lernen mittlerweile 23 000 Kinder zwischen einem und 14 Jahren Englisch. Die Schülerzahlen steigen schnell an, vor einem Jahr waren es nur 14 000. Das neueste Angebot: Englisch für Säuglinge ab drei Monaten. Das US-Unternehmen *FasTracKids* hat im Januar 2007 in Berlin seine erste Dependance eröffnet und bietet den drei- bis sechsjährigen Schülern einen umfassenden Lehrplan: zwölf verschiedene Fächer, unter anderem Astronomie, Biologie, Mathematik, Naturwissenschaften, Kommunikation, Literatur. Im Wirtschaftsunterricht sollen die Kinder eine Werbestrategie entwickeln, in der Einheit »Goals and Life Lessons« lernen sie, sich im alltäglichen Leben Ziele zu setzen und diese auch zu erreichen.

In den USA schauen bereits 42 Prozent aller Kinder unter zwei Jahren täglich ein didaktisches Video, der Bundesstaat Georgia schenkt sogar jedem Elternpaar gleich nach der Entbindung eine Lern-DVD zur Frühförderung des Babys. 14 Milliarden Dollar Umsatz macht *Disney* mit pädagogischen Filmchen für die ganz Kleinen. Die DVDs werden mittlerweile auch in Deutschland angeboten. Stoffhasen und Spielzeugeisenbahnen wackeln über den Bildschirm, ein Kinderchor rezitiert Verse und singt auf Deutsch oder Englisch Lieder. »Baby Bach«, »Baby Shakespeare« oder »Baby Einstein« heißen die DVDs und verkünden die gute Nachricht schon im Titel: Auch dein Kind kann ein Genie werden. Du musst es nur wollen.

Deutschland gilt im Bereich der Frühpädagogik als der am schnellsten wachsende Markt weltweit. Das ist eine Reaktion auf den Pisa-Schock. Zu Beginn des neuen Jahrtausends musste die deutsche Gesellschaft nach einer komparativen Studie der *OECD* auf die harte Tour lernen, dass ihre Bildungseinrichtungen im internationalen Vergleich im Tabellenkeller zu finden sind, dass Finnen und Koreaner ihre Kinder besser auf die Zukunft vorbereiten. In der Schule lernt man fürs Leben, hieß es immer, aber man lernt nicht genug für das Leben im 21. Jahrhundert. Heute ist Bildung vor allem ein Mittel zum Zweck. Die Leistungsgesellschaft erobert einen weiteren, bisher vor ihr geschützten Raum: das Kinderzimmer. Training von klein auf – das gab es bisher nur für einige wenige Kinder, die von ihren Eltern auf den Tennisplatz, ins Fernsehstudio oder auf eine Schönheitskonkurrenz gezerrt wurden, um sie auf eine große Karriere vorzubereiten. Jetzt soll jeder ein Jahrhunderttalent sein. Und wie die – später oft unglücklichen – Kinderstars werden die jungen Künstler der Selbstausbeutung schon als Zweijährige auf den Markterfolg hin getrimmt.

Lernen statt spielen

Die Sonne scheint, es ist einer dieser schönen ersten Sommertage. Elena könnte auf der Straße spielen oder im Planschbecken, sie blickt aus dem Fenster, aber draußen gibt es keine Ablenkung. Aus ihrem Blickwinkel kann sie nur die Türme der *Deutschen Bank* sehen: Leistungsanforderungen, überall. Jetzt soll sie mit den drei anderen Kindern im Kurs eine Art bilinguales Memory spielen. Auf einigen Karten sind die Fahnen von Belgien, England, Deutschland und Frankreich aufgemalt, auf den restlichen Karten stehen die passenden Ländernamen in Mandarin. Die Schriftzeichen findet Elena langweilig, sie interessiert sich nur für die bunten Farben, für die *Tricolore* und Schwarz-Rot-Gold, wenn sie eine Mandarin-Karte umgedreht hat, wirft sie diese sofort weg. In gewisser Weise verkörpert Elena in diesem Moment die Miniaturversion des deutschen Arbeitnehmers, der sich nicht für die Globalisierung und ihre Arbeitsbedingungen interessiert, und der, glaubt man Politikern und Wirtschaftsexperten, zu seinem Glück gezwungen werden muss.

Chang-Cheng ist laut, resolut, streng, keine Kuschelpädagogin. Vielleicht sollen die Kinder in der *Mulan-School* ja nicht nur eine Sprache lernen, sondern auch Disziplin, Kontrolle und Lerneifer, also Tugenden, die Kindern in der chinesischen Kultur schon extrem früh beigebracht werden. »In dem Privatkurs für Kleinkinder und ihre Mütter in Peking lösen Zweijährige anspruchsvolle mathematische Zuordnungsprobleme im Minutentakt«, berichtet die Kulturwissenschaftlerin Donata Elschenbroich. »Dreijährige rechnen bis in die Zehner- und Hunderterreihen, sie widmen sich diffizilen feinmotorischen Aufgaben mit Essstäbchen und an Knopflöchern, sie lesen erste Schriftzeichen, rufen im Chor englische Slogans. Sie üben unbedingte Konzentration auf gestellte Aufgaben und zügiges Arbeiten.« Später werden die gedrillten chinesischen Kinder in Konkurrenz zu Elena treten – darauf wollen deutsche Eltern ihre Kleinen vorbereiten, eine Art Rüstungswettlauf der Lehrmethoden, ein kalter Krieg der Bildung.

Kindheit im Wandel

Drei Bilder von der Kindheit: Ein altes Ölgemälde aus dem 16. Jahrhundert. Kinder arbeiten auf dem Feld. Sie tragen Hüte und zu weite Jacken und sehen aus wie zu klein geratene Erwachsene. Ein Familienfoto Anfang des 20. Jahrhunderts, schwarz-weiß: Der Vater sieht nicht in die Kamera, sondern lässt seinen Blick ernst über Buben mit Seitenscheitel und Mädchen mit streng gebundenen Zöpfen schweifen. Ein Polaroid aus den siebziger oder achtziger Jahren: Kinder spielen am Strand, nackt, das Bild ist in das warme Gelb einer Zeit getaucht, die längst vergangen ist.

Der Begriff »Kindheit« wurde im Mittelalter geprägt, für den Zeitabschnitt, den menschliche Wesen benötigen, um Sprache und Motorik zu erlernen, und um zu begreifen, in was für eine Welt sie da überhaupt geworfen wurden. Dass Kindheit ein freier Raum für den Nachwuchs sein sollte, diese Vorstellung setzte sich erst im Laufe der Zeit durch. In der zweiten Hälfte des 20. Jahrhunderts war Kindheit dann ein Synonym für Freiheit und Spaß. Die anarchischen Szenen in den Kinderläden der siebziger Jahre waren so etwas wie die Antithese zur strengen Zucht und Ordnung der mittelalterlichen Gesellschaft. Daran, wie eine Gesellschaft ihre Kinder behandelt, kann man ihre Werte ablesen. Im 21. Jahrhundert klingt der Begriff Kindheit nicht mehr nach Freiheit, sondern nach Chance. Vielleicht ist das Wort sogar total veraltet, vielleicht ist »Zeitfenster« ein besserer Begriff, so bezeichnen Hirnforscher die ersten Jahre im Leben eines Menschen, in denen die neuronalen Strukturen angelegt werden. Kleinkinder lernen in den ersten drei Lebensjahren scheinbar ohne Anstrengung bis zu 30 Wörter täglich und können jeden möglichen Laut einer Sprache problemlos imitieren. Ein paar Jahre steht das Zeitfenster offen, ab dem siebten Lebensjahr beginnt es sich zu schließen, spätestens mit elf klappt es endgültig zu. Jetzt ist es nur noch in Ausnahmefällen möglich, eine Fremdsprache perfekt zu erlernen. So sehr wir auch rütteln und so oft wir auch gegen die Scheibe klopfen. Das Fenster geht nicht mehr auf.

Kindliche Neugier allein genügt nicht mehr. In Chinesisch-, Englisch-, und Physikkursen werden Kleinkinder mit lerntechnischen Inhalten – Vokabeln, Formeln, Regeln – beschallt. Input, der notwendig ist, damit sich neuronale Netzwerke verknüpfen. Der Chip muss programmiert werden, möglichst früh, intensiv und dicht. Nur so wird er später einwandfrei funktionieren und effiziente Lösungen errechnen.

Andreas Mertens ist einer dieser stolzen und besorgten Väter. Nach der Stunde verstaut er Elena und deren einjährige Schwester, die noch zu jung für den Unterricht ist, im Auto und kommt dann noch mal zurück zu Carol Chang-Cheng. In der rechten Hand hält er eine Windel seiner Jüngsten, kommt aber nicht dazu, sie wegzuwerfen. Er hat drängendere Sorgen, bemüht sich aber immerhin, nur mit der freien linken Hand zu gestikulieren. »Ich frage mich, was mit Elena los ist«, bricht es aus Mertens hervor. »Ich habe die Befürchtung, dass sie den Unterricht gar nicht mehr so schätzt. Wenn ich sie zu Hause Vokabeln abfrage, antwortet sie nicht. Ich frage mich, ob das nicht zuviel wird, Chinesisch hier, dann noch Englisch im Kindergarten. Packt sie das alles?« Chang-Cheng hört geduldig zu, scheint nicht überrascht zu sein, das Problem ist ihr bekannt. »Warten Sie einfach einmal ab«, rät sie Mertens, »die Kinder brauchen Zeit, um sich zu gewöhnen.« Sie sagt nicht, woran sich die Kinder eigentlich gewöhnen müssen: an eine fremde Sprache oder an die Erwartungen der Eltern.

Mertens opfert seinen freien Montagnachmittag für die Zukunft seiner Tochter. Während er auf Elena wartet, nimmt er ebenfalls Chinesischunterricht, aus Interesse, wie er sagt, aber auch, um mit seinem Kind zu Hause üben zu können. Er hat einen Masterplan fürs Leben entworfen, will nichts dem Zufall überlassen. Er verhält sich wie der Vater des Golfstars Tiger Woods, der seinem Sohn schon einen Golfschläger in die Hand drückte, als der noch nicht einmal laufen konnte. Frühkindliche Förderung ist auch ein Statussymbol, sie erhöht nicht nur den Bildungsstand der Kleinen, sondern auch das Selbstwertgefühl ihrer Eltern. Man tut etwas, kümmert sich, ist verantwortungsvoll, anders als diese Eltern aus der Unterschicht, die ihre Kinder vor dem Fernseher und mit Chipstüten in der Hand verwahrlosen lassen.

Im Klassenzimmer der *Mulan-School* hängt ein Plakat, auf dem die Namen von Elena und ihren drei Klassenkameraden stehen. Dahinter trägt Carol Chang-Cheng in jeder Stunde mit einem dicken grünen Edding Punkte und Sterne ein. Für jede gute Leistung – eine erratene Vokabel, fehlerloses Zählen von Null bis Zehn – gibt es einen Punkt, für fünf Punkte erhalten die Kinder einen Stern. Elena hat nur 22 Punkte, vier Sterne, und das macht ihrem Vater Sorgen. Während des Gesprächs mit Chang-Cheng fragt er dreimal: »Wie steht die Elena denn so im Vergleich mit den anderen?« Der Vergleich zählt, der kleine Unterschied, der Rückstand zu den anderen Kindern darf sich nicht vergrößern, so schnell wie möglich muss Elena wieder Anschluss an die Spitzengruppe finden. Aber Elena soll ihre großen Siege nicht in Wimbledon oder Augusta erringen, sie soll keinen Pokal nach Hause bringen, nur einen guten Job. Andreas Mertens sagt: »Ich will, dass sie sich später keine Sorge um einen Arbeitsplatz machen muss.« Wie gesagt, Elena ist gerade mal vier Jahre alt.

Nicht nur in der *Mulan-School* werden die Leistungen der Schüler permanent ermittelt und verglichen. In vielen Kindergärten gibt es bereits Wissens- und Sprachtests, in der Grundschule geht der Klassenkampf der neuen Art dann weiter. Spätestens in der vierten Klasse, mit zehn Jahren, erreichen die Kinder im deutschen Bildungssystem dann die wichtigste Kreuzung des Lebens. Der Notenschnitt im Zeugnis entscheidet darüber, ob sie auf das Gymnasium, die Real- oder Hauptschule gehen. Die Lebenschancen werden nach einem rigorosen Schema verteilt: 2,33 reicht für ein gutes Leben, 2,66 immer noch für die Realschule – alles, was schlechter ist, ist der Untergang. Vor fünf Jahren konnten Eltern noch über eine Fünf grinsen. »Heute brechen da Zukunftsängste aus«, berichtet der Journalist Rainer Stadler, der monatelang eine vierte Klasse begleitete.

Gegen die Angst vor dem sozialen Abstieg gibt es nur ein Mittel: investieren. Der Name *FasTracKid* für die amerikanische Kleinkinder-Rundumschule ist Programm: *Fast track* heißt Überholspur, ein Slogan aus der Business-Gesellschaft: Keine Zeit für Leute, die vor sich hintrödeln, nach links und rechts schauen und auch mal einen Seitenweg nehmen, anstatt immer geradeaus nach vorne zu brausen. Und so, wie man sich in den USA in einigen Bundesstaaten das Recht kaufen kann, auf dem Highway die Überholspur zu befahren, so kaufen sich auch ehrgeizige Eltern für ihre Kinder freie Fahrt auf dem Bildungsweg. Eine DVD kostet 15 Euro, der Chinesischkurs in der *Mulan-School* etwa 260 Euro für drei Monate. Zwei Milliarden Euro geben die Deutschen jedes Jahr für Nachhilfeunterricht aus, schon Grundschüler werden zur besseren Förderung auf englische Elite-Internate geschickt, *Baby-Braindrain*. Von Chancengleichheit redet niemand mehr. Die Pisa-Studien haben gezeigt: Kinder aus hohen sozialen Schichten haben gegenüber gleich intelligenten Kindern aus Arbeiterfamilien bis zu sechsfach höhere Bildungschancen. Dank der monetären und ideellen Anstrengungen der besorgten Mittel- und Oberschicht – sie haben Ressourcen und oft auch Zeit, sich intensiv um die Kinder zu kümmern – wird die bestehende Ungleichheit in der Gesellschaft noch verstärkt.

Dem Lerneifer sind keine Grenzen gesetzt, nicht einmal biologische. »You are never too young to learn«, heißt es auf der Webseite der amerikanischen Firma *BabyPlus*, die auch in Deutschland aktiv ist. Sie bietet eine Art Walkman an, den sich die werdende Mutter um den Bauch bindet. »Das wertvollste pädagogische Bildungssystem, das je entwickelt wurde«, schreibt die Firma. »Ähnlich einem pränatalen Vitamin, das das Ernährungsklima eines ungeborenen Kindes während der Schwangerschaft anreichert, wirkt unser Lehrplan auf das Gehörklima des Kindes. *BabyPlus* regt die einfache Klangunterscheidung bei einem ungeborenen Kind an, zwischen der gleich bleibenden ›Sprache‹ des mütterlichen Herzschlags und dem ähnlichen, dennoch unterschiedlichen Rhythmus des patentierten *BabyPlus*-Systems.« 70 000 Geräte hat die Firma weltweit schon verkauft. Das Herz der Mutter, so ließe sich die Botschaft des Geräts interpretieren, schlägt einfach nicht mehr schnell und stark genug. Wer sein Kind wirklich liebt, der schnallt sich ein Zweitherz um den Bauch.

Karriere-Coach für Schüler

Matthias Trüper ist ein Mann in den Fünfzigern, er trägt einen gemütlichen, weinroten Pulli, lehnt sich in seinem Sessel zurück und faltet die Hände über dem Bauch, eine Opageste, die Vertrauen schafft, es sieht aus, als wolle er ein Märchen erzählen. Allerdings handelt seine Erzählung nicht von Königen und Prinzessinnen oder davon, dass, wie bei »Sterntaler«, die sozial Schwachen von einem wohlfahrtsstaatlich orientierten Gott gerettet werden. Sondern von Menschen, die nicht warten, bis das Glück vom Himmel fällt. Drei Jungs, die eine Internetplattform gründeten, sie *YouTube* nannten und heute Milliardäre sind, solche Geschichten gefallen Trüper.

Matthias Trüper ist Karriere-Coach für Schüler. Die Tatsache, dass man einen solchen Beruf erfolgreich ausüben kann, erzählt viel über die Gegenwart. Bis vor einigen Jahren gab es noch eine logische Reihenfolge, fast ein Naturgesetz. Wer es irgendwie durch das Gymnasium schaffte, der ging an die Uni. Und wer durch die Uni kam, der ergatterte danach auch einen Job, normalerweise einen guten, einen fürs ganze Leben. »Diese Sicherheiten existieren heute nicht mehr«, erklärt Trüper. »Weil das so ist, sollten die Jugendlichen keine Zeit verschwenden. Die berufliche Karriere, das passende Studienfach, die richtige

Universität, eventuelle Auslandsaufenthalte – dafür kann und sollte schon während der Schulzeit die Planung begonnen werden.« Auf seinem geringen Alter kann man sich nicht mehr ausruhen. »Die erhöhte Konkurrenz um einen Beruf, gerade auch in Zeiten globaler Ansprüche, die soziale Beschleunigung und der unübersichtliche Berufsmarkt verlangen kompetente und rechtzeitige Beratung.« Mit kompetenter Beratung meint er natürlich sich selbst.

Trüper bemüht sich, nicht von Kindern zu sprechen, sondern von Kunden, manchmal sagt er aus Versehen das falsche Wort, dann verbessert er sich sofort. Am besten ist es, wenn die Kunden sehr jung sind. »Im Idealfall kommen sie in der elften Klasse zu mir.« Trüper erstellt dann zusammen mit einem Psychologen ein umfangreiches Begabungsprofil, einen ganzen Tag nimmt das in Anspruch. Mit Hilfe zweier Tests werden Persönlichkeitsstruktur und Berufsorientierung ermittelt, Werte wie Leistungsmotivation, Führungsmotivation und Belastbarkeit abgefragt und bewertet, Schulnoten auch mal bis in die achte oder neunte Klasse zurückverfolgt. Anschließend besprechen Kunde und Berater die Ergebnisse so lange, »bis sich eine klare berufliche Orientierung ergibt«. Trüper analysiert die Kinder, nein: Kunden wie ein Unternehmensberater eine Firma. »Es geht um Fragen wie: Was sind die wirklichen Interessen? Wie ist der Kunde aufgestellt?«

An die Beratung schließt sich ein Betreuungsangebot an. Geht es beispielsweise um eine Bewerbung an einer amerikanischen Elite-Uni, berät Trüper bei der Auswahl, sorgt für die Übersetzung der Zeugnisse und coacht für ein eventuelles Bewerbungsgespräch. Macht etwa 850 Euro. Für 1200 bis 3800 Euro ist Trüper zwei Jahre lang Ansprechpartner des Schülers. Er steht zur Seite, merkt, wenn Leistungskurve und Motivation absinken. Ein outgesourctes schlechtes Gewissen.

Leistungsdruck, Karrierebewusstsein und Versagensängste hat der amerikanische Autor Ned Vizzini in seinem 2007 auf Deutsch erschienenen Roman »Eine echt verrückte Story« beschrieben. Das Buch handelt von Craig Gilner, einem 15-jährigen Teenager, der es auf ein Elite-College schaffen will und dafür in den High-School-Tests ein möglichst gutes Ergebnis erzielen muss. Im ersten Jahr bekommt er nur 93 Punkte. »Meine Eltern fanden das gut. Das Dumme ist bloß, in der realen Welt sind 93 ein mieses Ergebnis: Colleges wissen, was das heißt – du bist gerade gut genug, die 90er Grenze zu überschreiten. Solche wie dich gibt es viele. Du kommst nicht bis an die oberste Spitze.« Nur mit einem herausragenden Ergebnis schafft man es auf ein gutes College und auf eine Elite-Uni, nur mit dem perfekten Abschluss bekommt man einen guten Job, und nur mit einem guten Job hat man ein glückliches Leben. Diese Kausalkette der Leistungsgesellschaft hat Craig verinnerlicht. Er vergleicht sein Leben – sein Haus, sein Auto, seine Mädchen – mit denen, die es geschafft haben, den Jungmilliardären mit Traumfrau und Traumvilla, den Protagonisten des *YouTube*-Märchens, und fühlt sich als Versager. Irgendwann landet er dann in der Psychiatrie.

Die Hippies träumten davon, die Welt zu verändern; die »Generation X« hingegen wollte nur noch in Ruhe gelassen werden. Heute eint Jugendliche wie Craig Gilner oder die Kunden von Trüper die Sorge um die Zukunft und der Wille, sich möglichst perfekt den Bedingungen der freien Marktwirtschaft anzupassen. »Noch zu Beginn der neunziger Jahre wurde die Jugendzeit als psychosoziales Moratorium angesehen, in der die persönliche Zukunft als weitgehend entkoppelt von der gesellschaftlichen Zukunftsperspektive galt. Der Statusübergang direkten Berufsanschluss haben? Wer hat während eines dreijährigen Bachelorstudiengangs Sozialwissenschaften und zwischen drei berufsvorbereitenden Praktika noch genug Zeit, um sich durch die 1164 Seiten von Luhmanns »Gesellschaft der Gesellschaft« zu kämpfen? Außergewöhnliche Leistungen entstehen oft, weil einer einfach für eine Sache sein Herz gibt, ohne nach dem konkreten Ergebnis für den Lebenslauf zu fragen. Einstein hat keine »Baby-Einstein-DVD« gebraucht und keinen Karriereplan von Matthias Trüper – und wer weiß, was der ihm empfohlen hätte.

In den letzten Jahren haben Zeitungen und Zeitschriften viel geschrieben über den Jugendwahn und die Anstrengungen älterer Menschen, mittels Röhrenjeans, Schönheitsoperationen, Drogen oder schlichter Ignoranz die Phase der Adoleszenz bis zur Verrentung zu verlängern. Weitgehend unbemerkt hat aber auch eine umgekehrte Entwicklung stattgefunden. Jugendliche und sogar Kinder sehen sich genötigt, Gedanken und Einstellungen zu übernehmen, die aus der Erwachsenenwelt stammen. Diese Prozesse sind nicht widersprüchlich, sondern ergänzen sich. Alt und Jung treffen sich in der Mitte, ungefähr in den Dreißigern, dem Traumalter für jeden Personalchef. Ein 30-Jähriger hat sich die Flausen aus dem Kopf geschlagen, kennt sich aus, ist stark, fit und uneingeschränkt einsetzbar, braucht wenig Schlaf und Urlaubstage. So nähern wir uns von beiden Seiten einer *Uni-Age-Gesellschaft* an. Die Sorge um Karriere und Beruf eint die Generationen.

zum Erwachsenen wurde bis weit ins dritte Lebensjahrzehnt hin verschoben«, erklärt der Soziologe Günter Voß. Mittlerweile hat die Krise der Arbeitsgesellschaft auch die Jungen erreicht. »Jugendliche sind zunehmend mit den Anforderungen einer aktiven Lebensplanung und Lebensführung belastet, bei der die Angst vor der Arbeitslosigkeit eine große Rolle spielt.« Auch der Bielefelder Jugendforscher Klaus Hurrelmann glaubt, einen Mentalitätswandel der Jugendlichen beobachten zu können. Seine »Shell-Studie« zeichnet das Bild einer skeptischen Generation, die auf sich selbst vertraut, aber wenig von der Zukunft erwartet. Die Bedeutung von Fleiß und Ehrgeiz für die Lebensgestaltung verstärkt sich und wird mit Werten wie Toleranz und Kreativität vermischt. »Verglichen mit älteren Generationen sind die Angehörigen dieser Generation besser zu motivieren und besser einzusetzen.« Klaus Hurrelmann nennt sie »Ego-Taktiker«. Perfekte Individualisten, die nicht mehr auf Solidarität und Gemeinschaft vertrauen, sondern einfach nur noch auf sich selbst. Die Jugendlichen analysieren, was der Markt verlangt, und liefern dann das gewünschte Produkt in Form eines passenden Lebenslaufs, der richtigen Praktika oder eines gefragten Studiengangs. Sie folgen den Tipps von *Focus* und *Spiegel*. »So machst Du Karriere«, »Schnell studieren, perfekt abschließen«, »Sofort zum Erfolg«. Der Gedanke, ein Studienfach zu belegen, weil es einen ganz einfach interessiert, erscheint als hoffnungslos naiv. Dabei hat Wilhelm von Humboldt auf diesem Ideal der Zweckfreiheit die deutsche Universität begründet.

Der erhöhte Planungs- und Trainingsaufwand muss nicht automatisch zu herausragenden Ergebnissen führen. Vielleicht verhindern die vom Markt diktierten Effizienzkriterien gerade die wirklich besonderen Leistungen. Welcher Abiturient interessiert sich noch für geisteswissenschaftliche Fächer, die keinen direkten Berufsanschluss haben? Wer hat während eines dreijährigen Bachelorstudiengangs Sozialwissenschaften und zwischen drei berufsvorbereitenden Praktika noch genug Zeit, um sich durch die 1164 Seiten von Luhmanns »Gesellschaft der Gesellschaft« zu kämpfen? Außergewöhnliche Leistungen entstehen oft, weil einer einfach für eine Sache sein Herz gibt, ohne nach dem konkreten Ergebnis für den Lebenslauf zu fragen. Einstein hat keine »Baby-Einstein-DVD« gebraucht und keinen Karriereplan von Matthias Trüper – und wer weiß, was der ihm empfohlen hätte.

In den letzten Jahren haben Zeitungen und Zeitschriften viel geschrieben über den Jugendwahn und die Anstrengungen älterer Menschen, mittels Röhrenjeans, Schönheitsoperationen, Drogen oder schlichter Ignoranz die Phase der Adoleszenz bis zur Verrentung zu verlängern. Weitgehend unbemerkt hat aber auch eine umgekehrte Entwicklung stattgefunden. Jugendliche und sogar Kinder sehen sich genötigt, Gedanken und Einstellungen zu übernehmen, die aus der Erwachsenenwelt stammen. Diese Prozesse sind nicht widersprüchlich, sondern ergänzen sich. Alt und Jung treffen sich in der Mitte, ungefähr in den Dreißigern, dem Traumalter für jeden Personalchef. Ein 30-Jähriger hat sich die Flausen aus dem Kopf geschlagen, kennt sich aus, ist stark, fit und uneingeschränkt einsetzbar, braucht wenig Schlaf und Urlaubstage. So nähern wir uns von beiden Seiten einer *Uni-Age-Gesellschaft* an. Die Sorge um Karriere und Beruf eint die Generationen.

9. LEIDENDE ANGESTELLTE

Stress, Druck und permanente Verfügbarkeit machen immer mehr Menschen krank. Burn-out und Arbeitssucht sind Statussymbole des modernen Angestellten. Mit Medikamenten wird der müde Körper aufgeputscht.

Abhängigkeit bezeichnet die *WHO* als »einen seelischen, eventuell auch körperlichen Zustand, der dadurch charakterisiert ist, dass ein dringendes Verlangen oder unbezwingbares Bedürfnis besteht, sich eine Substanz fortgesetzt und periodisch zuzuführen«. Abhängig, das sind die Banker in Anzug und Krawatte, die bei minus 15 Grad vor der Drehtür stehen, in gebückter Haltung, in ihren steif gefrorenen Fingern halten sie eine Zigarette. Die Junkies am Bahnhof oder im Park. Die Hausfrau, die jeden zweiten Tag eine Flasche Wodka zwischen den Reinigungsmitteln versteckt. Polizei und Pädagogen warnen Kinder und Eltern vor Sucht auslösenden Stoffen, die Namen klingen fremd und bedrohlich: Ethanol, Nikotin, MDMA, Crystal Meth. Eine Suchtquelle taucht auf dieser Gefahrenliste nicht auf, dabei ist sie besonders gefährlich. Eine Droge, die man nicht aus seinem Leben verbannen kann. Ihr Konsum ist akzeptiert, sogar erwünscht, denn sie bildet die Basis der individuellen Selbsterhaltung und der gesellschaftlichen Reproduktion.

Fabian Schürler ist auch in Jeans und Polohemd perfekt angezogen, die Frisur sitzt, jedes Haar scheint an der richtigen Stelle zu liegen. Der 38-Jährige sitzt in einer Hotellobby. Geschäftsleute laufen an ihm vorbei zum nächsten Termin, hantieren nervös mit ihren *Blackberrys*, Telefone klingeln. Fabian Schürler ist ganz ruhig, dies ist seine Welt. Er ist einer dieser Menschen, die im Café nicht nach der Kellnerin zu winken brauchen, sie kommt von ganz alleine, dabei hat er einfach nur freundlich gelächelt. Er besitzt »natürliche Autorität«, wie er sagt, und die braucht er als Gebietsleiter einer Drogeriekette auch. Ihm unterstehen acht Filialleiter. Er hat es geschafft, hat Karriere gemacht und noch viel vor.

Man sieht ihm nicht an, dass er am Rande des Wahnsinns balanciert. Jeden Tag.

Fabian Schürler ist abhängig von seiner Arbeit, süchtig nach dem Kick des Erfolgs, nach dem Gefühl, unbedingt gebraucht zu werden, unersetzlich zu sein. Seine Sucht hält er nur mit äußerster Disziplin unter Kontrolle – und mit der Unterstützung von Freunden. Jeden Samstag trifft er sich mit zehn anderen Männern, zwei Frauen sind auch dabei. Die Treffen der Selbsthilfegruppe folgen einem strengen Ritual. Die Teilnehmer sprechen einander nur mit Vornamen an, und wenn sie sich an einem anderen Ort begegnen, tun sie so, als ob sie sich nicht kennen. Dabei wissen sie Dinge voneinander, die viele noch nicht einmal ihrem Lebenspartner erzählen würden. »Ich schäme mich dafür, arbeitssüchtig zu sein«, sagt Fabian Schürler. »Deswegen ist es so wichtig, dass alles absolut anonym ist.« In der Gruppe teilen sie Erfahrungen und Hoffnungen. »Es war für mich wichtig zu erkennen, was da überhaupt mit mir los ist, von was ich besessen bin. Ich habe gelernt, meine Sucht zu benennen.« *Anonyme Arbeitssüchtige* nennt sich die Gruppe, das soll absichtlich so ähnlich klingen wie *Anonyme Alkoholiker*. Der Alkohol und die Arbeit sind zwei Suchtstoffe, die sich, wie Fabian Schürler glaubt, durchaus gleichen: Sie berauschen, betäuben und geben einem dieses besondere Gefühl, das Gefühl, stark und unbesiegbar zu sein. Wenn der Stoff ihrer Träume und Albträume einmal nicht verfügbar ist, bekommen Abhängige Entzugserscheinungen: unkontrollierbare Unruhe, Depressionen, manchmal auch Wahnvorstellungen. So geht es auch den

Arbeitssüchtigen: »Der Suchtdruck war bei mir extrem hoch«, sagt Fabian Schürler, »mir ging es dreckig, wenn ich nicht arbeiten konnte.«

Stolz, ein Workaholic zu sein

Wer damit angibt, jeden Tag zehn Bier zu trinken, den schauen seine Kollegen merkwürdig an. Wer sagt, dass er täglich zwölf Stunden arbeitet, bekommt Respekt. Die Zeitungen und Zeitschriften sind voll von Berichten über »bekennende«, »leidenschaftliche«, »überzeugte« oder »disziplinierte« Workaholics. Dass sich der Begriff von »alcoholic« ableitet, scheint den begeisterten Journalisten zu entgehen. Eine kleine Presseschau: »Sie gelten als Workaholic. Wie schaffen Sie es, die Familie zusammenzuhalten?«, will die *Gala* von Hollywoodstar Will Smith wissen (4. Februar 2007). »Sie gelten als Workaholic, kaum ein anderer Musiker arbeitet so viel wie Sie«, schmeichelt die *Bunte* Phil Collins (25. November 2004). Und die *SZ* lobt Staranwalt Rolf Bossi: »Sie gelten als unbedingter Workaholic, der mit 80 noch Vollgas gibt und das nicht nur auf der Autobahn.« (10. September 2003). Die Antworten der Prominenten auf diese Fragen oszillieren zwischen Geständnis und Eigenlob. Scarlett Johansson verrät: »Ich bin ein Workaholic, weiß oft gar nichts mit mir anzufangen, wenn ich nicht an einem Film arbeite.« (*Gala*, 1. Februar 2007). Flavio Briatore gibt kund: »Ich bin müde zu erklären, dass mein öffentliches Bild vom Partylöwen mit dem eigentlichen Flavio Briatore wenig zu tun hat. Briatore gleich Workaholic, verstanden?« (*Gala*, 28. September 2006). Penélope Cruz gesteht: »Ich bin ein echter Workaholic und muss mich jedes Mal disziplinieren, wenn ich in den Urlaub fahre. Aber selbst dort verstecke ich mich in meinem

Schlafzimmer oder im Badezimmer mit meinem Pager, um zu arbeiten. Das hat krankhafte Züge. Meine Familie oder Freunde kontrollieren mich; wenn sie mich beim Arbeiten erwischen, werden sie echt sauer. Man hat mir sogar schon meinen geliebten Blackberry weggenommen!« (*Gala*, 3. August 2006). Sogar Boris Becker, von dem keiner so recht weiß, was er seit dem Ende seiner Tenniskarriere eigentlich genau macht, fühlt sich zu folgender Erklärung verpflichtet: »Ich bin sehr ehrgeizig. Ein Workaholic, eine richtige Arbeitsbiene.« (*FR*, 1. Juli 2006). Workaholic, das ist mehr als ein Wort. Es ist das Gütesiegel für ein produktives und erfülltes Leben.

Die Firma als Dealer

Bei Fabian Schürler ist die Arbeitssucht im Jahr 2000 so richtig ausgebrochen. Nach einer Ausbildung zum Industriekaufmann, Abitur auf dem zweiten Bildungsweg und einem BWL-Studium beginnt er im Management einer Drogeriekette, nach ein paar Monaten wird er Filialleiter. Der Auftrag ist: den Laden schmeißen – aber wie das geht, hat ihm niemand gesagt. »Im Arbeitsvertrag stehen 48 Stunden, normal sind 60 bis 70, aber da war bei mir noch lange nicht Schluss.« Seitdem ist Angst zum Grundgefühl seines Lebens geworden. Fabian Schürler fürchtet, dass der Rasierschaum ausgeht, zu wenig Kunden kommen oder sein Stellvertreter irgendetwas besser macht als er. Er liegt im Bett und kann nicht einschlafen, dabei ist es schon 3 Uhr morgens und in wenigen Stunden muss er wieder raus. In seinem Kopf läuft der vergangene Tag wie in einer Endlosschleife ab. Er überprüft jedes Detail: Was habe ich gesagt? Was habe ich gemacht? Eines Nachts schreckt er aus dem Schlaf hoch, mit Herzrasen, fährt ins Büro, nur um zu schauen, ob er in einem Brief den Namen des Adressaten richtig geschrieben hat. Natürlich stimmt der Name, er macht ja nie Fehler.

»Jeder Suchtkranke verwahrlost«, sagt Fabian Schürler, »das ist bei Arbeitssüchtigen nicht anders. Nur dass man es nicht so sieht.« Er cancelt sein gesamtes Leben außerhalb der Arbeit, sagt alles ab, ist regelrecht beleidigt, wenn ihn jemand fragt, ob er mit auf ein Fest kommt. Um die Wohnung kümmert er sich nicht. Die ist so schmutzig, dass er immer seine Schuhe anbehält, sogar beim Schlafen. In der Außenwelt hingegen sieht er toll aus: Anzug, Krawatte, Stromlinienfrisur. Logisch, das macht er ja auch für den Job. Schürlers Innenleben aber, das weiß er heute, unterscheidet sich nicht von dem des Alkoholikers, der in schmuddliger Jogginghose und Sandalen in seiner Drogerie Rasierwasser kauft.

Arbeit ist ein gefährlicher Stoff: Da ist nicht nur die Angst, sondern auch die totale Euphorie. Endlich versteht er, warum die Bestell-Software zu wenig Geschirrspülmittel ordert. Nach einer durchgearbeiteten Nacht sind alle Regale randvoll gefüllt. Die Vorgesetzte zieht bei ihrem dritten Besuch cowboymäßig die Mundwinkel herunter und sagt: »Gratulation.« Fabian Schürler nickt, steht stramm und spürt, wie das Adrenalin durch seine Adern rast. Ein Alkoholiker mag nicht nur den Geschmack von Alkohol, sondern vor allem die Wirkung. Und Schürler arbeitet auch nicht 100 Stunden pro Woche, weil er es als seine Bestimmung ansieht, die Welt mit Waschmittel und Wurzelbürsten zu versorgen. Die Droge ist nicht der Job, sondern die Effekte, die sich daraus ergeben: Glück, Erfolg, Anerkennung, Zufriedenheit. Ohne diese Gefühle kann man irgendwann dann nicht mehr leben.

Süchtige gelten in der Leistungsgesellschaft als Schwächlinge, als Menschen mit Charakterfehler. Die Alkoholfahne, die gelben Finger oder die Einstichstellen in der Ellbogenbeuge sind ein Stigma, das sie zu Aussätzigen macht. Fabian ist nie aufgefallen, höchstens positiv. Arbeitssüchtige werden nicht aus der Leistungsgesellschaft ausgestoßen, sondern sitzen im Zentrum des Wirtschaftslebens, in Bürotürmen, Kanzleien und Behörden, im Kraftwerk, nahe der Kernschmelze, wo die Temperatur am höchsten ist. Fabian Schürler hat in der Hochphase seiner Sucht nur noch 20 Stunden die Woche geschlafen, die übrige Zeit fast ohne Pause gearbeitet. Seinen Mitmenschen oder Mitarbeitern erschien er jedoch nicht als pathologischer Ausnahmefall, sondern als Vorbild. Vielleicht sogar als Held.

Viele seiner Kollegen sind Schürlers Meinung nach ebenfalls arbeitssüchtig. Die Firma als geschlossenes System ist manchmal eben auch ein Wahnsystem, in dem alle auf die gleiche Art und Weise funktionieren und sich im Glauben bestätigen, dass das, was sie machen, die Normalität sei. »Das Mini-Max-Gesetz«, sagt Fabian Schürler, »den Aufwand reduzieren und den Ertrag steigern. Jeder weiß, dass das nicht funktioniert. Man kann nicht unter normalen Umständen in einer Filiale mit weniger Personal ein besseres Angebot liefern. Man kann das nur machen, wenn man sich selbst total ausbeutet.«

Workaholics sind nützlich für eine Firma, zumindest so lange sie nicht vor Überarbeitung krank werden oder grobe Fehler machen. Das hat die Wirtschaftswissenschaftlerin Ulrike Meißner herausgefunden. »Viele Betriebe fördern Formen von Arbeitssucht, beispielsweise, indem sie Überstunden über ein verträgliches Maß hinaus verlangen und darüber hinaus den Druck erhöhen.« Irgendwann muss das Unternehmen seine Angestellten gar nicht mehr zwingen. Die perfekte Rechtfertigung für den Arbeitgeber. Die Angestellten kommen ja aus eigenem Antrieb und scheinbar freiwillig am Sonntag in die Firma, weil sie den Suchtstoff spüren wollen. Das Unternehmen wird zum Dealer, bietet immer besseren Stoff, in immer größeren

Mengen. Die Drogenmafia ist absurd reich, fährt in teuren Autos herum, umgibt sich mit schönen Frauen und entzieht sich jeder staatlichen Kontrolle – große Konzerne und ihre Topangestellten leben ganz ähnlich.

Schürler ist nicht nur das Opfer seiner eigenen Psyche, sondern auch ein Leidtragender der neuen Arbeitswelt. Der Sozialökonom und Workaholic-Experte Holger Heide spricht vom »Massenphänomen Arbeitssucht«. »Rund 15 Prozent aller Beschäftigten arbeiten bereits in einem Umfeld, das Arbeitssucht massiv begünstigt, die Hälfte von ihnen reagiert auffällig.« In der industriellen Gesellschaft gehörten nur Manager und Selbstständige zur Risikogruppe. Nur sie konnten sich die Zeit frei einteilen, hatten das Gefühl von Wirksamkeit und interpretierten ihren Beruf als Selbstverwirklichung. Der einfache Angestellte hingegen hatte einen 8-Stunden-Tag, ging pünktlich um 12 Uhr 30 in die Mittagspause. Und sogar wenn er gewollt hätte, hätte ein Fabrikarbeiter nun mal nicht abends ganz alleine das Fließband anschmeißen können. Heute ist das anders: Mit *Blackberry* und Laptop kann man auch noch spätabends ein bisschen was »wegschaffen«. Die traditionelle Arbeitswelt war wie eine ruhige Vorstadt mit festen Regeln, der Nachbar schaute neugierig über den Zaun und am Abend gingen früh die Lichter aus. Eine langweilige, sichere Umgebung. Im 21. Jahrhundert aber ist die Arbeitswelt eine Großstadt, belebte Straßen, blinkende Lichter, aufregend, abenteuerlich. Plötzlich stehen die Angestellten im düster-verruchten Bahnhofsviertel, rote Laternen glühen, und manche, ja, manche geben sich den reinen Stoff.

Die Wirtschaftspresse präsentiert die Helden der 100-Stunden-Woche. Männlich, stark, aktiv, wie die Cowboys in der *Marlboro*-Werbung. Große, glänzende Bilder. Nur dass hier nicht die EU-Gesundheitsminister warnen. Dabei ist Arbeitssucht nur eine der pathologischen Folgen der neuen Organisationsformen. In Fabriken und Büros werden nicht nur Halbleiter, Zylinderköpfe und Ideen produziert, sondern auch leidende Angestellte.

In Japan sterben jedes Jahr etwa 20 000 Angestellte durch *Karoshi*, den Tod durch Überarbeitung, oder *Karojisatsu*, den Freitod wegen Arbeitsstress. So weit ist der *Wirtschaftsstandort D* noch nicht. Die Zahl der Krankschreibungen wegen psychischer Leiden, etwa infolge von Stress, hat in den letzten zehn Jahren um 70 Prozent zugenommen. Laut einer Umfrage des *Instituts für Sozialwissenschaftliche Forschung* in München machen 45 Prozent aller Beschäftigten den beruflichen Leistungsdruck für körperliche und seelische Krankheiten verantwortlich. Schlafstörungen, psychische Erschöpfung, Magenschmerzen und Herz-Kreislauf-Probleme sind bei Wochenarbeitszeiten über 45 Stunden signifikant höher als bei Wochenarbeitszeiten unter 40 Stunden.

Besonders gut belegt sind die Zusammenhänge zwischen hohen Anforderungen am Arbeitsplatz und gesundheitlichen Problemen für den Bereich der IT-Branche. Laut einer Studie des *Instituts für Arbeit und Technik (IAT)* in Gelsenkirchen wiesen 41 Prozent der Befragten »massive Anzeichen einer chronischen Erschöpfungssymptomatik« auf. 31 Prozent konnten nach der Arbeit nicht mehr »abschalten«. Chronische Müdigkeit fand sich bei den IT-Arbeitern mehr als viermal so häufig wie im Durchschnitt der Beschäftigten, unter dauerhafter Nervosität litten sie mehr als doppelt so oft. Im IT-Bereich sind die neuen und flexiblen Arbeitsformen besonders weit fortgeschritten, die Programmierer und Webdesigner bilden also sowohl eine berufliche als auch eine pathologische Avantgarde – sie demonstrieren, wie wir in Zukunft arbeiten und wie wir leiden werden.

Dass gleichzeitig die Zahl der Krankmeldungen und Fehltage seit Jahren sinkt, ist kein Widerspruch, sondern nur eine weitere Facette des Symptoms. Umfragen zufolge halten sich drei Viertel der Beschäftigten mit Krankmeldungen extrem zurück. Ein Drittel ist schon einmal gegen den Rat des Arztes zur Arbeit gegangen, ein Fünftel nahm Urlaubstage, um sich regenerieren zu können. Das Phänomen heißt bei Arbeitsmedizinern »Präsentismus« – aus Angst vor dem Verlust des Arbeitsplatzes und aus einem starken Verantwortungsgefühl den eigenen Projekten gegenüber verordnen sich die Angestellten selbst Anwesenheitspflicht.

Der Mythos unter den Arbeitskrankheiten ist das Burn-out-Syndrom, das von der *WHO* in der neuesten Ausgabe der *International Classification of Diseases* als »Zustand totaler Erschöpfung« beschrieben wird. Symptome sind unter anderem Kopfschmerzen, Müdigkeit, Depression, Antriebslosigkeit, Gewichtsabnahme, Gewichtszunahme, Hörsturz, Magen-Darm-Probleme, Schlafstörungen. Burn-out ist eine globale Zivilisationskrankheit wie Übergewicht, Depressionen und Grippe. Jeder kann davon betroffen sein: Manager, Lehrer, sogar Kinder. Burn-out ist aber auch eine Metapher: der Mensch als Maschine, welcher der Treibstoff ausgegangen ist. Burn-out als pathologischer, das heißt, »nicht normaler« Zustand, bezeichnet neben der Krankheit auch gleichzeitig den Idealzustand: Der gesunde Arbeiter steht immer unter Hochdruck, seine Energiequellen versiegen nie.

»Burn-out als definierbare Diagnose gibt es gar nicht«, sagt Andreas Hillert. Er hat 2006 zusammen mit Michael Marwitz das Buch »Die Burnout Epidemie« veröffentlicht, es liegt ihm fern, die Leiden des modernen Angestellten zu verniedlichen. Als Oberarzt in einer psychosomatischen Klinik in Prien am Chiemsee behandelt er zahlreiche Opfer der neuen Arbeitswelt. »Der Begriff Burnout ist eine Verharmlosung. Mit dieser Diagnose wird ein gesellschaftliches Problem auf Individuen abgewälzt.« Man spricht nicht über wachsenden Druck und Stress am Arbeitsplatz, sondern schiebt das Problem einfach den Ärzten zu nach dem Motto: »Da hat eine Person versagt. Jetzt müsst ihr sie reparieren.«

Ähnlich wie die prominenten Burn-out-Opfer Eminem, Tim Mälzer oder Ottmar Hitzfeld erholt sich auch der moderne Angestellte für kurze Zeit zu Hause auf seinem Balkon, in einer Kurklinik oder einer Villa an einem Weltmeer und feiert dann sein Comeback am Arbeitsplatz. Die Akkus sind aufgeladen. Eminem arbeitet schon an der nächsten Platte, Ottmar Hitzfeld ist 2007 zum FC Bayern zurückgekehrt und Tim Mälzer schwingt den Kochlöffel wilder als je zuvor. Nur die wenigsten Burn-out-Patienten ändern langfristig ihre Lebenssituation und Arbeitsweise. Das Burn-out-Syndrom ist kein Makel und keine Schande. Auf Partys kann man mit Bekannten und Kollegen ganz offen über »diese schwierige Zeit« sprechen – hätte es sich bei der Krankheit um Darmkrebs oder Hirnhautentzündung gehandelt, wäre man wohl nicht so freimütig. Ein überstandenes Burn-out-Syndrom ist auch eine Art Abzeichen, der Beweis dafür, dass man die Fähigkeit besitzt, zum Wohl der Firma sich selbst zu schaden und immer das Letzte zu geben.

Fabian Schürler hat sich seine Energie über den Zuckerkonsum geholt – »überdosiert putscht dich das total auf«. Zum Aufwachen hat er ein paar *Red Bull* getrunken, über den Tag verteilt dann bis zu acht Tafeln Schokolade gegessen. Dick ist er nicht geworden. »Wenn man 13 oder 14 Stunden täglich arbeitet, verbraucht man so viele Kalorien, man bleibt automatisch schlank.« Viele gehen professioneller an das Körpertuning heran. Immer mehr Angestellte scheinen neben ihrem BWL- oder Ingenieurs-Studium auch noch das Nebenfach Medizin belegt zu haben, so genau wissen sie Bescheid über pharmakologische Terminologien, Wirkungen und Nebenwirkungen von Substanzen, und welches Symptom sie vorschützen müssen, um das gewünschte Medikament zu bekommen.

Je anstrengender die Arbeit wird, desto mehr müssen wir unseren Körper präparieren. Manche Leute gehen ins Firmen-Fitnessstudio und pumpen Muskeln und Ego auf. Aber um übermenschliche Herausforderungen zu bewältigen, gibt es auch andere Möglichkeiten. Das kann man jedes Jahr im Juli sehen, wenn die *Tour de France* zur Aufführung kommt. Die Radsportprofis nehmen Epo, Wachstumshormone, Adrenalin. Genau wie sie weiß auch der moderne Angestellte, dass wirklich gute Ergebnisse nur mit einer Kombination aus hartem Training, Willenskraft und Dopingmitteln zu erzielen sind. Nicht ein korrumpierter Charakter macht einen Sportler zum Dopingsünder, sondern das System. »Jeder dopt«, rechtfertigen sich die Radfahrer, und wahrscheinlich stimmt das sogar. Der scheinbare Betrug ist nur Anpassung, eine Bewältigungsstrategie des Sportlers, der zum Siegen verdammt ist.

Die Leistungsanforderungen an den modernen Angestellten ähneln jenen, die an Profisportler gestellt werden. Um

Überstunden, Jetlag und Stress zu überstehen, greifen immer mehr Menschen zu unterstützenden Substanzen. Und das Beste ist: Im Büro gibt es keine Dopingtests. Der Wechsel von Arbeitszeit und Arbeitsort verursacht Gefühls- und Stimmungsschwankungen, die man am schnellsten und effektivsten per chemischer Manipulation bekämpft. Der Körper wird mittels Psychopharmaka und Drogen an die Determinanten der Berufswelt angepasst. Der Arbeitgeber dankt mit einer Beförderung für diese Form der graduellen Selbstzerstörung.

Jedes Jahrzehnt hat seine Droge, Zeitgeist in hochkonzentrierter Form. Valium war in den Nachkriegsjahren gefragt, um sich von den Anstrengungen des Wiederaufbaus zu erholen und den Erinnerungen an den Krieg zu entkommen. In der Zeit der Jugendrevolte konsumierte man Haschisch, LSD und Magic Mushrooms, um sein Bewusstsein zu erweitern und der Realität zu entfliehen. Seit den achtziger Jahren aber sind Drogen in Mode, die individuell anregen und das Energieniveau steigern: Kokain, Ecstasy und Amphetamine. Es geht nicht mehr um Betäubung, Rausch und Vergessen, sondern um Präsenz und Power, für Job und Party schluckt man alles, was im Wach- und Aktivmodus hält und einem die Welt zu Füßen legt.

Kerngesunde junge Menschen laufen mit kleinen Plastikschächtelchen herum, die eigentlich für Altersheiminsassen gedacht sind. Darin verschiedene Pillen für verschiedene Uhrzeiten: *Upper*, um fit zu werden, *Downer*, um nach der Rushhour wieder runterzukommen. Das Antidepressivum *Prozac*, das erfolgreichste Medikament der neunziger Jahre, und das Aufputschmittel *Modafinil* sind ein funktionales Gegenspielerpaar. Die Indikationen für die Verschreibung dieser Medikamente werden ständig ausgeweitet: *Prozac* kann mittlerweile auch gegen Panikattacken oder Essstörungen genommen werden, es macht zufrieden und erhöht die Fähigkeit, mit Stress umzugehen. *Modafinil* wird müden Schichtarbeitern empfohlen, und in der Werbung verklärt die Herstellerfirma Jetlag zum behandelbaren *Time Zone Change Syndrome.* Ursprünglich sollte *Modafinil* Narkoleptiker vor lebensgefährlichen Schlafattacken bewahren, jetzt macht es auch Gesunde auf Wunsch hellwach. In den USA forschen bereits zahlreiche Pharmafirmen an Mitteln zur Verbesserung des Denkapparats, dem so genannten *Neuro-Enhancement.* Die Wirkstoffe der Pillen sollen die Hirnchemie manipulieren, beispielsweise um die Gedächtnisleistung zu erhöhen. Die *Wirtschaftswoche* stimmt das euphorisch: »Die Pillen fürs Gehirn könnten ebenso wie die neuen Erkenntnisse der Hirnforschung helfen, im internationalen Standortwettbewerb besser zu bestehen. Deutschland ist arm an Bodenschätzen, umso wichtiger für die Volkswirtschaft ist die geistige Leistungsfähigkeit der Nation.« Weil das Erdöl fehlt, müssen wir zu einem Volk von Medikamenten-Junkies werden.

Da ist es naheliegend, auch Klein- und Schulkindern die Möglichkeiten biochemischer Manipulation zukommen zu lassen. Nicht nur die Business-Karriere beginnt auf dem Schulhof, auch die Drogenkarriere startet hier. Gegen Zappeligkeit und Herumhüpfen oder, wie es heute heißt, Aufmerksamkeitsdefizitsyndrom (ADS) verordnet der Hausarzt gerne *Ritalin*, welches die Konzentrationsfähigkeit und das räumliche Vorstellungsvermögen steigert. Auch Eltern völlig verhaltensunauffälliger Kinder lassen das Medikament verschreiben, um den Nachwuchs zu tunen und so die Zukunftschancen zu erhöhen. 7 Prozent aller amerikanischen College-Studenten schlucken *Ritalin* vor wichtigen Prüfungen, in Deutschland hat sich der Konsum des Medikaments in den letzten zehn Jahren verzwanzigfacht. Ein Fünftel aller Mädchen zwischen 13 und 16 nimmt regelmäßig Schmerzmedikamente ein. 7 Prozent schlucken Herz-Kreislauf-Mittel, um sich für den Vokabeltest in Höchstform zu bringen.

Die Traumdroge des *Human Resources Managements* beschreibt der US-Autor Benjamin Kunkel in seinem Roman »Unentschlossen«: Hier heilt das fiktive Medikament *Abulinix* den Protagonisten Dwight von seiner chronischen Entscheidungsschwäche, in der Fachterminologie auch *Abulie* genannt. Während die Romanhelden früherer Tage ihr neues Ich in langen Lehr- und Wanderjahren finden mussten, schmeißt man im 21. Jahrhundert eben eine Psychopille ein. *Abulinix* ist ein böser Witz von Benjamin Kunkel, eine Satirekonstruktion, für die es in der Realität einen großen Markt geben würde, denn die Droge passt perfekt in das neoliberale Lebensideal: Sei immer wach, immer bereit, Entscheidungen zu treffen, zögere nie und nimm alles, denn es gehört dem Sieger.

Es überrascht nicht, dass die *US-Army* bei der Erforschung von Psycho-Drogen und Aufputschmitteln einen enormen Aufwand betreibt. Die *Air Force* verabreicht ihren Soldaten kleine Dosen des Amphetamins *Dexedrin,* damit die Piloten während des Einsatzes nicht einnicken. Seit vielen Jahren forscht die US-Militärbehörde *Darpa* an Substanzen, die Menschen bis zu einer Woche lang wach und aufmerksam halten. Der Soldat passt sich den hochmodernen Waffensystemen an und verwandelt sich durch Disziplin, Training und pharmakologische Manipulationen in eine Bio-Maschine. Der durch Drogen garantierte Superzustand – aggressiv, wach, dynamisch – wäre auch für den modernen Angestellten ideal. Genau wie der Soldat agiert schließlich auch der berufliche *High Performer* in einem Krisenareal. Er ist an den Computer angeschlossen, darf nicht schlafen und muss immer blitzschnell zuschlagen, wenn es die Situation erfordert.

Hier enden die Parallelen zwischen Krieg und Business

nicht. Denn wie es den Leuten geht, wenn sie irgendwann aus der Schlacht zurückkommen, dafür interessieren sich die Institutionen, an die sie ihren Körper vermietet hatten, nur in den seltensten Fällen. Die Treffen der *Anonymen Arbeitssüchtigen* ähneln den Meetings der Kriegsveteranen in den USA: Menschen, die von der Schlacht gezeichnet sind, denen manchmal ein Arm, oft beide Beine fehlen, und die noch häufiger eine kaputte Seele haben. Die Veteranen haben große Probleme, sich in der Zivilgesellschaft und im normalen Leben zurechtzufinden, sind abgestumpft, können sich nicht mehr freuen. Sie fühlen sich missverstanden von allen, die nicht ihre extremen Erfahrungen gemacht haben, entfremden sich von Freunden und Familie. Ähnliches lässt sich auch von Fabian Schürler und seinen Leidensgenossen behaupten.

10. DIE ANGST ALS ANTRIEB

Wir sind alle Arbeitslose auf Bewährung. Die BRD bleibt eine Angst-Gesellschaft. Und diese Furcht ist eine wertvolle Ressource für den Arbeitgeber, er nutzt sie zur Motivation.

Angst ist nichts Schlechtes. Das Gefühl ist ein Überlebensprogramm, eine Routine, die im Gehirn ausgeführt wird, wenn eine Person in eine Extremsituation gerät. In vorzivilisatorischen Zeiten, in denen das menschliche Gehirn formatiert wurde, sah das ungefähr so aus: ein Angriff von Fressfeinden, ein Feuer in der Savanne oder das Lager einer anderen Horde hinter den Hügeln. Alarm! Lebensgefahr! Die Angst fährt dem Menschen wie ein Blitz in die Glieder, ist schneller als das Bewusstsein, packt zu, hat ihn sofort im Griff. Die Nebennieren schütten Adrenalin und Noradrenalin aus. Das Herz schlägt schneller. Das Blut bindet mehr Sauerstoff. Er ist jetzt bereit zur Flucht, zum Gegenangriff, tut, was er tun muss.

Angst ist ein Gefühl, das alle Protagonisten dieses Buchs gut kennen. Jan Schiemer, der übereifrige Bankangestellte, fürchtet sich vor der Deadline. Angst wurde für den Workaholic Fabian Schürler zum Lebensgefühl. Und die Eltern der kleinen Elena fürchten sich vor China und der Zukunft.

Die Furcht vor dem Abstieg

Manchmal kann dieses Gefühl auch ein ganzes Kollektiv befallen. Die BRD hat Angst, stellt der Soziologe Wilhelm Heitmeyer fest. Das klingt wie eine Diagnose, und wenn Heitmeyer mit seinen Fragebögen durchs Land fährt, dann ist er wirklich so etwas wie ein Arzt, der zur Visite kommt und sich mit Stethoskop und Reflexhammer über den Patienten Deutschland beugt; mal hier pocht, mal da Fragen stellt und auf den Herzschlag achtet. Es schlägt ein wenig schnell in diesen Tagen. »Der Anteil der Befragten, die befürchten, dass sich ihre eigene wirtschaftliche Situation in den kommenden Jahren verschlechtern wird, ist von 24 Prozent im Jahr 2002 auf 38 Prozent im Jahr 2005 angestiegen«, erklärt Heitmeyer, »waren 2002 noch 77 Prozent der Ansicht, dass immer mehr Menschen an den Rand gedrängt werden, so waren es 2005 schon 86 Prozent«. Im gleichen Zeitraum stieg der Anteil derer, die große oder sehr große Angst vor Arbeitslosigkeit haben, um 8 auf 21 Prozent.

Der primäre Trieb des Menschen ist der Drang, die Wahrscheinlichkeit zu verringern, in furchtauslösende Situationen zu geraten. Angst ist Antrieb. Siedlungsbau, Firewall, Impfpass, Rente, Metalldetektor, Vorratskammer, Bankkonto – alle diese zivilisatorischen Erfindungen dienen der Erzeugung von Sicherheit. In der Geschichte der Menschheit hat es immer wieder Personen und Organisationen gegeben, die in der Lage waren, die Angst des Menschen zu kanalisieren und für ihre Interessen zu nutzen.

Der Arbeitnehmer des industriellen Kapitalismus lebte in einer überschaubaren Welt mit klaren Regeln. Er wusste immer, was er wann zu tun hatte, und vielleicht hat er nur durch dieses Gefühl der Kontrolle den Mut gefunden, für seine Rechte zu kämpfen: Urlaub, Rente, 38-Stunden-Woche. Im 21. Jahrhundert lugt der Arbeitnehmer nicht nur über den Rand des Ruhrpotts hinaus, er hat durch Satellitenaufnahmen die ganze Welt im Blick. Er sieht: Indien und China, wo längst nicht mehr nur Näher arbeiten, sondern auch Radiologen und Software-Ingenieure. Er sieht: Hundert andere können meinen Job machen.

Sie sind viel billiger. Vielleicht sind sie auch härter, rücksichtsloser, besser.

In ihrem Buch »Die Globalisierungsfalle« beschreiben die *Spiegel*-Journalisten Hans-Peter Martin und Harald Schuhmann eine Szene, in der Logik und Logistik der neuen Arbeitsökonomie deutlich werden. Bei einer Diskussionsrunde wird John Gage, Topmanager von *Sun Microsystems*, gefragt, wie viele Angestellte er denn nun wirklich brauche. Gage antwortet schnippisch: »Sechs, vielleicht acht. Ohne sie wären wir aufgeschmissen. Dabei ist es gleichgültig, wo auf der Erde sie wohnen.« *Sun* hatte zu diesem Zeitpunkt 16 000 Angestellte, der Großteil, also 15 992, sind für Gage »Rationalisierungsreserve«. Schumann und Martin erschreckt nicht so sehr der kalte Ton des Managers, sondern vor allem die ausbleibende Reaktion der anderen Gäste: »Kein Raunen geht da durch den Raum, der Ausblick auf bislang ungeahnte Arbeitslosenheere war für die Anwesenden eine Selbstverständlichkeit. Keiner der hochbezahlten Karrieremanager glaubt noch an ausreichend neue, ordentlich bezahlte Jobs auf technologisch aufwendigen Wachstumsmärkten in den bisherigen Wohlstandsländern.«

Eine Provokation? Oder doch nur eine zugespitzte Gesetzmäßigkeit der neuen Zeit, der vernetzten Welt, in der Menschen immer und überalll verfügbar sind, immer unwichtiger werden, mit einem Mausklick geheuert oder gefeuert werden, und sich jeder in jedem Moment fragen muss: Bin ich sicher? Wann trifft es mich?

Die Fragen bleiben, auch wenn die Wirtschaft boomt, wie man so sagt, und das Bewusstsein täglich ein Börsen-Update bekommt. Gute Nachrichten wirken wie ein leichtes Sedativum, die Furcht rückt in den Hintergrund, bleibt aber immer noch präsent.

Globalisierung macht vieles möglich und vielen Menschen

Angst. Zum ersten Mal tauchte die Angst in den Hochhäusern an den Stadträndern auf, infizierte später die Reihenhaussiedlungen des Kleinbürgertums und erreicht schön langsam die schicken Altbauwohnungen in den Innenstädten. Die Angst wütet nicht nur in den Fabrikhallen, sondern verbreitet sich langsam aber sicher in den Büros, bedroht die Mittelschicht. Jenen scheinbar resistenten Organismus, der mit Doppelhaushälfte, *VW*-Kombi und drei Wochen Urlaub im August so gesund schien, und der es gewohnt war, permanent zu wachsen: Mehr Jobs. Mehr Geld. Mehr Chancen. »Die Mittelschicht war lange ein Aufstiegsprojekt«, erklärt Heitmeyer. »Die Zukunft galt als sicher, wurde fest verplant. Jetzt wird sie als zunehmend unsicher empfunden.« Im wohlfahrtsstaatlichen Kapitalismus gab es ein Netz, das die Furcht vor dem sozialen Absturz minderte. Hartz-IV, Nullrunden, Lockerung des Kündigungsschutzes, Rentenkürzung – das alles hat die Fäden des Sicherungsnetzes immer dünner gemacht. Von oben sieht es nun aus, als könnten sie jederzeit reißen, wenn man hineinfällt.

Die Hohepriester der Angst

Menschen haben vor vielen Dingen Angst: einem Wirbelsturm, einer Spinne oder vor Arbeitslosigkeit. Welche Situationen wir als bedrohlich empfinden, lernen wir von unseren Eltern, aus der Erfahrung und in letzter Zeit immer mehr aus den Medien. In regelmäßigem Rhythmus tritt in den Talkshows und Nachrichten eine Schar Laienspieler auf, die mit besorgten Mienen den Weltuntergang inszeniert: Standortkonkurrenz, Globalisierung, China. Es gibt nur eine Rettung, bekommt der deutsche Arbeitnehmer zu hören: Gürtel enger schnallen, Ärmel hochkrempeln, weniger Sicherheit und mehr Arbeit. »There is no alternative«, hat Maggie Thatcher in den achtziger Jahren immer gesagt – und dann die Gewerkschaften zerschlagen.

»Manchmal fühle ich mich selbst wie die Kassandra Deutschlands«, hat der Starökonom Hans-Werner Sinn einmal der *taz* gesagt. Die Seherin sagte bekanntlich den Untergang Trojas voraus, aber niemand wollte auf sie hören, und wenig später stand die stolze Stadt in Flammen. Wenn Hans-Werner Sinn den Untergang Deutschlands prophezeit, dann findet er viele Zuhörer. »Deutschland ist der kranke Mann Europas, ist nur noch Schlusslicht beim Wachstum, außerstande, mit Österreich, Holland, England oder Frankreich mitzuhalten.« In seinem Buch »Ist Deutschland noch zu retten?« verwendet er starke Worte und viele Ausrufezeichen. Deutschland ist Exportweltmeister? Für Sinn nur ein weiteres Zeichen der Krankheit, fiebrige Überreaktion eines todkranken Körpers, ein pathologischer Exportboom. Das Land habe sich in eine »Basar-Ökonomie« verwandelt, behauptet Sinn in einem weiteren Bestseller. Auf einem Basar verkauft man nur Ramsch und Plunder – und das vermutlich auch nur noch so lange, bis die ausländischen Käufer diesen Betrug durchschaut haben. Wenn Hans-Werner Sinn mit den Händen ringt, dann sieht er mit seinem merkwürdigen Backenbart, dem lichten Haarkranz und den weit aufgerissenen Augen tatsächlich aus wie ein Seher, der eine furchtbare Wahrheit erkennt und den göttlichen Auftrag erfüllt, diese zu verkünden – koste es, was es wolle. Hans-Werner Sinn ist der Prediger der »Church of Fear« und er warnt einfach weiter, auch im Boomjahr 2007: »Wenn nichts Grundlegendes in Deutschland passiert, haben wir beim nächsten Abschwung so viele Arbeitslose wie zuvor.«

Erschrecken und Herrschen

Exemplarisch vorgeführt wurde das Prinzip »Erzeuge Furcht und herrsche« von der Kirche im Mittelalter. Mit der bildgewaltigen Inszenierung der Hölle schuf sie den eindrucksvollsten Furchterzeugungskomplex der Geschichte und bot gleichzeitig mit ihren Produkten und Dienstleistungen eine Rettung vor Kochtöpfen und lodernden Flammen. Wenn die Gläubigen in der Kirche ihre Augen auf eine Darstellung der Hölle richteten, dann sahen sie verdrehte Augen und schreiende Münder. Das, sagte der Pfarrer im richtigen Moment, droht euch, wenn ihr euch nicht an das haltet, was ich euch sage: Sittlichkeit, Demut, Gehorsam und Tüchtigkeit. Dass die Macht der Kirche nur auf einer unbeweisbaren Behauptung, der Existenz der Hölle und des Jüngsten Gerichts, fußte, minderte sie kein bisschen, im Gegenteil. Das Prinzip der Furcht ist ein geschlossener Kreislauf und kann nur von der Instanz vertrieben werden, die sie auch erzeugt. Der Soziologe Niklas Luhmann schreibt: »Angst ist, da sie die Ungewissheit der Sachlage in die Gewissheit der Angst transformiert, ein selbstsicheres Prinzip, das keines theoretischen Fundaments bedarf.« Die Angst-Kommunikation suspendiert jedes Argument. Das macht sie zu einem perfekten Instrument der Verhaltenskontrolle. Wenn das US-Heimatschutzministerium oft genug vom biologischen Terrorismus spricht, laufen die Menschen los und kaufen antibakterielle Seife und Wasserkanister. Wenn die Arbeitnehmer oft genug von »zu hohen Nebenkosten« und »globaler Konkurrenz« hören, dann nehmen sie auch eine Lohnsenkung und eine Verlängerung der Arbeitszeit in Kauf, trauen sich nicht mehr, eine Überstunde aufzuschreiben oder geben in der Nachtschicht das Letzte.

2006 erwog die Konzernleitung des zur *Schaeffler Gruppe*

gehörenden *FAG-Kugellagerwerks* bei Schweinfurt, die Produktion von Hülsen und Muttern zu stoppen und diese Materialien zukünftig in China einzukaufen. Der Betriebsrat fürchtete um dutzende oder hunderte Arbeitsplätze und bot dem Management an, für gleichen Lohn statt 35 nun 40 Wochenstunden zu arbeiten. Der Vorschlag wurde akzeptiert. Nach Angaben der *IG Metall* sind die Kollegen im Kugellagerwerk »regelrecht weichgekocht« worden. Ob *Siemens*, *Opel* oder *VW* – das Prinzip funktioniert überall. Das Management droht mit Verlagerung der Produktion ins Ausland, wenn nicht die Arbeitszeit verlängert wird, die Belegschaft erfüllt die Bedingungen, was bleibt ihr auch anders übrig. Die Firma muss dafür nicht einmal in einer Krise stecken. Der *Schaeffler Gruppe* geht es prächtig. Der Umsatz liegt bei acht Milliarden Euro, der Gewinn soll mindestens 800 Millionen Euro betragen. Aber die Gewinne sind ja bekanntlich nie hoch genug. Und das Bedrohungsszenario wird einfach in eine entfernte Zukunft verlegt: »Wenn wir jetzt nicht, dann …«

Erfahrene Betriebsräte knicken ein wie morsches Holz, die jungen Arbeitnehmer sind noch weicher. Besonders Berufsanfänger leisten freiwillig und unbezahlt Nachtschichten, akzeptieren befristete Verträge und weniger Sozialleistungen, in den meisten Branchen sinken die Einstiegsgehälter. Niemand malt Transparente oder bläst in Trillerpfeifen, ein leises Wimmern ist noch die schärfste Reaktion.

»Auch Sie könnten arbeitslos werden, egal wie sehr Ihnen Ihr derzeitiger Chef einen sicheren Job garantiert.« Jens-Uwe Meyer beginnt sein Ratgeber-Buch: »Fest im Sattel. Insider-Strategien zur Jobsicherung« mit einem Schock. Und er fährt fort: »Wenn Ihr Unternehmen Mitarbeiter entlässt, stellt sich irgendwann die Frage, ob es Sie oder Ihre Kollegen trifft.« Und drittens: »Wenn von 10 000 Angestellten eines Unternehmens

1000 entlassen werden, ist Ihre einzige Aufgabe, dafür zu sorgen, dass Sie zu den 9000 gehören, die bleiben.« Auf Seite 20 erinnert Meyer an das Orchester der Titanic, das auch noch spielte, als das Schiff schon unterging. Jahrzehntelang wurden die Musiker für ihren Stoizismus und ihren Mut bewundert, den Menschen Hoffnung zu schenken, anstatt ein paar Kinder aus dem Rettungsboot zu schubsen. Meyer findet das ziemlich dumm: »Was tun Sie, wenn es in Ihrem Unternehmen heißt: ›Hilfe, wir sinken?‹ Greifen Sie zur Geige, unterhalten Sie die Kollegen mit Kammermusik und gehen Sie stilvoll unter? Oder kämpfen Sie um Ihr eigenes Überleben? Für den Fall, dass Ihnen ein Platz im Rettungsboot lieber ist als der Tod im kalten Wasser, müssen Sie dafür sorgen, dass Sie in der Schlange so weit wie möglich vorne stehen. Und das bedeutet, dass Sie die Krise früher wittern müssen als Ihre Kollegen. Idealerweise sitzen Sie schon im Rettungsboot, wenn das Schiff auf den Eisberg prallt.« Der wichtigste Tipp: »Ihre Kollegen arbeiten hart daran, sich und ihre Fähigkeiten konsequent weiterzuentwickeln. Die Folge: Ihre Kollegen wachsen und wachsen. Sie haben dann nur zwei Möglichkeiten: Entweder wachsen Sie mit oder Ihre Kollegen wachsen irgendwann über Sie hinaus.«

Der ehemalige *Intel*-Chef Andrew Grove schreibt in einem Buch mit dem schönen Titel »Nur die Paranoiden überleben«: »Die wichtigste Aufgabe der Führungskräfte ist, eine Umgebung zu schaffen, in der die Mitarbeiter leidenschaftlich entschlossen sind, auf dem Markt erfolgreich zu sein. Angst vor einem Bankrott, Angst, einen Fehler zu machen, und die Angst vor der Niederlage können starke Motivationskräfte sein.« Der Meinung sind auch die Kölner Betriebswissenschaftler Winfried Panse und Wolfgang Stegmann in ihrem Buch »Angst – Macht – Erfolg«: »Wenn ein Mitarbeiter seinen Arbeitsplatz als absolut angstfreie Zone erlebt, wird er sich auf Dauer weniger anstrengen und weniger leisten«, erklärt Panse dem *Manager Magazin*. Furcht wirke aber nur dann leistungssteigernd, »wenn der betroffene Mitarbeiter der angstauslösenden Situation mit eigenen Mitteln Herr werden kann«. Die Dosierung entscheidet. Der Vorgesetzte verwandelt sich in einen B-Movie-Regisseur, der je nach Situation und mit mehr oder weniger Subtilität seine Angestellten schockt, unter Hochspannung und in einem permanenten Alarmzustand hält: »Wenn ihr dieses Projekt nicht schafft, dann steht das ganze Unternehmen auf der Kippe. Oder zumindest diese Abteilung, oder dein Job.«

Wir sind alle Arbeitslose auf Bewährung. Jeder einzelne Angestellte wird von seinem Chef verdächtigt, im alltäglichen Überlebenskampf der Firma eigentlich unnötig zu sein, und muss versuchen, durch besonders gute Führung zu glänzen. Jeden Tag liefert er die Beweisstücke der eigenen Nützlichkeit, stimmt mit Überstunden milde und brilliert mit guten Vorschlägen. Angst ist eine Überlebensroutine. Nur dass der Mensch heute nicht mehr fürchten muss, einem Buschfeuer oder Säbelzahntiger zum Opfer zu fallen, sondern seinen Arbeitsplatz und damit die Lebensgrundlage zu verlieren. Und wie bei seinen Vorfahren schütten die Nebennieren Adrenalin und Noradrenalin aus. Das Herz schlägt schneller. Das Blut bindet mehr Sauerstoff. Er ist jetzt bereit und tut, was er tun muss.

11. AZUBIS UND PROFIS DER SELBSTAUSBEUTUNG

Zeitarbeit, Projektarbeit, Generation Praktikum, Ich-AG. Beschäftigungsverhältnisse werden immer prekärer. Das bedeutet mehr Freiheit, aber auch mehr Risiko. Und je unsicherer unsere Jobs werden, desto mehr müssen wir arbeiten.

Leonie Dietrich wäre gerne eine Spießerin. Sie hat dazu die besten Anlagen, ist talentiert, selbstsicher, ehrgeizig, und in ihrem Schrank hängt auch das richtige Kostüm: dunkler Rock, rosa Bluse, so trägt sie das am liebsten. Die dunkelblonden Haare sind in der Mitte gescheitelt, reichen bis zum Kinn und rahmen ein hübsches Gesicht ein. Der Pony hat exakt die richtige Länge. Leonie Dietrich geht immer am ersten Montag im Monat zum Friseur, sie hat ein Abonnement, das ist günstig und verhindert, dass ihr Lieblings-Coiffeur schon ausgebucht ist. Jeden Brief, den sie bekommt, legt sie in eine Klarsichtfolie und heftet diese in einem Leitz-Ordner ab. Auf drei der Ordner steht in Druckbuchstaben »Geschäftliche Korrespondenz«, auf einem »Private Korrespondenz«.

Am Handy meldet sie sich nicht mit einem einfachen »Hallo«, sondern mit Vor- und Nachnamen, »Leonie Dietrich«, und sagt dann auch noch »Guten Tag«. Manieren und Formen geben Halt und Sicherheit, das findet sie wichtig. Ihr Wunschzettel fürs Leben ist nicht besonders lang und schon gar nicht ausgefallen: Auto, Mann, Haus und »Planungssicherheit« – ein sperriges Wort, das sie oft verwendet. Es geht ihr leicht über die Lippen, dabei beschreibt es einen Zustand, den sie vermisst. Um das Leben zu leben, das sie so gerne hätte, fehlt ihr die entscheidende Voraussetzung: die Festanstellung.

Spießer war mal ein Schimpfwort. Für Leonie Dietrich

klingt es nach etwas Erstrebenswertem, wie Topmanager, Filmstar oder Fußballprofi. Sie mag die Werbung der *LBS*, in der ein kleines Mädchen zu seinem Althippie-Vater, der in einem Bauwagen wohnt, sagt: »Du Papa, wenn ich groß bin, will ich auch mal Spießer werden!« Spießer ist nicht nur ein kultureller Begriff, sondern hat auch eine ökonomische Dimension. Spießer sein, das ist ein Privileg. Erst wenn alles stabil ist, Beschäftigung, Eigenheim und Rente gesichert sind, kann man überhaupt erst langweilig werden und jeden Samstag damit verbringen, das Auto zu waschen.

In diese Gefahr kommt Leonie nicht. Seit vier Jahren ist sie bei verschiedenen Zeitarbeitsagenturen in Deutschland unter Vertrag. Für kaufmännische Stellen wird sie an verschiedene Arbeitgeber in Berlin und Umgebung ausgeliehen: Eine Druckerei, eine Versicherung, ein Internet-Start-up. Wenn Leonie Dietrich sich endlich an den Anfahrtsweg zur Firma gewöhnt hat, ein paar nette Kollegen gefunden hat und weiß, wo der Kaffeeautomat steht, muss sie schon wieder gehen. Länger als sechs Monate ist sie nie bei derselben Firma angestellt.

Leonie Dietrich wird geheuert und gefeuert, hin und her, wie eine Kugel im Flipperautomat, manchmal fliegt sie weit nach oben, Tusch, Fanfaren, Lämpchen glühen, aber sie kann das nicht genießen. Irgendwann fällt sie doch wieder zwischen den zwei Hebeln hindurch ins Nichts. Das Schlimmste ist: Sie sitzt nicht selbst am Drücker, hat ihre Karriere nicht in der eigenen Hand. Kein schönes Gefühl für eine, die Ordnung so sehr schätzt. Aber es ist wohl besser, sie gewöhnt sich daran.

Die Implosion der Festanstellung

Während sich Leonie Dietrich in Zickzacklinien durch Berlin bewegt, war das Leben für die Generation ihrer Eltern wie ein gerader Strich. Aber das ist lange her, es war in der Ära der Festanstellung, das Normalarbeitsverhältnis war noch Normalität. Es war, wie folgt, definiert: zeitlich unbefristeter Arbeitsvertrag, Trennung von Arbeitsplatz und Wohnraum, weisungsgebundene, hierarchisch organisierte Produktionsprozesse. Und das Beste: Der Arbeitnehmer konnte mit seinem Lohn den gesamten Unterhalt bestreiten. Das Leben, denkt sich Leonie manchmal, muss damals wie eine lange, geruhsame Zugreise gewesen sein: Hatte man seinen ersten Vertrag unterschrieben, dann ging die Reise los, ein Leben auf Schienen, Weichen gab es selten, entgleisen konnte man nicht. Leonies Eltern bewegen sich immer noch sicher auf diesen Gleisen, die Mutter arbeitet als medizinisch-technische Assistentin, der Vater bei einer Bank. Er hat nur einmal die Stelle gewechselt, hat sich in seinem ganzen Leben gerade so viel bewegt, wie Leonie in sechs Wochen. Diese Geradlinigkeit produzierte eine Geisteshaltung: Die Dinge sind so, wie sie sind. Leonies Vater stellt das System nicht in Frage, warum sollte er auch, es läuft doch alles glatt.

Vater und Tochter Dietrich wohnen nur vier Kilometer auseinander, aber in verschiedenen Epochen. Deswegen wundert er sich auch so sehr über seine Tochter und ihr unstetes Leben. Sie hatte doch früher immer gute Noten gehabt, sagt er, hat eine ordentliche Ausbildung gemacht. Was er nicht sagt, aber denkt, ist: Wenn sie jetzt keinen Job findet, muss das irgendwie auch an ihr liegen. Er denkt, was Spießer eben denken: Wer keine Arbeit hat, macht irgendetwas falsch! Leonie redet mit ihren Eltern nicht mehr über ihre Jobs und ihre Lebenssituation, deren Reaktion macht sie nur wütend. »Das können die einfach nicht verstehen«. Sie ist 31 Jahre alt, aber über Kinder wagen sie und ihr langjähriger Lebenspartner, der ebenfalls »noch nichts Festes hat«, noch nicht einmal zu sprechen. Und manchmal fühlt sich ihr Dasein so unsicher an, dass Leonie Dietrich sogar den Kauf ihres zwei mal zwei Meter großen Betts für einen Fehler hält, für eine zu große Investition in eine ungewisse Zukunft.

Die BRD war eine konservative Gesellschaft, ihr wichtigster Wert die Monogamie. Zu einem bestimmten Zeitpunkt entschied man sich für eine Option und damit gegen alle anderen Möglichkeiten. Das galt dann nicht eine Stunde lang, sondern für immer, heute und für alle Tage. Man wählte eine Frau fürs Leben, ein Haus in der Heimat, das man nie mehr verließ, und eine Automarke, der man treu blieb. Auch der Arbeitsvertrag ähnelte einer Eheschließung. Die Unterschrift war ein feierlicher Moment, ein Bündnis, nicht von Gefühlen geleitet, und vielleicht deswegen um so stabiler: bis dass der Tod, das Alter oder die Arbeitsunfähigkeit euch scheidet. Jetzt erleben wir die serielle Monogamie des Zeitarbeiters oder die Polygamie des Projektarbeiters, der sich vom Internetcafé aus an drei Geschäftspartner gleichzeitig verkauft. Das ermöglicht mehr Freiheit und macht vielleicht auch mehr Spaß – bedeutet aber bestimmt auch mehr Unsicherheit.

Zeitarbeit, Ein-Euro-Jobs, Scheinselbstständigkeit, Ich-AGs, Generation Praktikum – die stabilen Schienen der BRD rosten und zerbröseln, das raue Klima der globalisierten Weltwirtschaft bekommt diesen starren Strukturen nicht. Der Anteil des Normalarbeitsverhältnisses unter den Beschäftigungsformen lag 1968 noch bei über 75 Prozent, zum Jahr 2002 ist er auf 60 Prozent zurückgegangen, mittlerweile liegt er bei nur noch 56 Prozent. Immer mehr Firmen entlassen Teile ihrer Belegschaft, um sie dann als Leiharbeiter wieder neu einzustellen.

Zeitarbeit boomt, die Zahl der Leiharbeiter stieg zwischen 2003 und 2006 von knapp 330 000 auf 600 000, das *Institut für Wirtschaftsforschung Halle* rechnet langfristig mit vier bis fünf Millionen Leiharbeitern. »Seit den neunziger Jahren verändern sich die Verhältnisse auf dem Arbeitsmarkt in Richtung geringer Dauer und hoher Mobilität«, sagt der Soziologe Hans-Peter Blossfeld. Die Firmen müssen immer kurzfristiger planen und geben die Unsicherheit der globalen Märkte an die Beschäftigten weiter. »Diese Flexibilisierung trifft weniger die Menschen, die schon länger auf dem Arbeitsmarkt sind, die haben oft noch unbefristete Verträge. Opfer dieser Entwicklung sind vor allem die jungen, die erst beginnen zu arbeiten«, erklärt Blossfeld und spricht von einer »Generation Prekär«.

Damit ist aber keine durch vergleichbare Bildungsabschlüsse, Gehalt und Lebensstandards zusammengehaltene Klasse gemeint. Zeitarbeiter, Künstler, Scheinselbstständige, Projektarbeiter, *Multi-Jobber* – alle diese Menschen kann man aus einem einzigen Grund in eine Schublade stecken: Ihr Leben ist prekär, also unsicher, dynamisch und wechselhaft organisiert. Sie arbeiten nicht für einen Arbeitgeber, sondern gleichzeitig oder in wechselnder Abfolge für eine Vielzahl von Geschäftspartnern. Das einigende Band ist ein Grundgefühl der Unsicherheit und des Wandels – manche sehen das als Chance, andere als Bedrohung. Als Angehöriger des Prekariats kann man sehr gut verdienen, es ist nur leider eher die Ausnahme, nicht die Regel. Und nur weil die »Generation Prekär« altert, bekommt sie noch lange keine alten Beschäftigungsverhältnisse. Die Unsicherheit, an die sie sich in jungen Jahren gewöhnt hat, wird sie wahrscheinlich ein ganzes Leben lang nicht verlassen. Amerikanische Wissenschaftler gehen davon aus, dass in Zukunft nur noch 20 Prozent aller Angestellten eine Festanstellung haben werden.

Leonie Dietrich beschwert sich nicht. Jammern gehört nicht zu ihren Verhaltensroutinen. Sie prangert nicht die Globalisierung oder die gierigen Firmenbosse »da oben« an, sondern geht davon aus, dass gute Arbeit noch immer etwas zählt. Sie hat nach dem Fachabitur eine Ausbildung zur Handelskauffrau gemacht, investiert gerade 1500 Euro in einen Englisch- und einen Programmierkurs. Für die Generation ihres Vaters waren die Lehr- und Wanderjahre nach Erhalt des Diploms oder Meisterbriefs irgendwann beendet. Danach »war man wer« und musste sein Wissen nur noch anwenden. Leonie und ihre Altersgenossen hingegen müssen ständig neue Updates herunterladen, weil jede Firma unterschiedliche Anforderungen stellt: »Ich muss wissen, was sich so tut in der Branche.« Sie kauft sich viel Fachliteratur, surft im Internet, ist immer in der Ausbildung. Und Lehrjahre, so hieß es früher, sind keine Herrenjahren. Man muss sich anstrengen, bemühen und ertragen. Auf der Arbeit schreibt Leonie ihre Überstunden deshalb nicht auf, versucht, sich jedes Mal wieder für die Firma und ihre Ziele zu interessieren, zeigt Engagement und will positiv auffallen. Jeden Tag, wenn sie in eine Firma kommt, bewirbt sie sich aufs Neue. Leonie ist eine Visitenkarte auf zwei Beinen. Ausbildung und Bewerbung – was für ihren Vater nur drei kurze Schritte auf dem Weg zu einem Ziel waren, ist für Leonie ein Dauerzustand geworden, sie befindet sich auf einem Laufband und kommt keinen Schritt vorwärts, ist und bleibt »ein unfertiger Mensch«. Kein schönes Gefühl für eine, die Sicherheit so sehr schätzt. Besser, sie gewöhnt sich daran.

Treadmill heißt das Laufband im Amerikanischen. Tretmühle. Das Wort bezeichnet aber nicht nur das Fitnessgerät, sondern auch einen Zustand, bei dem man nicht recht weiter kommt. Die *Treadmill* passt in die neue Arbeitswelt, und das nicht nur, weil so viele Jungmanager noch im Firmen-Fitnesscenter weiterarbeiten beim *Work-out*. Die *Treadmill* ist die neue Karriereleiter, man klettert nicht mehr einfach nach oben und muss kaum Angst davor haben, wieder abzusteigen, man rennt gegen einen sich langsam steigernden Widerstand an, man ist erfolgreich, wenn man auf der Stelle bleibt, nur die Schnellsten kommen vorwärts, und wehe, man stolpert oder strauchelt.

Praktikanten als Avantgarde

Bei der Bewerbung zählen weniger die Ausbildung und das Wissen eines Kandidaten, also was auf der Festplatte gespeichert wurde, als die Geschwindigkeit und Belastungsfähigkeit des Prozessors. Werte wie Leidenschaft, Flexibilität und Aufopferungsbereitschaft bilden eine Qualifikation zweiter Ordnung. Es gibt dazu sogar schon einen offiziellen Bildungsweg mit festen Institutionen und Abschlüssen, der allerdings nicht von staatlichen oder akademischen Einrichtungen angeboten wird, sondern vom Markt. Es ist eine anstrengende Ausbildung und meist unbezahlt, ein bis zwei Millionen Menschen absolvieren sie derzeit, sie nennt sich Praktikum.

37 Prozent aller Akademiker starten nach jüngsten Zahlen ihre Berufskarriere mit einem oder mehreren Praktika. Für eine kurze Zeit im Frühjahr oder Sommer 2006 kam das Problem groß raus: »Generation Praktikum«, ein Schlagwort, gut für Titelgeschichten in Magazinen. Leitartikler mahnten die Wirtschaft, Politiker luden zu Pressekonferenzen, eine Gewerkschaft der Praktikanten gründete sich. Irgendwann gingen die Praktikanten dann allen auf die Nerven. Ihre larmoyante Haltung – gebt uns Sicherheit – passte dann doch nicht in die Zeit und die Leistungsideologie. Sollen sie sich doch anstrengen, brummten die Menschen an den Stammtischen und orderten

das nächste Bier. Die Diskussion verstummte, das Problem gibt es natürlich immer noch.

Die Praktikanten sind so etwas wie die Karikatur des neuen Arbeitnehmers, der sich voller Leidenschaft und mit dem Streben nach Selbstverwirklichung auf ständig wechselnde Arbeitgeber und Projekte einlässt und dabei die irrwitzigsten Arbeitsbedingungen erträgt. Das Problem mit den Praktikanten sind nicht Billiglöhne, sie werden noch zusätzlich von Mama, Papa oder Oma subventioniert. Auch das Kaffee-Kochen-Klischee trifft oft nicht zu. Das Problem ist nicht, dass die Praktikanten nichts lernen, sondern eher, was sie lernen. Das Praktikum war mal eine Ausbildungseinheit, in der Menschen Praxiserfahrung sowie Sach- und Orientierungswissen sammelten. Heute sind die Praktikanten meist schon fertig ausgebildet, vollwertige Arbeitnehmer, die für ein paar hundert Euro nur noch erfahren sollen, dass sie für ihren Arbeitseinsatz keine oder fast keine Gegenleistung erwarten dürfen. Gib alles und verlange nichts. Diese Lektion vergessen sie nie.

Working Poor

Leonie Dietrich vergleicht ihr Gehalt manchmal mit dem, was ihre fest angestellten Kollegen verdienen. Vielleicht sollte sie das einfach nicht mehr machen, sie weiß ja, wie das endet – mit Wut im Bauch. Sie erledigt die gleiche Arbeit für die Hälfte oder manchmal auch nur ein Viertel des Gehalts. Sich das im Berufsalltag nicht anmerken zu lassen, weiter mit den Kollegen zu arbeiten und manchmal sogar zu lachen, das fällt ihr, der Angestellten zweiter Klasse, doch sehr schwer. Ihr Bruttostundenlohn, das hat sie einmal ausgerechnet, liegt oft unter sieben Euro.

Immer mehr Arbeiter und Angestellte sacken in den Niedriglohnsektor ab. 1995 zählten im Westen Deutschlands 13,3 Prozent der vollzeitbeschäftigten Arbeitnehmer zu dieser Gruppe, 2004 waren es 16,2 Prozent. In Ostdeutschland stieg diese Zahl im selben Zeitraum von 13,9 auf 17,2 Prozent. Auch diese Zahlen sind ein weiterer Beleg für die These, dass die alte BRD langsam stirbt, jenes Wirtschaftssystem, das auf dem Versprechen fußte: »Wer hart arbeitet, kann auch gut essen«. In der Welt der *Working Poor* gilt dieses Versprechen nicht mehr. »Früher konnte man mit einem Job noch die ganze Familie ernähren. Heute müssen zunehmend beide Ehepartner arbeiten«, beobachtet der Soziologe Günter Voß. »Und immer häufiger müssen Menschen mit geringem Einkommen sogar mehrere Jobs kombinieren, um über die Runden zu kommen.« Die Zahl der Menschen mit Zweitjob steigt seit 1991 rasant an: von 696 000 auf 1 814 000 im Jahr 2005. Dazu kommen noch über 400 000 Menschen, die im Zweitjob selbstständig sind, insgesamt gibt es also 2,2 Millionen *Double-Job-Holder*, das sind 5,7 Prozent aller Beschäftigten. Die USA, Heimat der flexiblen Arbeitszeiten und niedrigen Löhne, kommen nur auf 5,3 Prozent. Verkäufer arbeiten nach Dienstschluss als Wachmann, Krankenschwestern bedienen am Wochenende im Café. Auch Schwarzarbeiter müssen zu den *Multi-Jobbern* gezählt werden, allein im Jahr 2007 sollen über 340 Milliarden Euro in die Schattenwirtschaft fließen. Ein typisches Beispiel ist ein Friseur, der nach zehn Stunden im Salon Freunden oder Freundesfreunden zu Hause die Haare schneidet, weil sein Lohn einfach nicht mehr ausreicht. Die *Multi-Jobber* sind die wahren Selbstunternehmer. Sie sind in mehreren Berufsfeldern tätig, können gut rechnen und gut organisieren – und sie haben kaum Freizeit.

Das Normalarbeitsverhältnis wird von zwei Seiten in die Zange genommen: von unsicheren Arbeitsverhältnissen und

Niedriglöhnen. Um flexibler planen zu können, wollen die Firmen keinen Ehevertrag mehr abschließen. Und viele Angestellte, denen das Geld nicht mehr reicht, flüchten sich neben ihrem Erstberuf noch in eine Jobaffäre. Der Soziologe Ulrich Beck bezeichnet diese Entwicklung als eine »Brasilianisierung der Arbeitswelt«: »Wir dachten lange, wenn die Modernisierung weitergehe, würden die Entwicklungsländer dereinst unser Niveau erreichen. Jetzt stellen wir fest: Mit der Prekarisierung übernimmt der Westen Elemente der Sozialstruktur der Dritten Welt. In Brasilien und anderswo machen die Menschen wie selbstverständlich verschiedene Jobs. Wir müssen uns erst daran gewöhnen.«

Lebens- und Überlebenskünstler

Anders als Leonie Dietrich ist Sascha Lobo aus dem Traum der Festanstellung längst aufgewacht. Besser gesagt: Er hat ihn nie geträumt. Sascha Lobo schläft überhaupt nicht so viel. Er ist lieber wach, aktiv, schnell. »Wir nennen es Arbeit« heißt sein Buch, das er gemeinsam mit dem Journalisten Holm Friebe geschrieben hat und in welchem er das Leben der *Digitalen Bohème* schildert. Gemeint sind alle Leute, die jenseits fester Arbeitsverhältnisse mit dem Internet arbeiten – als Grafiker, Selbstdarsteller, Werber, *eBay-Powerseller* – »und dadurch genau das machen können, was ihnen Spaß bringt«, so Lobo. »Wir verzichten dankend auf einen Anstellungsvertrag und verwirklichen mit den neuen Technologien einen ganz alten Traum: das selbstbestimmte Arbeiten. Ich denke, das ist ein Lebensstil, der sich gerade zu einem bedeutenden Wirtschaftsfaktor entwickelt.«

 Sascha Lobo sitzt in einem dieser zentral gelegenen Berliner Büros, die in etwa so viel Miete kosten wie 20 Quadratmeter Lagerraum in München oder Hamburg. Früher war sein Büro ein Kinosaal, 350 Quadratmeter, hohe Decken, alles ein wenig abgerockt. Das Erste, was man von Lobo sieht, wenn man diesen Raum betritt, ist ein roter, tanzender Punkt, ein Büschel seiner gefärbten Haare, bis auf den Irokesenkamm ist der Kopf ganz rasiert. David Beckham hat die Frisur der indianischen Krieger und englischen Punks zur Jahrtausendwende popularisiert, sechs Jahre später sieht sie bei Lobo aus, als trage er eine Krone. Lobo sitzt am Schreibtisch, hält den Kopf gesenkt, die Krone zittert, er arbeitet konzentriert und wirkt wie unter Strom.

Vielleicht ist der Schnellsprech-Punk ja tatsächlich der König von Berlin, Sascha der Erste, der Anführer einer Parallelgesellschaft, die eben nicht von Einwanderern, sondern von digitalen Ureinwohnern gebildet wird, die ihre eigene Leitkultur entwickelt haben und mit den heiligen Werten der BRD – Normalarbeitsverhältnis, Eigenheim und diverse Monogamien – wenig oder gar nichts anfangen können. »Etwas Besseres als die Festanstellung finden wir allemal«, sagt Lobo.

Das ist die richtige Phrase am richtigen Ort, in Berlin haben ohnehin nur 40 Prozent aller Beschäftigten eine unbefristete Vollzeitstelle, jeder Berliner verfügt im Schnitt über 14700 Euro im Jahr, das sind nur knapp 7000 mehr als das steuerliche Existenzminimum. Der örtliche *DGB*-Chef Dieter Scholz hat Berlin zur »Hauptstadt unsicherer Beschäftigungsverhältnisse« erklärt. Es ist aber auch die Hauptstadt des Durchlavierens, man kann dort mit vergleichsweise wenig Geld ziemlich gut leben. Eine Dreizimmer-Altbauwohnung kostet so viel wie eine Monatskarte für die Londoner U-Bahn, das Obst beim Türken ist billig und immer gibt es da einen Freund oder den Freund eines Freundes, der Barkeeper ist und einem zwei Bier spendiert oder einen auf die Gästeliste für ein Konzert setzt. Hier entsteht auch eine neue Spezies von *Double-Jobholdern.* Sie unterscheiden zwischen einem Job zum Geldverdienen – in der Kneipe, im Callcenter oder im Supermarkt – und einem Job für die Leidenschaft, Figuren schnitzen, Fotoserien schießen oder Drehbücher schreiben. Lebens- und Überlebenskünstler, die flexibel, mobil und ständig bereit sind, sich auf neue Arbeitsformen einzulassen. Sie wollen Spaß und Selbstverwirklichung, hangeln sich von Nebenjob zu Nebenjob, haben viele Pläne und kein Geld.

Die kreativen Selbstverwirklicher hatten nicht immer die beste Presse. Man beschimpfte sie als »Urbane Penner«, und die Band *Britta* stellte die Frage: »Ist das noch Bohème oder schon die Unterschicht?« Lobo will diesem Lebensstil jetzt ein positives Image verpassen, ihn neu *branden*, kein Fehler, sondern ein Feature. Und mit Werbung kennt Lobo sich aus, das ist der Job, den er gelernt hat. Auch heute noch arbeitet er für Auftraggeber wie *MTV*. Nebenbei hat er eine Vermarktungsagentur gegründet, die Blogs und Werbekunden zusammenbringen soll, und berät den *Burda*-Verlag bei Zeitschriftenprojekten. Der *Multiple-Jobholder* kennt die Angst, die einen packt, wenn man drei Monate im Mietrückstand ist, aber auch das berauschende Gefühl, wenn, nach bangen Wochen des Wartens, der Mahnungen und telefonischen Drohungen, die Auftraggeber endlich das Geld schicken, die Überweisungen auf den Kontoauszügen aufschlagen wie schwere Regentropfen. Das ist in letzter Zeit häufig der Fall. Lobo ist ein Beweis dafür, dass man als *Digitaler Bohémien* gut leben kann. In einem festen Arbeitsverhältnis war Lobo nur zweimal in seinem Leben. »Das habe ich aber einmal nach sechs Wochen und einmal nach sechs Monaten hingeschmissen«, erzählt er. »Das war nicht mein Ding.« Er erinnert sich an diese Zeit wie an einen Gefängnisaufenthalt und hat nur wenig Verständnis für jemanden, der nach einem Bürojob strebt. »Wie viel mehr ist ein Euro wert, den man als Preis am Markt für eigene Ideen und Leistungen erzielt hat, gegenüber einem, den man als Besoldung und Belohnung für unauffälliges Wohlverhalten regelmäßig am Monatsende kassiert?«

Mit ihrem Buch werben Sascha Lobo und Holm Friebe nicht für ein Produkt, sondern für den neuen, flexiblen Lebensstil, der viel Freiheit, wenig Sicherheit, keine Arbeitszeitregelung und keinen Kündigungsschutz bietet. Sie liefern die Ideologie zur neuen Arbeitswelt. Und das Glaubensbekenntnis dieser ökonomischen Freikirche geht ungefähr so: Ich kann arbeiten, wann ich will und wie ich will. Wenn ich Lust habe, bleibe ich den ganzen Tag im Bett, dafür stehe ich dann am anderen Morgen um 5 Uhr auf und arbeite 14 Stunden durch. Die armen Säue – das sind für Lobo nicht die Lebenskünstler ohne sicheres Gehalt, sondern die Angestellten, die grauen Büromenschen, die er morgens in der U-Bahn trifft. Wenn sie ins Büro fahren, kommt er von der Party. Er glaubt zu wissen, was die Angestellten erwartet. In ihrem Buch beschreiben Lobo und Friebe den Verfall des fremdgesteuerten Arbeitnehmers: »Sobald … die Tinte unter dem Festanstellungsvertrag getrocknet ist, beginnt ein schleichender Prozess der strukturellen Verblödung.« Und Sascha Lobo ahnt, dass seinem Lebens- und Arbeitsstil die Zukunft gehört.

Der Arbeitnehmer des 21. Jahrhunderts, so schreibt Robert B. Reich, Arbeitsminister der Clinton-Regierung, ist für die Firmen kein Partner mehr, mit individueller Biografie und gewissen Rechten, sondern eine Zahl, die in der Bilanz mit einem positiven oder negativen Vorzeichen auftaucht, je nachdem. »In ein paar Jahren wird ein ›Unternehmen‹ definiert sein durch diejenigen Menschen, die über einen gewissen Zeitraum einen gewissen Zugang zu gewissen Daten haben und einen gewissen Anteil eines gewissen Ertragsrückflusses erhalten.«

Diese Veränderung wird auch durch das Internet beschleunigt. Je schneller die Glasfaserkabel die Informationen um den Globus schicken, desto rasanter verändert sich die Arbeitswelt. Betriebsausweis und Stempelkarte werden durch die digitale Institution des Passwortes ersetzt. Der moderne Arbeiter braucht nur die Zugangsberechtigung, um sich ins Firmensystem einzuloggen und danach zehn Tage oder zwei Monate lang mit einem Team zusammenzuarbeiten, dessen einzelne Mitglieder er vielleicht nie zu Gesicht bekommt. Alles, was er von seinen Kollegen sieht, sind deren E-Mail-Adressen und vielleicht die Benutzernamen bei *Skype.com*. Wenn das Projekt beendet ist, verliert das Passwort seine Gültigkeit, die digitalen Firmentore schließen sich und das temporäre Team löst sich auf, so schnell, wie es sich gebildet hatte.

Sogar die schon für tot gehaltene Fließbandarbeit erlebt im Web ihre Wiederauferstehung. »Menschen können bestimmte Probleme immer noch weit besser lösen als Computer, zum Beispiel Identifizierung von Gegenständen auf Fotos oder Texte übersetzen«, schreibt *Amazon* und bietet auf *www.mturk.com* eine Plattform, auf der Unternehmen und Einzelpersonen geistige Aufgaben anbieten und die Entlohnung nach eigenem Ermessen festlegen. Für die Verschlagwortung von zehn Bildern gibt es 50 Cent, für das Recherchieren der Internetadresse eines Unternehmens nur fünf. Auf Seiten wie *RentACoder.com* lassen sich vor allem indische und russische Programmierer mit nur wenigen Klicks mieten, *elance.com* bietet die Dienstleistungen von Grafikern, Übersetzern und Journalisten an und wirbt explizit mit niedrigen Preisen, da die von der Seite vermittelten Arbeitssuchenden um Aufträge konkurrieren müssen. Ein Vorgeschmack auf eine zukünftige Arbeitswelt, so glaubt der französische Publizist Pierre Lazuly: Arbeitgeber versteigern eine bestimmte Tätigkeit in einer Art Negativ-Auktion, den Job bekommt derjenige, der am wenigsten dafür verlangt, die Auftragnehmer verderben sich gegenseitig die Honorare. Das Web stellt eine totale und globale Konkurrenzsituation her, von der die Kapitalisten des 19. und 20. Jahrhunderts nur träumen konnten.

In Hotspot-Cafés lässt sich der neue Arbeitnehmer-Typus, irgendetwas zwischen Künstler und taylorisiertem Arbeiter, schon beobachten. Alle sitzen vor Computern. Man weiß nur nicht, wer was macht. Ein Regisseur, der seinen Film schneidet. Ein Architekt, der ein Haus baut. Ein Informatiker, der eine neue Software entwickelt. Vielleicht ist das ja tatsächlich der Modus Vivendi für das 21. Jahrhundert. Es gibt keine festen Angestellten mehr, sondern nur ein Netz freier Cyber-Produzenten, die sich zeitlich begrenzt zusammenschließen, Energie entstehen lassen und sich dann wieder voneinander lösen. Die kleinste Kapitaleinheit ist nicht mehr das Unternehmen, sondern die neuronale Struktur eines Marktindividuums.

Der Bohémien als perfekter Angestellter

Zeitarbeiter, *Multiple-Jobholder* und *Digitale Bohémiens* passen sich perfekt den neuen Marktbedingungen an, agieren als Einmannunternehmen, akquirieren Aufträge, erstellen Kosten-Nutzen-Rechnungen und optimieren die eigene Arbeitskraft. Sie haben mehrere Auftraggeber. Besser, man stellt sich auf dem Markt breit auf, dann kann man auch reagieren, wenn ein Produkt nicht mehr so nachgefragt wird. Es ist ein Leben mit neuen Risiken und neuen Freiheiten. Oft scheint es aber vor allem die Freiheit zur Mehrarbeit zu sein. Sascha Lobo bestreitet das keineswegs: »Es kann schon sein, dass diese neuen und flexiblen Arbeitsformen auch zu Selbstausbeutung führen, man muss lernen, das für sich selbst zu kontrollieren. Und bevor ich mich von anderen ausbeuten lasse, beute ich mich lieber selber aus.«

Sascha Lobo macht es nervös, dass sein Handy ständig abstürzt, Gesprächspausen im Interview nutzt er, um kurz etwas in den Laptop zu schreiben, er ist ein voll ausgelastetes Unternehmen, er muss jeden Moment produktiv sein. 80 Stunden in der Woche arbeitet Lobo derzeit. »Ich weiß, dass ich zur Zeit sehr viel arbeite und das auch wieder runterfahren muss. Aber man sollte eine Welle surfen, wenn sie da ist.« Da Lobo, anders als ein Angestellter im Normalarbeitsverhältnis, nicht weiß, wie viel er morgen verdienen wird, muss er heute so viel Geld wie möglich erwirtschaften. Die unsichere Zukunft als permanenter Antrieb zur Mehrarbeit. Es ist für ihn auch kein wirkliches Problem, dass die Arbeit große Teile seiner Freizeit aufsaugt, die Unterscheidung zwischen diesen beiden Lebensbereichen interessiert ihn ohnehin nicht. »Wir sind so sozialisiert worden, dass Arbeit mit Mühsal verbunden ist, dass Arbeit der traurige Teil des Lebens ist. Das trifft bei mir einfach nicht zu.«

Lobo ist ein Rebell, zumindest versteht er sich so, seine Rhetorik und sein Look orientieren sich an der Subkultur der achtziger und neunziger Jahre. Und sein Buch versteht er als Gegenmodell zu einem neoliberalen Gesellschaftsentwurf. Er erklärt, eigentlich nur für zwei Auftraggeber nie arbeiten zu wollen: Landminenhersteller und die *FDP*. In ihrer Abneigung gegen die Festanstellung sind Lobo und Friebe jedoch paradoxerweise ganz auf der Höhe marktliberaler Theorie und Ideologie. Auch die hetzt gegen den fest angestellten Langweiler, der immer nur Dienst nach Vorschrift macht, keine eigenen Ideen entwickelt und die Fix- und Sozialkosten in die Höhe treibt. Und alle Werte, die Lobo und Friebe propagieren – Leidenschaft, Selbstständigkeit, Flexibilität, Eigenverantwortung – werden ja auch vom modernen Beschäftigten erwartet. Auch Jan Schiemer, dieser Muster-Banker, hat keinen direkten Vorgesetzten mehr im Nebenzimmer, der ihn und seine Leistung permanent kontrolliert. Und sowohl bei Schiemer als auch bei Lobo dreht sich alles darum, die Deadline einzuhalten. Im Grunde sind die *Digitalen Bohémiens* und Lebenskünstler nur etwas exzentrischere Spielarten des neuen Angestellten. Sie fühlen sich subversiv – und kommen doch ihren Auftraggebern, den Werbeagenturen, Filmstudios und Zeitungsredaktionen unendlich entgegen. Sie bestehen nicht auf teuren Sozialleistungen, lassen sich pro Projekt und punktuell bezahlen, sind jederzeit erreichbar, flexibel und mobil einsetzbar – und dabei auch noch immer gut gelaunt.

Mehr kann sich auch der anspruchsvollste Arbeitgeber eigentlich nicht wünschen.

12. LEBEN IM ASSESSMENT-CENTER

Je unsicherer unsere Beschäftigungsverhältnisse werden, desto wichtiger sind Selbstpräsentation und das berufliche Netzwerk. Die neuen Möglichkeiten der Jobsuche lassen sich besonders gut im Internet beobachten, gelten aber auch fürs analoge Leben.

Lars Hinrichs ist ziemlich beliebt. Er hat 1809 Freunde, zumindest war das der Stand, als er das letzte Mal gezählt hat, und täglich kommen neue Freunde hinzu. Es soll keiner glauben, dass es sich dabei um oberflächliche Bekanntschaften handelt, Lars Hinrichs ist ihnen eng verbunden, hat von jedem seiner Freunde ein Foto auf dem Schreibtisch. Ein Mausklick genügt, dann erscheint ihr Bild auf seinem Bildschirm. Und, man kann das so sagen, dieser Freundeskreis ist eine Zier für ihn. Die Männer tragen Hemd und Krawatte, blicken sicher und selbstbewusst nach rechts oben, aus dem Bildschirm hinaus und in die Zukunft. Die Frauen tragen Bluse und Kostüm und vielleicht auch ein *Smartphone*, den Schmuck der Business-Elite.

Die Bilder in seinem Computer erinnern nicht an vergangene Zeiten, sie erzählen keine Geschichten von Strand, Konzertbesuch oder Geburtstagsparty. Lars Hinrichs sammelt sie nicht aus nostalgischen Gründen, sondern für seine Zukunft, Chancen und Potenziale. Casimir Graf Maltzahn, *CEO TST Biometrics*, München, steht fett gedruckt neben einem der Bilder. Lone Aggersbjerg, *Director Strategic Alliances FS SAP AG*, Walldorf. Die Bilder sind nichts anderes als Visitenkarten mit Foto, Name und Beruf, eine Art Business-Bilderbuch. Seine Freunde kommen aus verschiedenen Ländern und gehören unterschiedlichen Altersgruppen an. Was sie eint, sind nicht gemeinsame Interessen und Erlebnisse, sondern das Gefühl, füreinander nützlich zu sein.

Genau genommen sind die 1809 Menschen nicht nur seine Freunde, sondern auch seine Kunden.

Arbeit 2.0

Lars Hinrichs ist Geschäftsführer und Gründer von *Xing.com*, des erfolgreichsten und größten europäischen Business-Portals. Die Online-Firma hat mehr als zwei Millionen Mitglieder auf der ganzen Welt, ihr Börsenwert lag im Juni 2007 bei 235 Millionen Euro. Hinrichs ist der deutsche Superstar des so genannten *Web 2.0*. Das Erfolgsprinzip: Die Medienkonzerne produzieren nicht mehr selbst Informationen und Inhalte, wie etwa die *ARD* oder die *New York Times*, sondern überlassen das ihren Kunden, Nutzern, wie das heute heißt. Die erfolgreichsten *Web 2.0*-Seiten sind so genannte *Social Networking Services (SNS)*. Die über hundert Millionen User von *MySpace* beispielsweise betreiben eine eigene Sub-Homepage, auf der sie sich selbst präsentieren, von ihren Hobbys erzählen, den Freundeskreis vorstellen oder das Buch, das sie gerade gelesen haben. Über Gästebuch, *Instant-Messenger* oder E-Mail kommunizieren die Nutzer miteinander. Wir befinden uns auf den Marktplätzen des 21. Jahrhunderts. Es ist laut dort, Musik spielt, Menschen treffen sich, verlieben sich und reden aneinander vorbei.

Xing macht nun aus diesem digitalen Fun-Universum eine Arbeitsgesellschaft. Die Nutzer präsentieren auf ihrer Sub-Page ihren Lebenslauf, die Stationen ihrer Karriere und Empfehlungsschreiben, tauschen sich über Arbeitgeber und Projektpartner aus. Genau wie die Teenager auf *MySpace* reden auch die *Xing*-User über das, was sie am meisten beschäftigt, über ihr liebstes Hobby: den Beruf. *Xing* ist Gerüchteküche, Kantine und Arbeitsamt. Die soziale Energie, die aus der nicht enden wollenden Interaktion der Business-Menschen entsteht, soll dazu genutzt werden, Geschäftsabschlüsse und Personalangelegenheiten rationaler zu gestalten. Um einen Arbeitnehmer zu finden, müssen Firmen nicht länger Zwischenstationen wie Arbeitsannoncen oder Headhunter bemühen, Auftraggeber und Auftragnehmer treten direkt in Kontakt. *Plug and Play* in der Personalabteilung. »Festanstellungen fürs ganze Leben gibt es nicht mehr«, sagt Lars Hinrichs, »Arbeit wird immer mehr projektförmig organisiert. Das heißt, dass erstens der Arbeitgeber Leute für ein gerade aktuelles Projekt sucht. Und dass zweitens die Arbeitnehmer jemanden finden müssen, der gerade ein Projekt startet. Das bedeutet: Kontakte werden immer wichtiger. Und wir helfen dabei, schneller die relevanten Leute zu finden.« Mit der Software von *Xing* verwandelt sich der Freundeskreis in ein Business-Network.

Xing entspricht nicht dem Klischee einer Start-up-Firma, in der die Leute in Jeans und T-Shirt versucht haben, die *Old Economy* und ihre Werte zu stürzen. Zwar gibt es auch einen Tischkicker, aber der steht abseits vom Großraumbüro in einer kleinen Kammer. Niemand benutzt ihn – und wahrscheinlich soll auch genau das demonstriert werden: Es geht um etwas Großes, für Freizeitvergnügen haben wir keine Zeit. 87 Angestellte arbeiten weltweit für *Xing*. Die jungen Menschen, die in Hamburg sitzen, auffällig wenig reden und auf ihre Displays starren, tragen klassische Business-Outfits. Nach den *Cyber-Hippies* des ersten Internetbooms, kommen jetzt die *Cyber-Yuppies*. Was sie verbindet, ist die Hybris, die Welt, so wie sie ist, verändern zu wollen.

Die *Xing*-Angestellten programmieren nicht nur den Code

für ein Internetangebot, sondern auch die Algorithmen einer neuen Gesellschaft. In der IT-Branche bezeichnet man unfertige Versionen eines Computerprogramms als *Beta-Versionen*. Diese Programme werden von Herstellern häufig zu Testzwecken veröffentlicht, die Nutzer arbeiten mit dem Programm, machen erste Erfahrungen und können Fehler den Entwicklern melden. Das Programm wird so schrittweise verbessert und weiter entwickelt. *Xing* ist die *Beta-Version* der neuen Arbeitswelt. Es läuft noch nicht alles perfekt, es ist noch nicht effektiv, und die ganz entscheidende Frage ist nicht beantwortet: Wird es das Leben verbessern und wenn ja, wessen Leben?

Digitale Selbstvermarktung

Im Gegensatz zu *MySpace* ist die *Xing*-Webseite eher Büro als Bar. Hier findet man keine Popsongs und auch keine verwackelten Handy-Videos vom letzten Konzert, stattdessen ist alles nüchtern und grau, gerade Linien, *Business Values*, exakte Informationen im Frage-Antwort-Schema. Lars Hinrichs wird beispielsweise folgendermaßen klassifiziert: »Status: Führungskraft. Firma: *Open Business Club AG, Xing*. Vorherige Firmen: *Böttcher-Hinrichs, politik-digital.*« Die Ego-Präsentation folgt dem Muster des Auto-Quartetts. PS? Km/h? Zylinder? Sticht! Nur dass bei diesem Karriere-Quartett nicht allein die harten Fakten zählen, sondern auch *Soft Values*. Hinrichs etwa gibt sein Interesse an Yoga, Wein und Thai Food an sowie seine Mitgliedschaft im Verein *After-Work-Golf.net*. Es geht nicht allein um Kompetenzen, es geht um alle Facetten eines Menschen. Aus soziologischen Untersuchungen weiß man, dass charakterliche Merkmale bei der Personalauswahl immer wichtiger werden, gesucht wird nicht nur eine Arbeitskraft, sondern eine Persönlichkeit. Da geben Hobbys, Interessen und die individuelle Biografie wertvolle Hinweise.

Ein Personalchef kann unter den mehr als zwei Millionen *Xing*-Usern nach einem passenden Kandidaten suchen. In der Suchmaske definiert er exakt das gewünschte Profil: weiblich, jung, Marketingerfahrung, Interesse an klassischer Musik und Asien. Der perfekte Mitarbeiter ist nur ein paar Mausklicks weit entfernt. Alle Menschen, die auf der Suche nach einem Job sind, müssen im Umkehrschluss die Wahrscheinlichkeit erhöhen, dass sie selbst dieser perfekte Mitarbeiter sind, dass sie den gängigen Suchkriterien entsprechen, ohne das scharfe Profil zu verlieren. Das Ziel aller *Xing*-Mitglieder ist klar: maximale Kompatibilität mit dem System.

Wer glaubt, dies gelte nur für die Avantgarde der IT-Branche, liegt falsch. Selbst die Zeitschrift *Sparkasse*, ein Bulletin der biederen Mittelschicht, fragt ihre Leser: »Wie ist Ihre digitale Reputation?« Das Blatt empfiehlt den Angestellten und Beamten, ihre so genannte *Googleability* zu verbessern; damit ist die Wahrscheinlichkeit gemeint, dass, wenn man den eigenen Namen in eine Suchmaschine eingibt, eine Vielzahl an interessanten und aussagekräftigen Treffern herauskommt. Und wer Dieter Müller heißt, sollte natürlich sicherstellen, dass er der erste der vielen tausend Dieter Müllers ist, den *Google* entdeckt. Die Liste der Suchergebnisse als Persönlichkeitsprofil und digitaler Personalausweis. Um das *Google*-Profil zu optimieren, rät die Sparkasse, zunächst eine Inventur der digitalen Präsenz durchzuführen, also zu ermitteln, was alles schon über einen selbst im Netz gespeichert ist. Dann soll man sich fragen: »Was möchte ich über mich veröffentlicht sehen? Welche privaten, beruflichen oder ehrenamtlichen Funktionen und Fähigkeiten sollen gefunden werden?« Eine Stunde pro Tag müsse man schon investieren, um eine ansehnliche digitale Version des Ichs zu erstellen, schreibt das Magazin, aber es lohne sich, denn »es wird Ihr Leben bereichern und Ihrer Karriere helfen«. Des Weiteren wird empfohlen, ein Blog über ein Thema zu schreiben, das mit dem eigenen Beruf zusammenhängt. Es gibt im Netz unzählige Web-Tagebücher über Marketing, *Private Equity* und Medien, diese halbprivaten Seiten fungieren gleichzeitig als Sprachrohr des Betreibers und als Treffpunkt für eine professionelle Community. Progressive Firmen wie zum Beispiel *IBM* stellen auf ihrer Webseite eine Blog-Funktion zur Verfügung, auf der sich die Mitarbeiter präsentieren können und sollen. Das erfolgreich abgeschlossene Projekt wird sofort vermerkt. Die *Wirtschaftswoche* rät ambitionierten Arbeitnehmern, sich mit interessanten Personen fotografieren zu lassen und diese Bilder dann ins Internet zu stellen. Wenn man auf einer Party Josef Ackermann trifft, bittet man den Bankmogul um ein gemeinsames Foto und stellt das Bild am nächsten Tag mit dem Kommentar ins Netz: »Mein Freund Sepp.«

MySpace-User berichten freimütig von Drogenkonsum, psychischen Problemen und sexuellen Präferenzen. Das erfolgreiche Start-up *Twitter* bietet die Möglichkeit, seinem Freundeskreis kontinuierlich kurze Antworten auf die Frage »Was machst du?« zu schicken. Ich mache mir einen Kaffee. Ich schreibe noch eine E-Mail. Der öffentliche Mensch, Postgeheimnis und Privatsphäre sind Konzepte aus einer anderen Epoche. Der Net-Exhibitionismus folgt einem wirtschaftlichen Imperativ, einer Ökonomie der Aufmerksamkeit und der Anerkennung. Nur wer auffällt, wird beachtet. In vorauseilendem Gehorsam präsentiert der moderne Arbeitnehmer sein Innenleben, er weiß, dass persönliche Werte immer wichtiger werden. Dabei muss er stets entscheiden, was er offenbart. Und was er lieber verschweigt: peinliche Episoden aus der Jugend, dunkle Seiten des Charakters, den entzogenen Führerschein, die unehelichen Kinder. Die Selbstunternehmer haben dasselbe Problem wie die Weltkonzerne *Nike* oder *Vodafone* – es kommt darauf an, die Informationen, die in der Öffentlichkeit zirkulieren, zu kontrollieren und damit auch ihr Image. Eine Aufgabe, die in der unübersichtlich werdenden Kommunikationssphäre immer schwieriger wird.

In der digitalen Welt können per einfacher Internetrecherche Vermieter ihre Mieter mustern, Studenten ihre Professoren und natürlich auch Arbeitgeber ihre Arbeitnehmer. Das Internet vergisst nichts, es hat keine *Delete*-Taste: Die hässliche Grimasse auf dem Klassenfoto, ein rassistischer Witz in einem Blog, ein missglücktes Projekt, die schlechte Bewertung eines Kunden. Eine Umfrage der *Wirtschaftswoche* unter Personalverantwortlichen zeigte: 28 Prozent checken übers Internet Kandidaten auf Schwachstellen ab.

Die Angst vor dem früheren Ich hat das Internet-Start-up *ReputationDefender* zu seinem Geschäftsprinzip erhoben: »Was kann man über Sie im Netz finden?«, fragt die Firma auf ihrer Website. *ReputationDefender* bietet an, Jugendsünden und Peinlichkeiten aus dem Internet zu löschen. Mit einer Roboter-Software durchsuchen Mitarbeiter das Netz, schreiben anschließend Betreiber und Provider an und verlangen, dass die für ihre Kunden negativen Daten entfernt werden. In einer Welt, die nur noch aus Nullen und Einsen besteht, sind negative Informationen gefährlich und eine Bedrohung für Karriere und Lebensglück. Um jederzeit adäquat reagieren zu können, lässt sich bei *Google* eine Funktion einstellen, die sofort informiert, wenn ein neuer Eintrag über die eigene Person hinzugekommen ist. Das digitale Ich im Alarmzustand.

Analoge Selbstvermarktung

Die Möglichkeiten digitaler Persönlichkeitsrepräsentation beeinflussen auch die analoge Welt. Auch hier kommt es darauf an aufzufallen. Sascha Lobo etwa lief bis zur Präsentation seines Buchs »Wir nennen es Arbeit« nicht wie ein Bahnhofspunker herum. Die rote Irokesenfrisur hat er sich erst für die Pressearbeit schneiden lassen. Und die Kameras lieben ihn dafür. »Frisuren-Marketing« nennt er das. Sogar die *Agentur für Arbeit*, diese schwerfällige Behörde, hat verstanden, dass sich die Ökonomie der Arbeitsvermittlung verändert. Arbeitssuchende lernen in mehrtägigen Kursen die korrekte Selbstpräsentation. Die Trainer reden über Lebenslauf-Layout, firmenspezifische Kleidung und darüber, wie man Fangfragen erkennt und adäquat reagiert. Mit einer Videokamera werden Rhetorik und Körpersprache aufgezeichnet und dann von der Gruppe analysiert. Auch private Bewerbungs-Coaches drängen auf den Markt. Das Angebot reicht vom seriösen Unterricht, der Kompetenzen und Zusatzfähigkeiten wie etwa HTML-Kenntnisse vermitteln soll, bis zu Kursen, die Schminktipps geben und anschließend die Kundinnen zum Profifotografen schicken, damit dieser ein schönes Bewerbungsfoto schießt. Auch der Vorschlag, das erste Bewerbungsschreiben an Gott persönlich zu adressieren, kursiert – aber der schreibt selten zurück.

Die Zielgruppe für solche Ratschläge ist groß. Nicht nur Millionen Arbeitslose, auch alle Beschäftigten sind potenzielle Exangestellte, können sich ihres Jobs nicht mehr sicher sein und müssen sich daher jeden Tag neu in Topform präsentieren, um die Wahrscheinlichkeit zu verringern, entlassen zu werden. Rund fünf Milliarden Euro zahlen die Deutschen jährlich für Motivationskurse, Persönlichkeitsseminare, Karriereberatungen und entsprechende Bücher. Im Karriere-Ratgeber »Ich & Co«

schreibt William Bridges: »Definieren Sie sich eindeutig als ein Produkt. Dazu müssen Sie sich als wirtschaftlich unabhängige Einheit betrachten, nicht als Teilstück, das sein Ganzes sucht, um darin zu funktionieren. Deshalb ist es enorm wichtig, dass Sie sich von einem Markt umgeben sehen, selbst wenn Sie Angestellter eines Unternehmens sind.« Lerne dich kennen, lerne den Markt kennen, dann betrete den Markt und verwandle dich in das benötigte Produkt. Im Ratgeber »Ego-Marketing« vermischen sich neoliberale Leistungsimperative und esoterische Hippie-Ideale. Selbstbefreiung und Selbstbereicherung verschmelzen zu einem einzigen ekstatischen Zustand. Der Autor Michael Böhm empfiehlt, das innere Ich kennen zu lernen. Dazu ist kein Haschisch notwendig und auch keine Reise nach Indien, sondern nur eine so genannte *SWOT*-Tabelle, in die man seine Stärken, Schwächen, Gefahren und Möglichkeiten einträgt. Dieselbe Methode verwenden auch Unternehmensberater bei der Tiefenanalyse von scheinbar maroden Firmen. Weil ein *McKinsey*-Check für ein einzelnes Individuum aber vermutlich zu teuer ist, muss der Freundeskreis für *Benchmarking* und Evaluation der Außenwirkung herhalten. Böhm schlägt vor, sein unmittelbares soziales Umfeld zu bitten, einen Fragebogen auszufüllen. Einen prototypischen Entwurf des Anschreibens druckt er in seinem Buch ab: »Lieber XY, vielen Dank, dass du dir die Zeit nimmst, mir bei der Erstellung meiner persönlichen EGO-Marketing-Strategie zu helfen. Da niemand die Außenwirkung seiner Person real einschätzen kann, bin ich auf deine Hilfe angewiesen. Bitte beantworte alle Fragen offen und ehrlich, denn nur dann helfen deine wichtigen Informationen mir auch wirklich weiter. Ich würde mich freuen, wenn du mir den Fragebogen bis ... zurückgeben könntest.«

Der Selbstunternehmer verwandelt sich in ein Planungsbüro der eigenen Karriere, das Tag und Nacht Strategien zur

Produktoptimierung entwirft. Es kommt nicht nur darauf an, beruflich auf der Höhe der Zeit zu sein, auch das eigene Privatleben muss interessant aussehen, kann strategisch auf den Arbeitserwerb ausgerichtet werden: ein Sport, der Dynamik und Einsatzfreude demonstriert, ein Hobby, das echtes und tiefes Interesse verlangt. Wir leben nicht mehr für das Leben, sondern für den Lebenslauf. Und wenn es trotzdem nicht klappt mit dem Traumjob oder der Beförderung, dann kennt die Ratgeberliteratur auch gleich den Grund: »Sie gestalten Ihr Leben selbst und sind dafür auch alleine verantwortlich«, schreibt Böhm. »Wenn nichts passiert, sind nicht die ominösen Anderen Schuld, sondern lediglich Ihre Trägheit.« Ganz ähnlich drückt das ein Flyer von *McDonald's* aus, auf dem das Unternehmen um neue Mitarbeiter wirbt. Ein hübscher junger Mann lächelt schelmisch-verzweifelt. Was er denkt, steht fett gedruckt neben dem Foto: »Nervig, dass man hier so viele Aufstiegschancen hat. Jetzt gibt's wohl keine Ausreden mehr.« Die schlechte Arbeitsmarktsituation, ein mieser Chef, ein Unternehmen, das Pleite geht, vielleicht einfach Pech – das alles sind nun keine legitimen Erklärungen mehr. Und Kündigung ist nur ein anderes Wort für Chance. Das ist die Ideologie der Individualisierung, die den Menschen nahe legt, alles, was im Leben passiert, auch noch die gröbste Ungerechtigkeit, sich selbst zuzuschreiben.

Der Wert der Kontakte

Lars Hinrichs stammt aus einer Familie von Kaufleuten. Die Kraft der Gene und Kontakte, er kann sich darauf verlassen. Sein Urahn hat die Hamburger *Stadtbäckerei* gegründet. Die Filiale liegt unten am Gänsemarkt, ein paar Stockwerke darüber hat Hinrichs seine Geschäftsräume – das sei aber nur Zufall, beteuert er. Hamburg war schon immer eine Stadt der Privatclubs, in denen Konsuln Zigarren rauchten, Kaffee verkosteten und Geschäfte machten bis nach Übersee. Von hier aus schickten sie Schiffe los, spannten Linien und Netzwerke über den Globus. Lars Hinrichs passt da gut rein. *Old* und *New Economy* unter einem Dach. »Es gibt eigentlich nur drei Voraussetzungen, um Erfolg zu haben«, sagt Lars Hinrichs. »Eine gute Idee, gute Kontakte und den Willen, es umzusetzen. Geld benötigt man zwar auch, aber das kann man über die eigenen Kontakte bekommen.« Er hat das schon früh verstanden. Mit 21 gründete er seine erste Firma, seitdem hat er den kalkulierten Small Talk kultiviert. Er redet langsam, als würde er immer schon die Wirkung seiner Worte mit berechnen, er weicht Fragen aus, stellt sie lieber selbst: Wer bist du, was kannst du, was kannst du für mich tun?

Der Mensch ist ein soziales Tier. Das hat sich auch im digitalen Zeitalter nicht geändert, und so eröffnen die Computer dem neugierigen, klatschsüchtigen und einsamen Wesen ganz neue Möglichkeiten: Datenbanken, Massenmails, *Cyber-Stalking. Social Networking Services* wie *Xing* oder *MySpace* werden in erster Linie gunutzt, um Freundschaften zu schließen. Denn je mehr Leute man kennt, je besser man im System integriert ist, umso kleiner ist das Risiko, aus ihm wieder herauszufallen. Nutzer, die sich auf Foren oder anderen Seiten treffen, können sich eine E-Mail schreiben, in der sie dem Adressaten anbieten, sein Online-Freund zu werden. Der Angesprochene wirft einen Blick auf das Profil des Antragstellers, wägt ab, ob der Kontakt Nutzen bringt oder nur Kosten verursacht. Falls er dieses Angebot annimmt, wird der damit besiegelte Kommunikationskontakt auf der persönlichen Website der Teilnehmer vermerkt, sie können sich nun schneller *Instant Messages* schicken, sehen, wann der andere online ist, oder bekommen eine Nachricht, wenn er einen neuen Tagebuchtext verfasst hat. Eine Verbindung wurde hergestellt. Die Anzahl der Freunde wird auf der Nutzer-Seite angezeigt. Auf diesem sozialen Radar kann der User aber auch sehen, wenn seine Seite kaum oder nie besucht wird, wenn die Zahl der Freunde nicht steigt, wenn keine Nachrichten eintrudeln. Alle 20 Minuten checkt er sein Nachrichtenfach, klickt und scrollt, sendet Signale ins All, aber nichts tut sich, niemand zeigt Interesse, er bleibt allein. Karriereflaute.

Das Freunde- oder Kontaktkonto ist der wichtigste Teil eines *Xing*-Profils, wichtiger noch als Chinesischkenntnisse oder das Diplom von der Elite-Uni. Die Rechenformel ist einfach: Je mehr Freunde man hat, desto beliebter, wichtiger und begehrter ist man auch. Bekanntschaften sind »soziales Kapital«, darunter versteht der französische Soziologe Pierre Bourdieu »die Gesamtheit der aktuellen und potenziellen Ressourcen, die mit dem Besitz eines dauerhaften Netzes von mehr oder weniger institutionalisierten Beziehungen gegenseitigen Kennens oder Anerkennens verbunden sind«, beziehungsweise »Ressourcen, die auf der Zugehörigkeit zu einer Gruppe beruhen«. Sozialkapital kann leicht in ökonomisches Kapital umgesetzt werden: Gute Beziehungen können zu einem Kredit bei der Bank eines Großonkels oder einem neuen Job in der Firma des guten Freundes verhelfen – das ist ja die Basisidee von *Xing*. Aber nicht jeder Kontakt ist gleich wichtig. Kontakte zu Personen mit hohem ökonomischen oder kulturellem Kapital, beispielsweise Bildungstiteln oder Wissen, sind wertvoller. Ein Angestellter im mittleren Management bei der *Deutschen Bank* zählt mehr als eine Lektorin in einem Kinderbuchverlag. Die Arbeit des täglichen *Networkings*, die Pflege des sozialen Portfolios liegt genau darin, zu erkennen, ob ein Kandidat über genügend ökonomisches oder kulturelles Kapital verfügt, um für die eigene Person interessant zu werden. »Für die Reproduktion von Sozialkapital«, schreibt Bourdieu, »ist eine unaufhörliche Beziehungsarbeit in Form von ständigen Austauschakten erforderlich, durch die sich die gegenseitige Anerkennung immer wieder neu bestätigt.«

Soziale Interaktion wird zur ökonomischen Tätigkeit, die auch Profit abwerfen soll. Dafür muss der Bekanntenkreis permanent gepflegt und auf dem Laufenden gehalten werden. Während man früher dicke Notizbücher und Visitenkartenkladden durchblättern musste, hilft jetzt der Computer. Die Software von *Xing* zeigt Lars Hinrichs an, wenn einer seiner Freunde Geburtstag hat oder seinen Arbeitgeber verlassen hat und in eine andere Stadt gezogen ist. Hinrichs kann dann reagieren, mit einer Glückwunschkarte, Tipps oder einem kurzen Chat.

Die 1809 Freunde von Lars Hinrichs haben zusammen 334 000 Kontakte, die es wiederum auf insgesamt 1,3 Millionen Freunde bringen. »Das ist doch schon eine ganze Menge«, findet Hinrichs. Schon 1929 wies der Schriftsteller Frigyes Karinthy auf das Kleine-Welt-Phänomen hin, wonach jede Person mit jeder anderen Person auf dieser Welt über maximal sechs Ecken verwandt ist. Die These wurde mittlerweile auch wissenschaftlich bestätigt. In Hinrichs Welt schrumpft die Menschheit noch weiter: »Vielleicht kenne ich die wichtigsten, relevantesten Leute schon über nur vier Ecken.« Der potenzielle Arbeitgeber, das Traumprojekt, sie lauern ganz nah im Internet. Hinrichs hat bisher nur Leute angestellt, die schon ihr Profil auf *Xing* hatten. »Bin ich auf jemanden aufmerksam geworden, dann habe ich andere Kontakte in meinem Netzwerk gefragt, ob diese ihn mir empfehlen können.«

40 Prozent aller Unternehmen suchen sich ihre Mitarbeiter über persönliche Kontakte, ergab eine Analyse des *Instituts*

für Arbeitsmarkt- und Berufsforschung (IAB). Glaubt man den französischen Soziologen Luc Boltanski und Eve Chiapello, bildet das Netz die neue Konzeption von Gesellschaft, in der das Arbeitsleben »aus unzähligen Begegnungen und temporären, aber reaktivierbaren Kontakten mit den unterschiedlichsten Gruppen« besteht, wobei diese Verbindungen oft eine beträchtliche »berufliche, geografische und kulturelle Distanz überbrücken«. Früher bezogen sich Netzwerke meist auf Familien. Es kam darauf an, dass Papa die richtigen Freunde hatte, dass er, um das ursprünglichste Beispiel zu nennen, am Sonntag nach dem Gottesdienst mit der Dorfelite, dem Pfarrer, Bürgermeister, Lehrer und Apotheker, ein Bier trinken ging. Je größer der Raum wird, in dem man sich bewegt – Kleinstadt, Großstadt, Weltmarkt –, desto komplexer und weitläufiger müssen die Netzwerke sein, die man spinnt. Der alte Freundeskreis der Familie reicht in der globalen Wirtschaft nicht mehr aus. Man muss und kann sich seine Netzwerke selbst erarbeiten. Das passt gut zur Idee der Individualisierung, zur Ideologie der Ratgeberliteratur – du hast es in der Hand! Aber stimmt das überhaupt? Lars Hinrichs, der Kaufmannssohn, hatte ganz andere Startbedingungen als eine Flüchtlingstochter aus dem Iran, die hier niemand kennt. Freunde bekommt nur, wer über das passende kulturelle Kapital, die richtigen Umgangsformen, Uniabschlüsse und die Mitgliedschaft im Golfclub verfügt, einen passenden Habitus, also ein System von Geschmackspräferenzen und Freizeitvorlieben aufweist, wie Pierre Bourdieu in seinen Studien über den Zusammenhang von kulturellem, sozialem und ökonomischem Kapital zeigte. So ließe sich mit ihm das Netzwerk auch als ein »verdeckter Mechanismus der Macht« beschreiben. Früher konnte man wenigstens noch mit einer guten Bewerbung Eindruck schinden, nun muss man jemanden in der Abteilung kennen, wenn nicht gleich den Personalchef.

Netzwerk, das klang lange nach alten Seilschaften und Männerbünden, nach dem *Andenpakt* der *CDU*-Jungmänner Christian Wulff und Roland Koch. Man dachte an Familienbande, durch die auch noch dem Unfähigsten auf einen guten Posten geholfen wurde. Der Begriff ist im Wandel. Netzwerkarbeit zählt heute wie Mobilität und Flexibilität zu den Business-Tugenden. Der Aufbau von Netzwerken wird in jedem Karriere-Ratgeber empfohlen. Nicht nur im Internet, sondern natürlich auch in der analogen Welt. So schreibt Böhm: »Sie können immer nur an einer Stelle des Marktes zur gleichen Zeit sein. Nutzen Sie deshalb Ihr Netzwerk als verlängerte Wahrnehmungsorgane und Werbeplattform.« Zwar kann man mit den Kontakten – man nannte sie früher Freunde – auch einen netten Abend in einem Gartenrestaurant verbringen, ihr primärer Zweck ist jedoch Profitgenerierung und Statusverbesserung, Schritt für Schritt, Abend für Abend. Michael Böhm empfiehlt: »Überprüfen und bewerten Sie jeden Kontakt auf folgende Punkte: Kommunikationsstatus (regelmäßig aktiv bis abgebrochen), Wertigkeit des Kontaktes (unerlässlich bis negativ), Vertraulichkeitsrang (partnerschaftlich, freundschaftlich, bekanntschaftlich, sachlich), Aufwand zur Pflege des Kontaktes (gering, durchschnittlich, hoch).«

Die Kolonialisierung des Freundeskreises

Bis vor einigen Jahren gab es eine Visitenkartentrommel, darin befanden sich die beruflichen Kontakte. Die privaten Kontakte hingegen schrieb man im Idealfall in ein liebevoll gestaltetes Büchlein. Heute verschmelzen diese beiden Verzeichnisse im Telefonspeicher des Handys oder im Kontakt-Manager von *Apple Entourage*. Die Adresse des Chefs steht neben Omas Telefonnummer oder der Handynummer der besten Freundin. Die Grenze zwischen privater und beruflicher Sphäre ist dünn und löchrig geworden. Freunde können sich als Auftraggeber entpuppen. Ein Plausch in einem Café verwandelt sich plötzlich in die Gründungssitzung einer Galerie. Aus einem Witz wird eine Geschäftsidee. Man weiß nicht, ob man gerade einem Freund gegenüber sitzt, einem Arbeitgeber oder einem Konkurrenten. Jeder Telefonanruf kann 1000 Euro einbringen, man sollte es nie, niemals wagen, ihn nicht anzunehmen.

Es entstehen Kollegenkollektive, die in einer Mischung aus emotionaler Energie und wirtschaftlichen Interessen aneinander gebunden sind. Das mag zwar einerseits angenehm sein – es ist schön, wenn der Chef ein Freund ist –, andererseits können wir bald die verschiedenen Rollen – Freund, Partner, Auftraggeber – nicht mehr auseinander halten. Wie tragfähig sind eigentlich solche Network-Beziehungen? Wie sehr kann man einem Menschen trauen, der, wie er es aus zahllosen Karriere-Ratgebern gelernt hat, vor allem seinen eigenen Vorteil im Sinn hat? Wie ändert sich das Format der Freundschaft, wenn diese »Beziehung, die auf Sympathie und Vertrauen beruht«, wie das Lexikon schreibt, bei der sich »die Partner um ihrer selbst willen schätzen« und sich aus Altruismus helfen und beistehen, zwischen Selbstunternehmern besteht, die gar nicht anders können, als jeden Kontakt auf seine ökonomische Verwertbarkeit hin abzuklopfen?

13. ABSCHIED VOM FEIERABEND

Längere Arbeitszeiten und ständige Einsatzbereitschaft verkürzen und zerstückeln unsere Freizeit. Im Extremfall vermisst der moderne Angestellte sie gar nicht mehr.

Robert Nieder ist ein Bilderbuchpapa: Acht Familienratgeber hat er sich vor der Geburt seines ersten Sohn gekauft, drei zur Geburt seiner Tochter. Er hat sie alle gelesen, hat ihre Botschaften gegeneinander abgewogen und die wichtigsten Lektionen in ein Schulheft geschrieben. Manche Sätze sind rot unterstrichen, die Basics: »Kinder lernen spielerisch – nicht überfordern«, steht da. »Kinder brauchen klare Regeln – konsequent und eindeutig verhalten«, oder: »Freiräume schaffen, in denen nur die Familie zählt. Am besten jeden Tag ein bis zwei Stunden und mindestens einen Tag pro Woche.«

Die Bücher stehen oben links im Regal, 70 Zentimeter komprimierter Ratschlag: »Das große GU Babybuch«, »Das Geheimnis glücklicher Kinder«, »Kinder brauchen Grenzen«. In Robert Nieders Erinnerung legen sich ihre glänzenden Titelbilder übereinander und verschmelzen zu einem Idealporträt der deutschen Kleinfamilie. Morgensonne. Vater, Mutter und Baby kuscheln im Bett, das Kleine schmiegt sich an seine Brust, er krault ihm das Füßchen. Am Fußende hüpft der Sohn fröhlich auf und ab, versetzt die Matratze in Schwingungen, bis sie sich in ein Trampolin verwandelt, das nun die ganze Kleinfamilie ein paar Zentimeter in die Luft wirft und wieder weich auffängt. Als gäbe es keine Schwerkraft, als wäre alles ganz einfach.

Glaubt man den Büchern, dann gehört Papa am Samstag der Familie. Und hier beginnt sich die Welt der Bilderbücher von Nieders Realität zu lösen. Es ist Samstag, 8 Uhr morgens, und Robert hat – wie so oft – keine Zeit, um mit seiner Familie zu frühstücken. Er brüht sich nicht einmal frischen Kaffee auf, sondern schüttet sich den Rest kalten Espressos vom Vorabend in ein Glas und stürzt es im Stehen hinunter. Dann fällt die Tür ins Schloss. Das Alphatier verlässt seine Höhle. Robert trägt eine weite Leinenhose und ein Polohemd von *Ralph Lauren*, Freizeitkleidung – am Wochenende darf man sich im Büro auch mal lässiger geben. Er ist es gewohnt, auch am Samstag zur Arbeit zu gehen. Natürlich wäre er gerne bei seiner Familie geblieben, sagt er, aber »ich habe eben auch einen Beruf, der mich voll auslastet«.

Die Doppelschicht im Büro und zu Hause

Robert Nieder, 38 Jahre alt, Angestellter bei einer Versicherung, verheiratet, zwei Kinder. Ein Vertreter jener Männergeneration, die unter der arbeitsbedingten Absenz ihrer Väter gelitten hat und es besser und anders machen will. Aber wenn man den Statistiken und Augenzeugenberichten glauben darf, dann gelingt ihnen genau das nicht. Immer wieder, wenn Soziologen und die so genannten »Männerforscher« versuchen, den aktuellen, den realen Mann zu vermessen und zu kartografieren, stoßen sie auf unbekannte Gebiete, weiße Flecken, auf Fragezeichen, auf vielleicht und eigentlich, einerseits und andererseits. »Die jungen Väter begreifen sich nicht mehr nur als Ernährer, sondern als Erzieher ihrer Kinder«, sagt der Sozialwissenschaftler Paul Zulehner. »Sie würden gerne mehr Zeit für ihre Familie haben.« Andere Studien zeigen: Genau das gelingt ihnen nicht. Laut einer Umfrage der *IGS-Organisationsberatung* fühlen sich 90 Prozent aller Väter durch die Ansprüche von Familie und Beruf überfordert.

Einsatzbereitschaft, Mobilität, ständige Verfügbarkeit – so lauten die Anforderungen der neuen Arbeitswelt. Unter diesen flexiblen Verhaltensvorgaben leidet natürlich ein so starres, konservatives, ruhebedürftiges Konstrukt wie die Familie in besonderem Maße. Es ist seltsam, dass man in der hysterischen Demografiedebatte, in der man 2006 lautstark über die sinkende Geburtenrate und die Überalterung der Gesellschaft diskutierte, dieses Problem nicht thematisierte. Die Leitartikel und Manifeste porträtierten stattdessen die egoistische Karrierefrau, die den Herd gegen den Schreibtisch austauscht und keine Zeit fürs Kinderkriegen hat. Oder sie griffen den verantwortungsscheuen Mann an, der lieber auf Rockkonzerte geht und mit Freunden Bier trinkt, anstatt eine Familie zu gründen oder einen Baum zu pflanzen. Dabei wird aber vergessen, dass es oft weniger die Einstellungen der Menschen sind als die Ansprüche der neuen Arbeitswelt, die ihnen die Familiengründung erschweren.

Robert Nieder liebt Herausforderungen. Im Beruf übernimmt er gerne Aufgaben, an denen sich die anderen die Zähne ausgebissen haben. Als seine Frau schwanger wurde, damals war er 31, war das Kind für ihn nur ein weiteres Projekt. Eine Aufgabe, die nicht wie in der Versicherung auf zwei bis vier Monate angelegt war, sondern auf 18 oder 19 Jahre, mit einer auf circa sechs Monate beschränkten Intensivphase. »Ich dachte, wir schaffen das ganz locker, meine Frau nimmt sich ein Jahr frei, ich auch die ersten zwei Monate, und dann haben wir alle ganz viel Spaß.«

Nach der Geburt seines Sohnes wurde Nieder erst bewusst, wie viel seiner Lebenszeit für den Beruf verplant war – und wie viele Stunden ein Baby in Anspruch nimmt, das immer auf Hilfe angewiesen ist, manchmal krank wird oder auch einfach nur schlecht gelaunt ist. Robert Nieder war ständig verspannt, überarbeitet von den 10-Stunden-Tagen im Betrieb und den sich daran anschließenden 6-Stunden-Schichten zu Hause.

Er begann sich Fragen zu stellen, das Wort »Ich« tauchte recht häufig auf: Muss ich nachts aufstehen, wenn Linus wieder schreit? Ich habe doch morgen einen wirklich harten Tag. Kann ich wirklich im Sommer drei Wochen in den Urlaub fahren? Die Kollegen nehmen höchstens eine Woche am Stück, sie wirken dennoch immer frisch, entspannt, tatendurstig. Robert Nieder fühlte sich den kinderlosen Kollegen unterlegen und bekam plötzlich Angst um seine Karriere. Es ging ihm dabei, darauf legt er heute noch Wert, nicht um persönliche Eitelkeit und Erfolgsstreben. »Ich war ja auch Vater«, sagt er, »ich musste Kleidung, Ferien und eine gute Ausbildung finanzieren«.

Der Bilderbuchpapa kam in Kontakt mit der Realität. Robert Nieder fühlte, dass er sich entscheiden musste. Kinder oder Karriere. Musterpapa oder Musterarbeitnehmer. Vor diese Alternative gestellt, fiel ihm die Wahl gar nicht so schwer: »Um wirklich für meine Familie da zu sein, hätte ich Teilzeit arbeiten müssen. Erzählen Sie das als Mann mal Ihrem Chef. Da machen Sie sich ja lächerlich.« Außerdem verdiente seine Frau als Ergotherapeutin wesentlich weniger als er. Geld ist immer eine gute Entscheidungshilfe. Die wirtschaftliche Lage der Familie schafft Möglichkeiten oder zerstört Träume. Und hat man erst einmal die schwarzen Zahlen auf weißes Papier geschrieben, erübrigen sich fast alle anderen Argumente. Geld ist nicht geschwätzig, es sagt Ja und Nein, Plus und Minus. Es schafft Klarheit selbst in einem Feld wie der Lebens- und Familienplanung, in dem alles verschwommen ist.

Sieben Jahre nach der Geburt seines Sohnes arbeitet Robert Nieder längst wieder im alten Rhythmus: je nach Bedarf zwischen 50 und 60 Stunden die Woche. Auch am Wochenende nimmt er Termine wahr, ohne zweimal nachdenken zu müssen.

Will er einmal den Sonntag mit der Familie verbringen, kommt es oft vor, dass er einen Anruf aus der Firma erhält: Nimm den 20-Uhr-Flug nach Mailand. Konferenzschaltung in zwei Stunden mit London. Der Chef will dich sprechen. Robert steht im Wohnzimmer und telefoniert, er kann durch den Flur die Kinder im Garten spielen sehen, aber er nickt nur kurz und beendet das Gespräch und damit auch das Wochenende mit der Familie. Wenn die Kinder dann an seinem Hosenbein ziehen und sagen: »Bleib doch noch ein bisschen«, dann würde Robert sie am liebsten bitten, doch kurz zwei Stunden im Vorzimmer zu warten, doch leider klappt das nie.

Roberts Frau Claudia Nieder lächelt nachsichtig, wenn ihr Mann diese Geschichten erzählt, nicht weil sie ihm zustimmt, sondern weil sie die einzelnen Elemente dieses Helden-Opfer-Mythos sehr gut kennt. Claudia arbeitet als Ergotherapeutin auf eigene Rechnung in einer Praxis, auch sie hat oft eine 40-Stunden-Woche, dazu kommt noch die Hausarbeit, die sie fast ganz alleine bestreitet. Die Kinder haben ihr Leben mehr verändert als Roberts. »Aber daran«, sagt sie, »kann man jetzt nichts mehr ändern«. Die Verhältnisse haben es nicht möglich gemacht, dass sich beide gleichberechtigt um die Kinder und ihre Karrieren kümmern. Den Streit darüber haben Robert und Claudia vor langer Zeit ausgetragen, alle Argumente sind bekannt, wie in einem Theaterstück wiederholen sie die beiden nur noch ein letztes Mal für den Besuch. »Es wäre natürlich schon anders gegangen«, sagt sie, »du hast es nur nicht genug gewollt, du hättest eben eine radikale Entscheidung treffen müssen.« Robert nickt: »Wahrscheinlich stimmt das, aber dann hätte ich eben einen komplett neuen Beruf anfangen müssen. Ich hätte es gerne anders gemacht, ich will das ja im Grunde immer noch.« Claudia resümiert: »Sagen wir mal so, die Bedingungen sind so, dass es schwierig ist, sich korrekt gegenüber der Familie zu verhalten.«

Und Robert spricht sein Schlusswort: »Ich habe einfach nicht genug Zeit.«

Die Diktatur der Dringlichkeit

Keine Zeit – auf diese Formel lassen sich die meisten Geschichten dieses Buchs bringen. Jan Schiemer braucht lange, um sich an seinen letzten Urlaubstag zu erinnern, Ilona de March hat im Jahr 2006 oft bis zu 80 Stunden gearbeitet, auf die gleiche Anzahl kommt Sascha Lobo. Wann genau das Privatleben beginnt, lässt sich nicht mehr sagen, dank Handy und WLAN sind wir immer erreichbar. Und sogar wenn der moderne Angestellte einmal nicht arbeitet, übt er eine auf den Beruf ausgerichtete Tätigkeit aus, pflegt sein Netzwerk, optimiert das *Xing*-Profil, bildet sich fort oder trainiert den Körper. In diesem engen Stundenplan ist das Privatleben – Freunde, Freizeit, Partner, Kinder – nur noch sehr schwer unterzubringen. Der moderne Angestellte ist atemlos. 173 Bücher bietet *Amazon* zum Thema Zeitmanagement an. Die Titel klingen wie Hilferufe. »Das neue 1x1 des Zeitmanagements«, »Der Minuten-Manager«, »Time Coaching – Programmieren Sie Ihre Zukunft ... jetzt«. Offensichtlich ist Zeit ein ebenso knappes Gut wie Geld und natürliche Ressourcen, und vielleicht behandeln die Menschen im 21. Jahrhundert die Zeit deshalb auch wie eine Währung: Man kann Zeit sparen und Zeit intelligent investieren. Aber reich an Zeit werden wir seltsamerweise nie.

Der Film »Spider-Man 2« verdankt seinen großen Erfolg der Tatsache, genau dieses Gefühl thematisiert zu haben. Der schlimmste Gegner von Spider-Man, das ist nicht Doc Ock mit seinen Krakenarmen, auch nicht der Grüne Kobold, sondern der Alltag: Nie schafft es Peter Parker rechtzeitig in die Vorlesung, die Miete zahlt er nicht pünktlich, den Job als Pizzaboten verliert er, weil er immer zu spät kommt, und seine angebetete Mary Jane verschmäht ihn, weil er sie immer wieder versetzt. »Was ist so schwer daran, zu einer Verabredung auch wirklich zu kommen?«, fragt sie einmal, und Peter antwortet nicht, schaut einfach nur traurig aus müden, schweren Augen. Er weiß: Nichts auf der Welt ist schwieriger.

Jeder Held braucht neben übernatürlichen Fähigkeiten auch menschliche Schwächen, das haben bereits die alten Griechen verstanden und ihre Helden mit physischen oder psychischen Problemen ausgestattet. Im zweiten Spider-Man-Film ist dieser Makel nun nicht Größenwahn oder eine verwundbare Ferse: Spider-Man kämpft jeden Tag gegen den unaufhaltsam voranschreitenden Uhrzeiger. Immer wieder will er Mary Jane seine Liebe erklären, immer wieder blickt sie ihn aus großen Augen und mit großen Erwartungen an, und immer wieder hört er genau in diesem Moment die Sirenen der Polizei, die sich in den Straßenschluchten Manhattans brechen und verdoppeln, ein Befehl, der immer lauter wird, bis er sich nicht mehr widersetzen kann. Das Problem von Spider-Man ist nicht nur, dass die Weltrettung so viele Wochenstunden verschlingt, sondern auch, dass er niemals weiß, wann die Verbrecher den nächsten Angriff starten. Spider-Man ist ein flexibler Held, der seine stabilen Beziehungen der großen Aufgabe opfert. Deshalb passt er so gut in unsere Zeit.

Michael Landgrebe, 31, programmiert Trickeffekte in Spielfilmen. Er hat keine Kinder, keine Frau, aber eine Freundin, er treibt gerne Sport und trifft sich ab und zu mit Freunden – und das alles zusammen ist eigentlich schon viel zu viel.

Michael Landgrebe ist im Büro ein mächtiger Mann: Mit seinem Computer kann er täuschend echt wirkende Effekte erschaffen, zum Beispiel mit ein paar Mausklicks ein Flugzeug explodieren lassen – ein lautes Krachen, Blech biegt sich, Flammen züngeln. Aber auch seine Macht hat Grenzen. Manchmal sitzt Michael noch spätnachts vor dem Computer und wünscht sich, dass er mit der Software und dem Prozessor eine ganz neue Welt programmieren könnte, eine Welt, die zu seinem Arbeitsstil passt. Ein Supermarkt, der immer geöffnet hat. Ein Volleyball-Team, dessen Mitglieder sich in etwa einer Stunde zusammentrommeln lassen, denn viel länger als 60, 70 Minuten im Voraus weiß Michael selten, wie sein Arbeitstag aussehen wird, immer kann noch etwas dazwischenkommen. Der Computer stürzt ab oder der Kunde kann eine Datei nicht öffnen. Die Gehirnstruktur seiner Freunde würde Michael so flexibel gestalten, dass sie nichts dagegen hätten, wenn er neun von zehn Treffen in letzter Minute per SMS absagt. Außerdem bräuchte er eine Freundin, die ihn nicht aus dem Bett schmeißt, wenn er sich morgens um sieben nach einer durchgearbeiteten Nacht an sie kuschelt – acht Stunden später als eigentlich ausgemacht.

Leider gehen seine Programmierfähigkeiten nicht so weit. Also rüttelt Michael Landgrebe bei *Lidl* um 10 Uhr früh an der Tür und merkt erst dann, dass ja Sonntag ist. Er investiert viel Zeit und Energie, um Freunde zu vertrösten. Das klappt nicht immer: Ein paar wirklich gute Bekannte haben sich von ihm verabschiedet, nicht aus eigenem Entschluss, der Kontakt ist ganz langsam eingeschlafen, weil Landgrebe einfach nie angerufen hat, um ihn wach zu halten.

Bei vielen seiner Kollegen ging die Beziehung zur Partnerin in die Brüche. »Ich bekomme regelmäßig Glückwünsche dafür, dass ich immer noch mit der Freundin zusammen bin, die ich schon vor der Ausbildung hatte. Bei allen anderen, die ich kenne, hat das einfach nicht geklappt. Und meist lag das an den hohen Arbeitszeiten.« So weit soll es bei ihm nicht kommen. Michael Landgrebe will seine Beziehung auf jeden Fall weiterführen. Aber weil das Leben kein Computerspiel und kein Film ist, muss er darauf hoffen, dass seine Freundin das genauso sieht und seine zweite Geliebte, die Arbeit, einfach akzeptiert. Er hat sich daran gewöhnt, dass er kaum noch Freizeit hat, sich oft schlapp fühlt, weil er keinen Sport treibt, und ab und zu die Nacht, oder was davon übrig blieb, auf der Couch verbringt – halb so schlimm: »Im Büro schlafe ich ja auch oft unterm Schreibtisch.«

Auf dem Dachboden von Robert Nieder verstaubt ein Kanu. Er hat das Sportgerät vor einiger Zeit gekauft, als ihm auffiel, dass er ein falsches und defizitäres Leben führt, dass er zu viel Zeit im Büro verbringt und langsam so grau wird wie sein Computer. Das Kanu war ein Versuch, seine Freizeitschulden zu begleichen, er wollte in der Natur sein, im Grünen und in Bewegung und vielleicht, so war damals der Plan, würde er auch seine Kinder manchmal mit aufs Wasser nehmen. Der Versuch, sein Leben zu ändern, er muss sich das heute eingestehen, ist kläglich gescheitert. Das letzte Mal, dass er das Kanu angefasst hat, war, als er es aus dem Laden ins Auto trug und vom Auto auf den Dachboden. Dort oben legen sich nun Staub und feine Holzspäne auf die Originalverpackung. Es sieht aus wie ein Beweisstück in einem Kriminalfall, als habe es der Mann von der Spurensicherung in eine Plastikhülle gesteckt, um es später vor Gericht zu präsentieren, als Indiz in einem Prozess. Robert, angeklagt, sein Leben und seine Freizeit dem Beruf zu opfern, würde in seinem Plädoyer vermutlich nicht auf »unschuldig« plädieren – ganz bestimmt aber mildernde Umstände einfordern. Vielleicht würde er sagen: »Das System hat mich dazu gezwungen.«

Das Normalarbeitsverhältnis und das Zeitregime der industriellen Moderne haben zu kollektiv verbindlichen Rhythmen geführt, sie schafften Berechenbarkeit, man wusste, wie die Zukunft aussah, nämlich genau wie die Gegenwart und die Vergangenheit. Diese kollektiven Rhythmen sind in der Hitze des globalisierten Kapitalismus genauso zusammengeschmolzen wie der geregelte Wochenablauf der Menschen – feste Termine wie das Sporttraining oder das Familienessen, die im Körpergedächtnis gespeichert sind. Alles braucht einen Termin, nichts ist mehr vorstrukturiert, alles muss in Abstimmung mit Geschäfts- und Lebenspartnern ständig neu ausgehandelt werden. Der moderne Angestellte verplant seinen Tag und hält ihn gleichzeitig immer noch offen für Neues. Löcher dürfen in diesem Stundenplan nicht entstehen, sind sie größer als 15 Minuten, könnte man über sie stolpern, fällt ein Termin aus, muss er möglichst gleichwertig ersetzt werden, vielleicht hat ja der Friseur Zeit.

Der Zeitbudgetforscher Manfred Garhammer hat beobachtet, dass Menschen mittlerweile dazu neigen, Aktivitäten mit hoher Zeit- und Sozialbindung durch solche mit niedriger Bindung zu ersetzten. Wir gehen nicht mehr in den Sportverein, sondern nehmen uns einen *Personal Trainer*. Wir sind nicht mehr Mitglied in der *SPD*, laufen aber, wenn es gerade passt, bei einer Demonstration mit. Dieses Verhalten ist auch dem Umstand geschuldet, dass Arbeitstage sich ohne Vorwarnung um einige Stunden verlängern können, dass immer wieder neue Meetings und Termine auftauchen, die man auf keinen Fall verpassen darf. Diese permanente Zeitnot ist nicht nur anstrengend, sondern korrumpiert auch unsere Wertvorstellungen. Das hat der Soziologe Niklas Luhmann in einem Aufsatz mit dem schönen Titel »Die Knappheit der Zeit und die Vordringlichkeit des Befristeten« geschrieben. Die Zeitdimension greift die Sach- und Sozialdimension an, wir machen nicht mehr das, was wir wirklich wollen, sondern das, was jetzt, sofort, erledigt werden muss. »Terminierung stellt einem Thema gleichsam künstlich die Frage Sein oder Nichtsein. Andere Angelegenheiten können aufgeschoben und immer noch bearbeitet werden. Befristete Arbeiten müssen dagegen durchgeführt werden, oder sie verlieren ihren Sinn.« Und befristet sind nun einmal meist die Projekte, Meetings und Handelsabschlüsse der Geschäftswelt. Das Wochenende in den Bergen, ein Fußballspiel mit den Freunden, das alles hat keinen festen Termin, es lässt sich verschieben, es war ja nur eine Idee.

Die Familienmanager

Ein Werbespot, der häufig im Fernsehen kommt: Eine attraktive junge Frau wird in der Bank von einem etwas spießigen Schalterbeamten gefragt, was sie denn eigentlich »so beruflich« mache. Die Antwort der Frau: »Ich arbeite in der Kommunikationsbranche und im Organisationsmanagement. Außerdem gehören Qualitätssicherung, Nachwuchsförderung, Forschung, Mitarbeitermotivation und Rechtsprechung zu meinen Aufgaben. Und nebenbei arbeite ich noch als Ärztin und als Innenarchitektin. Oder kurz: Ich führe ein kleines, erfolgreiches Familienunternehmen.«

Aus Eltern werden Manager. Der Spot zeigt, wie attraktiv die Erwerbsarbeit ist. Noch die unschuldigste Tätigkeit muss in die semantische Nähe eines bezahlten Jobs gerückt werden, damit sie überhaupt einen Wert hat. Die Werbung illustriert aber auch, dass das eher beiläufige Kinderkriegen früherer Generationen, deren Sprösslinge ganz selbstverständlich von Verwandten, Geschwistern, Nachbarn und Dienstmädchen mitbetreut wurden, längst einer umfassenden Professionalisierung Platz gemacht hat. Das Rollenvorbild ist die Profimutter oder der Profivater, Letzterer kündigt allerdings seinen mündlich ausgehandelten Vertrag meist recht schnell, die Entlohnung ist zu gering und die Arbeitsbedingungen gefallen ihm auch nicht.

Claudia Nieder kann sich ihre Arbeitszeiten einigermaßen flexibel einteilen. Den familiären und den beruflichen Stundenplan zu koordinieren, findet sie aber trotzdem »sehr anstrengend« – hat sie einmal vergessen, Marlene in der Tagesstätte abzuholen und kommt zehn Minuten zu spät, fühlt sie sich vor den Kindergärtnerinnen wie eine Rabenmutter. Eltern vergleichen ständig, als gäbe es ein Komparativhormon, das nach der Geburt eines Kindes bei Vater und Mutter gleichzeitig ausgeschüttet wird. Und Claudia checkt und analysiert nicht nur die Schulnoten oder den Gesundheitsstatus ihrer Kinder, sondern stellt auch ständig ihre eigene mütterliche Performance auf den Prüfstand. »Ich schaue schon, was die anderen so machen. Und dann stelle ich mir Fragen: Soll ich die Kleinen auch ins Frühenglisch schicken, und wie soll ich sie da eigentlich hinbringen? Sollen sie Sport machen, aber wer zum Teufel holt sie da ab? Bin ich eigentlich nur noch Chauffeur? Hat Linus gerade eine stille Phase oder sollte ich mit ihm zum Therapeuten?«

Natürlich vergleicht sie ihren Erziehungsstil mit dem Regalmeter Elternliteratur, den Robert gekauft hat und immer noch erweitert, wahrscheinlich, weil er so das Gefühl hat, dass er auch ein bisschen was beisteuert zur Erziehung. Immer häufiger fällt ihr auf: Die Ratgeber gehen von einer vollkommen unrealistischen *Work-Life-Balance* der Eltern aus. Die Bilderbucheltern haben immer sehr viel Zeit und sehr viel Geld. Müssen nicht arbeiten und können trotzdem alle materiellen Bedürfnisse ihrer Kinder und ihrer Familie befriedigen.

Die Konkurrenz von Beruf und Familie

Die Arbeit wird stressiger, während gleichzeitig die Ansprüche an ein gelungenes Elterndasein steigen – beides zusammen kann einem den Spaß an der Familie verderben. Robert überlegt lange, ehe er die folgenden Sätze sagt, er weiß, dass sie nicht gut ankommen. »Manchmal ist die Familie so ungeheuer anstrengend, dass man am liebsten erst gar nicht hingeht.« Er beobachtet seine Kollegen, auch sie mittlerweile junge Väter, die abends oft noch im Büro sitzen, sich gegenseitig *YouTube*-Videos vorführen oder über den letzten Bundesliga-Spieltag diskutieren, anstatt endlich nach Hause zu gehen. Robert Nieder sagt: »Die haben wahrscheinlich nur Angst, dass ihnen die Frau gleich ein schreiendes Balg in die Hand drückt.« Und wenn er ehrlich ist, dann ist das bei ihm auch nicht anders: »Manchmal bin ich fast froh, wenn ich morgens die Tür hinter mir zu mache«, bekennt er. Er verhält sich wie ein Unternehmensberater, der ab und zu am Wochenende einschwebt, ein paar Vorschläge macht, wie man den Produktionsprozess optimieren könnte, und dann am Montag wieder abhebt.

Samstags gehört Papi nicht mehr der Familie. Aber das heißt nicht, dass Papi keinen schönen Tag hat. Wenn er, wie an diesem Samstagmorgen, erst einmal die Familie hinter sich gelassen hat, ist plötzlich alles ganz einfach, niemand schreit, niemand ist enttäuscht oder wütend, der *5er BMW* funktioniert auf Knopfdruck. Im Büro angekommen nimmt er am Empfang die *FAZ* mit, macht sich einen Cappuccino, beginnt nicht sofort mit der Arbeit, sondern liest die Zeitung, isst und trinkt. Natürlich hätte er auch daheim mit der Familie frühstücken können, aber im Büro ist es einfach viel entspannter.

Die amerikanische Soziologin Arlie Hochschild hat für ihr Buch »Keine Zeit« männliche und weibliche Angestellte des amerikanischen Unternehmens *Amerco* über ein Jahr beobachtet, wie eine Ethnologin, die mit einem fremdartigen Stamm lebt, um seine Gewohnheiten und seltsamen Rituale zu studieren. »Je mehr Zeit die erste Schicht (am Arbeitsplatz) beansprucht, desto gehetzter und desto schärfer rationalisiert fällt die zweite Schicht (zu Hause) aus«, schreibt sie. Denn mit der steigenden Arbeitsdauer wachse für die *Amerco*-Mitarbeiter auch der Druck zu Hause, sodass sie gezwungen sind, die »kostbaren Überreste der Familienzeit zu beschleunigen, zu delegieren, zu verschieben, vorauszuplanen, zu segmentieren, bis ins Letzte zu organisieren.«

Familie und Privatleben leiden unter den immer größeren Anforderungen der Arbeit. Vor allem, weil der Beruf immer mehr Züge des Privatlebens annimmt und dadurch attraktiver erscheint. Am Arbeitsplatz bekommen die Beschäftigten durch den steigenden Gestaltungsspielraum immer mehr Anerkennung und Wertschätzung, emotionale Effekte, die man früher eher im Privatleben erfuhr. Der moderne Angestellte erschöpft seine Gefühlsressourcen schon im Büro und in der Fabrik und hat dann nicht mehr genug Energie für die Freunde oder die Familie. Und weil die Freizeit immer knapper wird, muss sie effizient und rational organisiert werden. Das mindert die Chance auf schöne Momente. So setzt sich eine Spirale in Gang, welche zu einer Werteverschiebung zwischen Arbeit und Privatleben führt, zu einer emotionalen Umpolung. Hochschild glaubt, dass viele Eltern aus den Familien in die ohnehin schon mit privaten Elementen angereicherte Arbeit flüchten. Ein Beweis dafür ist ihrer Meinung nach, dass die familienfreundlichen Angebote von *Amerco*, Teilzeitarbeit oder Jobsharing, von den Angestellten überhaupt nicht angenommen wurden. Andere amerikanische Studien bestätigen diese radikale These: Sie zeigen, dass die Scheidungsrate nach oben schnellt, wenn sich das Büro zu sehr zum privaten Raum und damit zur Ersatzfamilie entwickelt.

Aber man muss keine Familie haben, um in die Gefühls-Bredouille zwischen Arbeit und Privatleben zu kommen. Auch Michael Landgrebe kennt diesen Zwiespalt. Wenn er um 23 Uhr endlich aus dem Büro stolpert, dann geht er oft noch mit den Kollegen einen trinken, anstatt seine Freunde außerhalb des Jobs zu treffen. Nicht, weil er sie nicht mehr mag, sie bringen neue Einflüsse, haben andere Prioritäten und können ihm Sachen erzählen, die er noch nicht weiß. Aber genau das ist auch das Problem. Er müsste die Berufswelt verlassen, diesen vertrauten Raum, in dem er sich die meiste Zeit aufhält. Er müsste sich auf unbekannte, wechselnde Einstellungen und Verhaltensmuster einlassen. Und um einen derartigen Systemwechsel vorzunehmen, fehlt ihm manchmal einfach die Energie.

Der moderne Kapitalismus hat den Angestellten in eine 24-Stunden-Verwahrung genommen. Die Gegenwehr der Arbeitnehmer fällt erstaunlich matt aus. Vielleicht liegt das auch daran, dass die Beschäftigten ein *Stockholm-Syndrom* entwickeln, ein Begriff, den Psychologen verwenden, um jenes unheimliche Phänomen zu beschreiben, wenn Menschen eine positive emotionale Beziehung zu ihrem Kidnapper aufbauen. Aus Angst konzentrieren sie sich auf seine Vorzüge, um ihn durch affirmatives Verhalten milde zu stimmen, und verlieren so die Kraft für eine Fluchtaktion. Auch der Arbeitnehmer weiß, dass es die Freizeit gibt, ein Privatleben, aber oft ist es ihm viel zu anstrengend, sich aus der liebevollen Umarmung von Kollegen und Vorgesetzten zu lösen.

14. DER ANGESTELLTE ALS KÜNSTLER

Sendungen wie »Deutschland sucht den Superstar« vermitteln neoliberale Business-Tugenden. Popstars präsentieren sich als Schwerarbeiter. Und werden genau dadurch zum Rollenvorbild des modernen Beschäftigten.

Mark Medlock hat kaum Zeit zu feiern. Nach minutenlangem Trommelwirbel und Lichtgeflacker vermeldet der Moderator endlich das Ergebnis: 78,02 Prozent der Fernsehzuschauer haben für Mark gestimmt. Er hat gewonnen. »Deutschland sucht den Superstar« (DSDS), so der Titel der Sendung – und jetzt hat Deutschland ihn gefunden. Tusch, Paukenschlag, Konfettiregen, die übliche Ikonografie des Sieges. Medlock, der 28-jährige Gelegenheitsjobber und Hartz-IV-Empfänger, der so viele Tage gesungen hat und geschrien, wird plötzlich ganz still, schlägt die Hände vors Gesicht, sprachlos, ahnungslos, kehrt dann dem Publikum den Rücken zu und macht zwei Schritte nach hinten in Richtung Treppe, als wäre er schon auf dem Weg in den Himmel, zu den Stars. Plötzlich stoppt er, dreht sich um zu den Fans, das Lächeln ist ein wenig kleiner. Der Moment des Triumphs ist schon vorbei. Er weiß, dass jetzt die Arbeit beginnt.

Später steht Mark Medlock neben Dieter Bohlen und schaut dankbar-treuherzig zu ihm auf. Ehrfürchtig lauscht er Bohlen, der ohne Unterlass in die Mikrofone spricht, als habe er selbst gerade gewonnnen – und vermutlich entspricht das ja auch der Wahrheit. Der vermeintliche Sieger also bleibt still, nickt nur ganz mechanisch, immer an der richtigen Stelle, also immer genau dann, wenn Bohlen einen Satz beendet hat. Seine Kopfbewegung ist ein Ausrufezeichen für das Ad-hoc-Programm, das Bohlen gerade live entwickelt. Arbeit, Arbeit, Arbeit, gleich am nächsten Tag werde er die ersten Lieder komponieren, dann der Videodreh, Auftritte bei *RTL*, *ZDF*, *MTV*, die Aufnahmen zum neuen Album erfolgen dann irgendwann dazwischen, schon in ein paar Tagen soll Marks Single in den Plattenläden stehen. Eine Musikkarriere im Zeitraffer. Ein Bäcker, sagt Bohlen sinngemäß, muss um 3 Uhr früh aufstehen. Das könne man ja dann wohl auch von einem Popstar erwarten.

Das Prinzip Pop

Der Planet Pop ist eine Discokugel, und wie ein Himmelskörper dreht er sich um sich selbst, blinkend und blitzend, schneller und schneller, dabei ertönt laute Musik. Das Leben auf diesem Planeten, so berichteten zumindest lange Zeit die Dokumentarfilmer von *MTV*, ist leicht und unbeschwert, es gibt keinen Nahrungsmangel und immer genug zu trinken, keine Wecker und Terminplaner, sondern nur Partys, Shopping und Strandurlaube – Exzess folgt auf Exzess. Naturgesetze wie Schwerkraft, Tempolimit und Dispokredit sind außer Kraft gesetzt. Die Bewohner des Planeten Pop werden von den Menschen geliebt, bekommen Fanpost und Unterwäsche zugeschickt, man altert hier nicht, ist für immer jung, faltenfrei und sorglos, die ewige Jugend, nur ohne Eltern und Lehrer. So zumindest wird die Geschichte erzählt.

Sendungen wie »Deutschland sucht den Superstar«, »Popstars« oder »Germany's Next Topmodel« haben aus dem Planeten Pop das Trainingslager des modernen Angestellten gemacht. Tanzlehrer und Fitness-Coach Detlef D! Soost schnarrt: »Mein Erfolgsgeheimnis ist, Leute an den Rand ihrer Möglichkeiten und darüber hinaus zu belasten, um für sie das Beste zu erreichen.« Es geht nicht nur um Kalorienverbrennung und Bewegungsroutinen, sondern auch um Werte wie Sauberkeit und Ordnung. Heidi Klum überprüft bei »Germany's Next Topmodel« die Zimmer der Kandidatinnen wie ein Bundeswehr-Spieß die Rekrutenstube, meckert über Chaos auf dem Schminktisch und fordert ihre »Mädels« auf, zu petzen, wer von ihnen nicht mehr genug Motivation habe. Eine so denunzierte Kandidatin fliegt dann auch prompt raus. Die größte Sünde in der neuen Pop-Welt, zu der ja auch Models gehören, ist fehlende Einsatzbereitschaft. Es geht nicht ohne den absoluten Willen, so Klum. Die Superstar-Sendungen vermitteln den Wertekanon der neoliberalen Gesellschaft: Ellenbogen, knallharter Konkurrenzkampf, Identifikation mit den Zielen des Arbeitgebers, totale Aufopferungs- und Leidensbereitschaft.

Und Deutschland schaut genau zu: Auf der Seite *www.superazubi.de* kann man sich den Werbespot: »Lidl sucht den Superazubi« ansehen. Darin sieht man einen jungen Mann, der einen enorm großen Dosenstapel zu einem Regal schiebt, er ist völlig außer Atem, kurz vor dem Zusammenbruch. Die Jury zeigt sich zufrieden: »Naja, die anderen machen hier mehr so Schmusesachen, aber das hier hatte echt mal Tempo, gefällt mir, astreine Show, du bist unser Mann.« Der zukünftige Azubi jubelt. Er hat den Wettkampf gewonnen und darf sich ausbilden und ausbeuten lassen. Ausgerechnet von der Supermarktkette *Lidl*, die man nach Lektüre der *ver.di*-Publikation »Schwarz-Buch Lidl« für Deutschlands schlechtesten Arbeitgeber halten könnte. Egal. Tusch. Paukenschlag. Konfettiregen. Ein Ausbildungsplatz ist genauso gut wie ein Top-10-Hit. Der Azubi ist ein Poparbeiter, der, wie Mark Medlock, für den Erfolg der Firma, der auch sein eigener ist, alles geben wird.

Job ist Pop. Und umgekehrt. Supermarkt und Showbühne waren früher radikale Gegensätze. Heute motivieren beide Systeme die Akteure mit der gleichen Parole: Bringe Leistung. Und werde erfolgreich.

Der Job: Mühsal, Berufung oder Party?

Die griechischen Philosophen hätten nicht über einen Ausbildungsplatz bei *Lidl* gejubelt. Platon verachtete die Arbeit und Aristoteles schreibt in der »Politik«: »Als eine banausische Arbeit ... hat man jene aufzufassen, die den Körper oder die Seele oder den Intellekt der Freigeborenen zum Umgang mit der Tugend und deren Ausübung untauglich macht. Darum nennen wir alle Handwerke banausisch, die den Körper in eine schlechte Verfassung bringen, und ebenso die Lohnarbeit. Denn sie machen das Denken unruhig und niedrig.« Wer ständig arbeitet, habe nicht nur eine unangenehme Hautfarbe, sondern auch keine Zeit für die wirklich wichtigen Dinge des Lebens: die Freunde und die Stadt. Die praktische Konsequenz, welche die Philosophen daraus zogen: Da Arbeit dem freien Bürger schade, solle sie doch einfach von Sklaven verrichtet werden. Auch der Gott des Alten Testaments ist nicht gerade ein Freund der Berufstätigkeit. Adam verurteilt er nach dem Sündenfall zu körperlicher Arbeit »im Schweiße seines Angesichts« – offenbar die schlimmste vorstellbare Strafe. Bis weit ins Mittelalter galt Arbeit als notwendige Mühsal. Kein Wunder, wenn der Fixpunkt allen Strebens ein Ort ist, an dem die Produktion von Milch und Honig ohne menschlichen Beitrag vonstatten geht.

Antike und Christentum bilden die Basis der abendländischen Kultur. Ihr Arbeitsbegriff hielt sich lange. Ob jemand arbeitet und welche Arbeit er verrichten muss, darüber entscheidet die Geburt, also Gott. Anders als heute war Arbeitslosigkeit ein Privileg. Man erkannte den freien und edlen Menschen daran, dass er nicht arbeiten musste. Ein erstes *Upgrade* führte Luther durch. Er erfand das deutsche Wort »Beruf« in bewusster Anlehnung an »Berufung«. Calvin empfahl seinen Jüngern die rastlose Arbeit als therapeutisches Programm gegen die Angst vor der Verdammnis. Nur durch Ackerpflügen und Handel mit Gewürzen könne man seine Angst betäuben, sich über die schreckliche Ungewissheit hinwegtrösten, ob man nach dem Tod im Himmel landet oder eben doch in der Hölle. Der Berufsmensch war geboren, seine Motivation war die Angst vor Gott und den von ihm gesandten Autoritäten. Der Soziologe Max Weber beschreibt diesen neuen Typus so: »Der Erwerb von Geld und immer mehr Geld, unter strengster Vermeidung alles unbefangenen Genießens, so gänzlich aller ... hedonistischen Gesichtspunkte entkleidet, so rein als Selbstzweck gedacht, dass es als etwas gegenüber dem ›Glück‹ oder dem ›Nutzen‹ des einzelnen Individuums jedenfalls gänzlich Transzendentes und schlechthin Irrationales erscheint.« Diese Auffassung von Arbeit hat sich lange gehalten. Noch die Leistungsträger des Wirtschaftswunders erfüllten nur ihre Pflicht, taten, was man von ihnen verlangte – das Leben, es war irgendwo anders.

Gegen die schwarze Kohlezeichnung des Fabrik- und Büromenschen, der entfremdet und gequält seinem Beruf nachgeht, hat sich das bunte Rollenbild des Künstlers entwickelt, der sich nicht an Arbeitsethiken, Eheversprechen und Nachtschlafgebote hält. Sogar wenn er wollte, könnte er den Leistungsanforderungen der bürgerlichen Welt gar nicht genügen, denn seine Nerven sind zu schwach. Marcel Proust hat so den Schriftsteller in »Auf der Suche nach der verlorenen Zeit« beschrieben, Thomas Mann die Prototypen Hanno Buddenbrook und Tonio Kröger erdacht, die zeigen, dass der Künstler nach einer ihm eigenen Logik funktioniert, dass gesellschaftliche Konventionen und Profitdenken ihre Gültigkeit verlieren, wenn sie auf seinen inneren Empfindsamkeitskosmos stoßen. Tonio Kröger fühlt sich schwach und fährt an die See.

Pop- und Rockstars haben – von Elvis über David Bowie bis Kurt Cobain – den Lebensstil und die Ideale der klassischen Künstler und der Bohème weiter gepflegt. Quer durch die Jahrzehnte, durch Blues, Jazz und Rock 'n' Roll wird die Pop-Welt von einem Metathema beherrscht: Freiheit – der Opposition gegen die bürgerlich-spießige Welt und dem Drang, sein Leben zur Erfüllung zu bringen. »Be yourself«. »Do your thing«. Oder ganz schlicht: »Freedom«. Die Songs waren Hymnen auf die individuelle Selbstbehauptung gegenüber der Gesellschaft und ihren Erwartungen, der Soundtrack eines Paralleluniversums, das sich über Konzerte und Plattencover bis hinein in die Jugendzimmer verlängerte: Nicht nur die Stars durften frei leben, ein wenig galt das auch für ihre Fans. Denn Pop teilte den Exzess und die Befreiung durch mediale Massenkommunikation und Performances schon immer anteilig zwischen Künstler und Publikum auf.

The Jackson Five in den siebziger oder die *Backstreet Boys* in den neunziger Jahren waren dann schon Miniaturkonzerne, die unter dem strengen Regime eines Managers standen, und – zumindest eine Zeit lang – wie eine Maschine funktionierten: mit genormtem Hit-Output und gut designten Produkten. Bei den Boybands stand nicht mehr die Stimme, das Instrument der Emotionen und der Individualität, im Mittelpunkt, sondern der durchtrainierte Körper, Bauchmuskeln und Bizeps, statt Bass oder Beats. Die klassische Rockband tourte mit einem klapprigen Bus durchs Land, ohne Heimat, immer »on the road«, der Körper wurde durch die Strapazen, den Schlafmangel und oft genug auch durch den Konsum von Alkohol, Nikotin und Heroin bewusst zerstört. Die Pop-Sex-Konzerne von heute hingegen gehen vor der bis ins Detail geplanten Tour ins Trainingslager, bringen den Körper in Form, geben in den Medien stolz Auskunft über ihr Fitnessprogramm. Der Journalist Andreas Bernard konstatiert eine Versportung des Pop und beschreibt den Wandel anhand des Bildes des schwitzenden Stars. Stand der Schweiß in den siebziger Jahren noch für Hedonismus und sexuelle Ausschweifung, repräsentiert er jetzt nur noch körperliche Fitness. »Niemals würde der Schweiß Jeanette Biedermanns oder Sarah Connors als Indiz fortschreitender Selbstzerstörung wahrgenommen werden, der geradewegs ins Backstage errichtete Sauerstoffzelt führt. Eher wirkte er wie die erwünschte Begleiterscheinung sportlicher Betätigung. Nach ihrem Auftritt stehen die neuen Stars neben den Interviewern wie Tennisspieler nach gewonnenem Match: auf gesunde, austrainierte Weise verschwitzt.«

Selbstausbeutung als Kunstwerk

Der Popstar, der früher von einem anderen Planeten kam, ist heute auch nur ein Arbeitnehmer. Er unterliegt den gleichen Leistungsimperativen wie die Programmierer, Mechatroniker oder die kaufmännischen Angestellten. Er wird nur ein bisschen besser bezahlt.

Die neuen Arbeitsformen haben dem Angestellten Freiheit und Eigenverantwortlichkeit gegeben und ihn dadurch schrittweise in die Nähe der Künstlerexistenz gerückt. Zelebriert und zertifiziert hat diesen Wandel die *New Economy* Ende der neunziger Jahre. Die Börsenstars des Internetbooms waren junge, energetische Menschen, die nicht etwa ein gutes Produkt lieferten – sie hatten ja oft nicht einmal einen konkreten Business-Plan – sondern vor allem eine gute Show. *EM.TV*-Chef Thomas

Haffa sah auf seiner Yacht in Monaco aus wie Don Johnson in »Miami Vice«, braungebrannt, sexy, nicht aufzuhalten. Die Börsengänge waren rauschende Champagnerpartys. Und die Fans der Web-Stars rissen sich nicht um deren Platten, sondern um Aktien. Genau wie der Pop-Kosmos war auch die *New Economy* eine schillernde Seifenblase, eine Projektionsfläche für ein besseres, freies Leben. Vielleicht wurde erst in dieser Zeit die Idee begründet, dass man in der Bank arbeiten und trotzdem cool sein kann.

Thomas Haffa war eher ein Ohne-Hit-Wunder als ein Weltstar – wie sich irgendwann herausstellte. Aber die Idee der Pop-Ökonomie hat das Platzen der Internetblase überlebt. »Work hard, party hard«, so beschreiben die *McKinsey*-Mitarbeiter ihren Alltag. Schuften und Feiern verschwimmen zu einem nicht enden wollenden Extremzustand: Eine durchgearbeitete Nacht setzt genauso viele Endorphine frei wie eine Party, beides führt zu Augenringen, Dreitagebart und einem gefährlich-attraktiven Look. »Schlafen kann ich auch, wenn ich tot bin«, dieses Künstlermotto könnte auch im Arbeitsvertrag des modernen Angestellten stehen.

Viele Protagonisten dieses Buches, Jan Schiemer, Fabian Schürler oder Ilona de March, beschreiben sich und ihren Job in Analogie zum Rollenbild des Künstlers: selbstständig, kreativ, kommunikativ. Sascha Lobo und Holm Friebe beanspruchen ganz explizit den Begriff *Bohème*, der den nonkonformen Lebensstil der Künstler bezeichnet. Und in den Ladenlokalen deutscher Großstädte, im Hotspot-Café oder im Pendler-*ICE* hantiert der moderne Angestellte wie auf einer Bühne mit Laptop, Handy und *Manager Magazin*, zelebriert die eigene Arbeits- und Leistungskraft, als hätte er hunderte Zuschauer. Die Powerpoint-Präsentation wird zur Videoinstallation.

 Die französischen Soziologen Eve Chiapello und Luc Boltanski gehen davon aus, dass es zwei verschiedene Formen der Kritik am Kapitalismus gab. Einerseits hätten vor allem die Gewerkschaften und linken Parteien immer wieder Armut und soziale Ungerechtigkeit angeprangert, darauf habe der Kapitalismus mit Lohnerhöhungen und der Installation des Wohlfahrtsstaates geantwortet. Andererseits habe beispielsweise die Studentenbewegung in den sechziger und siebziger Jahren gegen die Entmündigung des Menschen in der tayloristischen Arbeitswelt protestiert und dagegen das Künstler-Rollenmodell stark gemacht, die so genannte »Künstlerkritik«. »Das Künstlerleben ist seit jeher ein attraktives Modell der Lebensführung«, erklärt Chiapello in einem Interview mit dem Publizisten Robert Misik. »Künstler führen, so sagt man zumindest, ein freies Leben und arbeiten selbstbestimmt. Deshalb galt ihre Lebensgestaltung lange Zeit als eine Alternative zu einem entfremdeten, fremdbestimmten Leben.« Chiapello und Boltanski untersuchten die Literatur zur Mitarbeiterführung und wiesen anhand dieser nach, dass es dem Kapitalismus gelungen ist, auch die Künstlerkritik zu integrieren. Während in den Manager-Ratgebern der sechziger Jahre betont wurde, dass Freiheit und Kreativität in der Fabrik keinen Platz hätten, wird in zeitgenössischen Büchern immer wieder der Stellenwert von Fantasie und Eigenverantwortung betont.

Der Künstler als Vor- und Selbstbild des neuen Arbeitnehmers, diese Metapher fasst alle in diesem Buch beschriebenen Entwicklungen zusammen. Picasso und Rockefeller, Schöpfungsdrang und Gewinnstreben sind vereint. Leben und Arbeiten des Künstlers der Selbstausbeutung zeichnen sich durch die folgenden vier Merkmale aus:

Der Künstler muss kreativ sein: Wie der Künstler soll auch der moderne Arbeitnehmer nicht nur Fachwissen abrufen, sondern seine Fantasie benutzen, um Probleme zu lösen. Er entwickelt unkonventionelle Lösungen, realisiert verrückte Ideen. Der Künstler der Selbstausbeutung sucht in der Arbeit nach »Selbstverwirklichung«, er will also seine eigenen Ziele, Sehnsüchte und Wünsche ausdrücken und in die Welt bringen. Dass es sich bei seiner Tätigkeit nicht um Bildhauerei, sondern um eine Verwaltungsarbeit oder »PR und Marketing« handelt, ist längst egal. Der Arbeitnehmer kann sich für seine Arbeit begeistern und wird so emotional immer stärker an sie gebunden. Er strebt nach Anerkennung und Lob. Und wie der Künstler kennt er auch die Angst vor dem Scheitern – Schreibblockade und kreatives Burn-out hängen wie ein Damoklesschwert über seinem Kopf.

Der Künstler hat keinen Feierabend: Ein Künstler hört nicht auf, Künstler zu sein, nur weil die Sonne untergeht oder der Zeiger auf 17 Uhr rückt. Kommt der große Einfall, dann stürmt er zurück ins Atelier, an die Leinwand, die Schreibmaschine oder macht sich manisch Notizen und Skizzen auf einer Serviette im Café. Auch der moderne Angestellte oder Projektarbeiter denkt immer über seine Arbeit nach. Vielleicht kommt ihm ja eine brillante Idee beim abendlichen Jogging, vielleicht fällt ihm über Nacht eine innovative Problemlösung ein. Die Omnipräsenz der Arbeit in unserem Denken wird durch neue Techniken ergänzt, mit denen wir immer und überall erreichbar sind. Wegen der Intensität seiner schöpferischen Tätigkeit hat der Künstler traditionell Probleme, sich in die Gesellschaft einzufügen und stabile soziale Bindungen zu pflegen. Und – wie in diesem Buch gezeigt wurde – auch der Selbstunternehmer hat Mühe, seinen Beruf mit Familie, Freundeskreis und Freizeit zu vereinen.

Der Künstler führt ein prekäres Leben: Dem Künstler ist das Normalarbeitsverhältnis fremd, er bekommt kein festes Monatsgehalt und keine Sozialleistungen, sondern ist darauf angewiesen, dass seine Produkte dem Publikum gefallen. Er führt ein unstetes, aufregendes und gefährdetes Leben. In abgeschwächter Form sieht so auch die Zukunft des Arbeitnehmers aus: Er wechselt oft seinen Job, steht vor neuen Herausforderungen, Aufgaben und Projekten und kann kaum etwas im Voraus planen. Die Welt der Kunst war schon immer durch extreme Ungleichheit geprägt. Der Sieger, der Liebling der Fans und Kritiker, bekommt alles, die Oscars, die Traumvillen und Riesendiamanten. Der Verlierer, der Straßenmusiker oder erfolglose Maler, hat manchmal nicht einmal ein Dach über dem Kopf. Das egalitäre Lohnprinzip ist ausgeschaltet. Derartige Ungleichheiten ziehen auch in die Welt der normalen Arbeitnehmer ein: Die einen hangeln sich von Projekt zu Projekt, sind gezwungen, auch noch Zweit- und Drittjobs anzunehmen. Die anderen kassieren die hohen Erfolgsprämien.

Der Künstler steht für sich: Der Künstler arbeitet alleine und gewinnt alleine. Er ist ein Einzelkämpfer und nicht angewiesen auf ein Team – glaubt man dem Klischee. Alles, was er ist und was er wird, verdankt er nur sich selbst, seinen eigenen Potenzialen, seinem Talent und seiner harten Arbeit. Er ist somit auch selbst schuld, wenn er eine Schreibkrise bekommt, plötzlich nicht mehr den richtigen Ton trifft oder keine Bewunderer und Käufer mehr findet. Auch der Künstler der Selbstausbeutung muss seine Fähigkeiten und Wissensstände permanent upgraden, seine Netzwerke und seine Selbstpräsentation optimieren. Die Ego-Arbeit wird zu einem lebenslangen Projekt. Und wenn sie scheitert, dann hat er einfach nicht genug gegeben.

Das Megamotto von »DSDS« und der neuen Arbeitswelt ist: »Jeder kann es schaffen.« Die Band *Wir sind Helden* hat ein Lied gegen diese neoliberale Lüge geschrieben, darin heißt es: »Wir können alles schaffen, genau wie die tollen, dressierten

Affen, wir müssen nur wollen.« Das Lied schoss in die Charts. Nur die Botschaft kam nicht an. In Briefen an die Band und im Internet bedankten sich die Fans, der Song würde ihnen Mut machen, wenn es mal nicht so laufe, auf der Arbeit zum Beispiel. Sie hatten den Text nicht verstanden. Die Kritik an stupiden Motivationsparolen verstanden sie – als Motivationsparole.

15. WAS TUN?

Der Kapitalismus hat eine neue Evolutionsstufe erreicht. Es gibt Möglichkeiten, die Risiken der neuen Arbeitsformen zu minimieren und ihre Chancen zu nutzen. Wir müssen um neue Grenzen zwischen Beruf und Privatleben kämpfen.

Seit Jahrhunderten träumt die Menschheit davon, dass ihnen die Maschinen schrittweise die Arbeit abnehmen, von einem zweiten Paradies, in dem die Maschinen in Eigenregie und ohne Ende Milch und Honig produzieren. Der Nationalökonom John Maynard Keynes prophezeite 1930, dass im Jahr 2030 die totale Herrschaft der Freizeit anbreche. Die neue Herausforderung für den Menschen sei dann, wie er mit dem Überfluss an freier Zeit umgehen, wie er sie sinnvoll nutzen könnte, um weise und freundlich zu werden. Bertrand Russell ging 1932 in seinem Buch »Lob des Müßiggangs« davon aus, dass uns nur noch ein überkommenes Arbeitsethos daran hindere, sofort mit dem Rackern aufzuhören und endlich unser Leben zu genießen. Selbst in das Kinderprogramm wurde diese Zukunftsvision integriert. In den sechziger Jahren lief in den USA und in Westeuropa die Cartoonserie »Die Jetsons«, die das Leben einer »ganz normalen Familie« im Jahr 2060 darstellte. In dieser, damals noch weit entfernten Zukunft, produzierten atomenergiebetriebene Öfen in Sekundenschnelle riesige Steaks. Konsumprodukte materialisierten sich auf Knopfdruck. Der Familienvater George arbeitete nur neun Stunden in der Woche mit seinem Computer. Der Rest war Freizeit.

Das 21. Jahrhundert ist mittlerweile eine knappe Dekade alt. Aber der Traum von einer Freizeitgesellschaft scheint heute weiter entfernt denn je. Die Maschinen haben uns viele Aufgaben abgenommen – und uns sind dadurch neue zugewachsen. Die neuen Jobs erfordern Kreativität und kommunikative Kompetenz, also grundlegend menschliche Fähigkeiten, die uns auch der größte Prozessor nicht abnehmen kann. Trotzdem hatten die Propheten der Freizeit in gewisser Hinsicht Recht. Die Arbeitswelt hat sich verändert, nur anders als sie dachten. Starre Kontrollstrukturen wurden abgeschafft. Der moderne Arbeitnehmer ist ein Ego-Manager und Künstler der Selbstausbeutung, der seine Arbeitskraft auf eine möglichst effiziente Art und Weise einsetzt und ihr gleichzeitig einen Wert beimisst, der ihr rein materielles Ergebnis um ein Vielfaches übersteigt. Das führt zu der einfachen Frage: Wenn es dem modernen Arbeiter Spaß macht, sich selbst auszubeuten, warum sollte man ihn dann daran hindern? Und was soll dann überhaupt dieses Buch?

Der innere Konflikt des Arbeitnehmers

Man könnte versuchen, dieses Problem philosophisch zu lösen, man müsste dann über noch vorhandene Entfremdungsreste oder den Wert des Privaten theoretisieren. Wer für eine Änderung der Verhältnisse plädiert, muss diese großen Worte und alten Theorien jedoch erst gar nicht bemühen. Es reicht ein genauer Blick auf die Lebensrealität der Menschen, um festzustellen, dass der Beruf für die meisten eine ambivalente Erfahrung darstellt. Die moderne Arbeit ist ein paradoxes Phänomen. Sie macht Spaß, schafft Befriedigung und schenkt Freiheiten – gleichzeitig bringt sie aber auch neue Zwänge mit sich. Beinahe jeder der Protagonisten dieses Buches hat zwar zunächst seine individuellen Wirksamkeitsmythen thematisiert, aber eben auch über den Zwangscharakter des Jobs geklagt. Sogar Jan Schiemer, dieser topmotivierte Musterangestellte, verzweifelt manchmal, weil ihm die Projekte über den Kopf wachsen. Angst, Überforderung und körperliche Beschwerden machen es den Arbeitnehmern schwer, den enormen Anforderungen zu entsprechen – geschweige denn, den beruflichen Erfolg in ein erfülltes Privatleben zu integrieren.

Eigentlich war eines der Wörter, das in den Interviews am häufigsten fiel. *Eigentlich* würde Michael Landgrebe gerne öfter Volleyball spielen, *eigentlich* würde Jan Schiemer gerne seine Wohnung einrichten und *eigentlich* und auch *natürlich* würde Thomas Bader gerne mehr Zeit mit seiner Frau und seinen Freunden in Zittau verbringen. Und *eigentlich* vermisst Robert Nieder seine Kinder, wenn er sich mal wieder auf einer langen Geschäftsreise befindet. Diese Inflation des Wortes *eigentlich* kann man als Symptom eines inneren Konfliktes deuten: Den Menschen fällt es zunehmend schwer, die beruflichen Anforderungen mit persönlichen Bedürfnissen zu vereinen. Wahrscheinlich lassen sich viele Aussagen und Gefühle der Protagonisten dieses Buches in einer Formulierung Jan Schiemers zusammenfassen: »Es gibt wahrscheinlich nicht viele Menschen, die im Krankenhaus, kurz vorm Sterben, noch einmal rufen: ›Hätte ich doch bloß mehr Zeit im Büro verbracht!‹«

Der Kapitalismus hat eine neue Evolutionsstufe erreicht. Es ist nicht zu erwarten, dass er sich wieder zurück in seine tayloristische oder wohlfahrtsstaatliche Verfasstheit entwickeln wird. Das »Normalarbeitsverhältnis« und der »passive Angestellte« sind klare Kandidaten für ein Lexikon der aussterbenden Wörter. Zwar steht im *Daimler*-Werk in Möhringen bei Stuttgart noch immer die gute alte Stechuhr. Aber die Maschine ist ein Atavismus, ein Funktionssystem, das vor langer Zeit einmal eine Bedeutung hatte und heute nutzlos geworden ist. Der Betriebsrat Gunther Magura erzählt, dass die Arbeitnehmer bei

Daimler abends um 5 Uhr ausstempeln und dann sofort wieder zurück an die Arbeit gehen.

Im 21. Jahrhundert ist der moderne Angestellte, zumindest teilweise, von den starren Ketten der industriellen Produktion befreit, jetzt ist es nötig, ihn vor den extremen Anforderungen der entfesselten Arbeit zu beschützen. Denn die totale Arbeit verhindert nicht nur private Beziehungen, greift unsere Köpfe und Körper an, sondern widerspricht, wenn wir ehrlich sind, auch unserer Vorstellung von einem gelungenen Leben. Es stellt sich mal wieder eine alte Frage: Was tun?

Der Arbeit Grenzen setzen

»MTV – you better believe.« Das steht auf der Rückseite des Schreibtisches von Angie Sebrich, vier Wörter, eigentlich eine Drohung, aber so etwas geht in der Gegenwart längst als Werbeslogan durch. Der Spruch richtet sich sowohl an die Fans als auch an die Angestellten des Musiksenders *MTV*, beide Zielgruppen werden aufgefordert, an das Programm und die funkelnden Popstars zu glauben – und bloß nicht abzuschalten. Selten hat es ein Arbeitgeber wohl deutlicher formuliert: Glaube an mich, bete mich an, tu, was ich dir sage. Der Werbesticker ist sechs Jahre alt und langsam löst er sich auf; weiße Risse ziehen sich durch die schwarze Hintergrundfläche, die Buchstabenfarbe blättert ab, das »e« am Wortende von »believe« ist kaum mehr zu erkennen. Bald wird der Slogan ganz verschwunden sein. Und Angie Sebrich wird das vermutlich nicht einmal bemerken, für sie ist der Aufkleber nur noch ein Souvenirstück. Eine Erinnerung an eine längst vergangene Zeit.

Angie Sebrich hatte alles, was einen modernen Selbstunternehmer glücklich macht. Der Job als Kommunikationsdirektorin von *MTV* war glamourös und anspruchsvoll. Vor 10 Uhr abends kam sie nie aus dem Büro, jeden Tag war Party, gab es *Red Bull*, Champagner und zwei Schachteln Zigaretten. London, New York, Los Angeles – Angie Sebrich kam rum in der Welt, Jennifer Lopez sagte »Hi«, die Fans jubelten. *MTV* ist Marktführer, da, wo *MTV* ist, ist oben und cool, »you better believe«. Aber eines Tages konnte Angie Sebrich nicht länger daran glauben. Nichts war passiert, sie hatte keinen Fehler gemacht und keinen Kreislaufkollaps bekommen, sie wollte nur einfach nicht mehr. Die Chefin dachte in den alten Schienen und an Scheine. »Willst du mehr Geld, ist es das?« Aber Angie Sebrich wollte einfach nur mehr Leben. 2001 verließ sie den Musiksender.

Sechs Jahre nach der Kündigung führt Angie Sebrich nun eine Jugendherberge in den bayerischen Bergen. Sie ist nicht mehr Führungskraft bei einem Medienkonzern, sondern Angestellte des *Deutschen Jugendherbergswerks*, verdient zwei Drittel weniger als in ihrem alten Job. Arbeitszeit: 40 Stunden die Woche. Es ist ein Leben wie auf einer Postkarte: Die Jugendherberge liegt auf 1200 Metern Höhe, sechs Kilometer vom 1500-Seelen-Dorf Bayrischzell entfernt, zweimal am Tag kommt ein Bus vorbei. Vom Balkon aus blickt Angie Sebrich über das Inntal und das Kaisergebirge, auf Kräuterwiesen und Kuhweiden – weiter kann man sich in Deutschland wohl nicht von der Tempogesellschaft entfernen.

Downshifting heißt dieser Trend. Der Begriff bedeutet so viel wie »einen Gang runterschalten«. Die *Downshifter* sind keine Neohippies, sie haben oft Karriere gemacht und verurteilen die Leistungsgesellschaft auch nicht, nachdem sie selbst ausgestiegen sind. Die *Downshifter* ändern schlicht ihre Prioritäten, haben irgendwann genug von 80-Stunden-Wochen, permanenter Erreichbarkeit, sich ständig erhöhenden Anforderungen.

»Mein Job war Klasse«, sagt Angie Sebrich, »aber ich wollte einfach mehr Zeit. Für meinen Mann, mittlerweile sind ja auch meine Kinder da. Die will ich natürlich auch aufwachsen sehen. Ich hatte ganz einfach Angst, dass ich nur noch arbeite und darüber mein Leben verpasse.«

Nicht jeder will und kann in der Einöde leben. Was man von Angie Sebrich aber trotzdem lernen kann, ist, dass wir den Anforderungen der Leistungsgesellschaft nicht vollkommen wehrlos ausgeliefert sind. Dass es sich lohnt, einfach einmal »Nein« zu sagen.

Der arbeitssüchtige Fabian Schürler, der die Imperative der Hochleistungsgesellschaft so sehr verinnerlicht hatte, dass sie ihn krank machten, hat sein Arbeitspensum von über 100 Stunden schrittweise heruntergeschraubt. Anfangs hielt er schon 70 Stunden pro Woche für unmöglich, heute arbeitet er 50. Und er nimmt sich jeden Tag eine Mittagspause. »Bei uns war das früher komplett unmöglich. Aber seitdem ich damit begonnen habe, machen es mir immer mehr Kollegen nach.« Die Geschichten von Fabian Schürler und Angie Sebrich zeigen, dass es hilfreich sein kann, in das Arbeit-Stress-Kontinuum ein paar raumzeitliche Unterbrechungen einzubauen. Etwa das uralte Konzept der Mittagspause ins 21. Jahrhundert hinüberzuretten, seine Prioritäten immer wieder zu überprüfen und, wenn es nötig ist, neue Grenzen zwischen Job und Freizeit zu ziehen.

Der Kampf für Freizeit

In den Ratgebern ist alles immer ganz einfach. Zuerst wird ein defizitärer Ist-Zustand beklagt (zu dick, zu arm, zu dumm), danach wird der ideale Soll-Zustand definiert (BMI von 20, monatliche Sofortrente, Sudoku-Champion). Dann liefert das Buch zehn einfache Schritte, wie man diesen Idealzustand erreicht und den Traum verwirklicht. Ratgeber wie »LOGI-Methode: Glücklich und schlank« oder »Denke nach und werde reich. Die Erfolgsgesetze« gaukeln dem Leser vor, dass jedes Individuum sich seine eigene Welt erschaffen kann, dass es keine anderen Menschen mit Absichten, keine Strukturen, Zwänge, Vorschriften, Routinen und Gesetze gäbe. Ratgeber sind bestenfalls naiv und meist verlogen.

Dieses Buch will keine Tipps geben und Tricks vorführen, wie sich Arbeitnehmer gegenüber dem Chef, den Kollegen und der Leistungsgesellschaft behaupten können. Der Leser wird auf diesen letzten Seiten nicht erfahren, wie er sein Familienleben mit dem Job, das Elternglück mit der Karriere vereinen kann. Denn der moderne Arbeitnehmer ist keiner dieser ebenso freien wie fiktiven Helden aus den Ratgebern. Denn obwohl seine Selbstorganisationsfähigkeit und mentale Unabhängigkeit gefordert und gefördert werden, kann der Arbeitnehmer sein eigenes Schicksal doch nicht mit einem Kraftakt oder einer brillanten Idee bestimmen, er bleibt gefangen in dem hyperkomplexen System, das wir globalisierte Wirtschaft nennen.

Die ökonomische Unsicherheit und die Angst vor der Arbeitslosigkeit generieren ein gesellschaftliches Klima, das es Arbeitgebern ermöglicht, von ihren Angestellten große Opfer zu verlangen. Die »Kunst der Selbstausbeutung« ist kein pathologischer Zustand einzelner Arbeitnehmer, sondern eine nachvollziehbare Reaktion auf eine Situation der Unsicherheit und der totalen Konkurrenz – die für die Unternehmen äußerst profitabel ist und deshalb bewusst gefördert wird. Dabei ist klar, dass einzelne Akteure, Betriebsräte oder Gewerkschaften mit ihren Aktionen im hochgradig interdependenten Wirtschaftssystem der Gegenwart wenig ausrichten können. Ebenso unbestreitbar ist, dass sich das Tempo erhöht hat, dass das Klima rauer geworden ist, dass Unternehmen und ganze Volkswirtschaften in einem direkten und globalen Wettbewerb stehen. Aber das kann nicht bedeuten, dass wir die gesellschaftlichen Werte und Prioritäten nicht hinterfragen und womöglich durch andere ersetzen sollten.

Bevor man etwas ändert, muss man jedoch erkennen, dass sich etwas ändern muss. So weit sind wir noch lange nicht. Arbeit ist der zentrale Bezugspunkt unserer kapitalistischen Gesellschaft. Das politische Denken ist auf Standortvorteile, Produktivität, Wettbewerb und Lohnstückkosten fixiert, um die konkreten Folgen für die Menschen geht es selten. Wer etwas gegen die totale Selbstausbeutung tun will, muss sich zuerst gegen die totale Verherrlichung der Arbeit wehren. Es kommt darauf an zu erkennen, dass man auch über das System hinaus denken kann.

Dieses Buch ist kein Aufruf zur gesamtgesellschaftlichen Verlangsamung oder zur Arbeitsverweigerung. Aber man sollte nicht vergessen, dass das Büro nicht zwangsläufig der Tempel der Selbstverwirklichung sein muss. Die Idee, dass der Mensch nur im Beruf bleibende Werte schaffen kann, dass eine steile Karriere gleichbedeutend mit einem guten Leben ist, beruht schließlich nicht auf einer natürlichen Ordnung, sondern ist eine menschliche Erfindung. Oder anders: Sie ist eine Ideologie, ein fixes Weltbild, das auf bestimmten Grundannahmen beruht, die von den Gläubigen nicht mehr in Frage gestellt werden. Die »Kirche der Karriere« ist nicht allmächtig.

Es gibt mehr Möglichkeiten, sein Leben sinnvoll zu gestalten, als nur die Erwerbsarbeit. Das ist im Grunde schon die Idee von Karl Marx gewesen. Er malte sich eine Gesellschaft aus, in der »jeder nicht einen ausschließlichen Kreis der Tätigkeit hat, sondern sich in jedem beliebigen Zweige ausbilden kann, die Gesellschaft die allgemeine Produktion regelt und mir eben dadurch möglich macht, heute dies, morgen jenes zu tun, morgens zu jagen, nachmittags zu fischen, abends Viehzucht zu treiben, nach dem Essen zu kritisieren, wie ich gerade Lust habe, ohne je Jäger, Fischer, Hirt oder Kritiker zu werden.« Im Grunde macht Marx hier etwas sehr Modernes, fordert Varianz, Abwechslung, Vielfalt der Erfahrungen und dass nicht jede Regung, jedes Vermögen ökonomisiert wird. Es ist schon seltsam, dass jeder Arbeitnehmer heute zwar Dynamik und Abwechslung von seinem Arbeitsplatz verlangt, diesen Anspruch an seine generelle Lebensführung hingegen nicht stellt.

Moderne Arbeitsformen erfordern auch eine moderne Form des Arbeitskampfes. Wie zukünftige Auseinandersetzungen zwischen Arbeitgebern und Arbeitnehmern aussehen könnten, ist ungewiss. Vielleicht gelingt es den Gewerkschaften, die individualisierten Arbeitnehmer für Zweckbündnisse zusammenzuschließen. Wird es eine Ad-hoc-Gewerkschaft der *Digitalen Bohème* geben, die nicht nur für Spaß im Beruf kämpft, sondern auch jenseits des Berufs? Oder müssen die Bildungseinrichtungen und privaten Institutionen den Bürgern beibringen, wie sie wieder Freizeitverhandlungen führen können? Vielleicht führt auch eine gesellschaftliche Debatte über das Verhältnis von Arbeit und Leben zu einem Wertewandel in einem neuen Sinn. Fest steht nur eines: Der Kampf um neue Grenzen zwischen Arbeit und Freizeit beginnt im Kopf jedes Arbeitnehmers.

Der moderne Selbstunternehmer wird wohl nie zu einem Arbeitsaktivisten alter Prägung werden, zu einem dieser kräftigen, kompakten, unzeitgemäßen Männer mit leuchtend orangener Weste und stattlichem Schnurrbart. Vielleicht aber wird er erkennen, dass die Widerstandskraft und Beharrlichkeit der alten Arbeitskämpfer nicht nur Ausdruck einer störrischen Blockadementalität ist, sondern dass es auch Mut erfordert, für seine Interessen einzustehen. Und das muss auch der Selbstausbeuter wieder lernen. »Nein« sagen, statt Sätze wie: »Klar geht das«, »Was muss, das muss« oder »Da müssen wir eben durch«. Um private Bedürfnisse über berufliche zu stellen, braucht es vor allem eines: Kampfgeist.

Am Ende ist alles ganz einfach und doch unglaublich kompliziert: Der Künstler der Selbstausbeutung braucht ein bisschen mehr Selbstbewusstsein.

* Der Name von Jan Schiemer wurde auf seinen Wunsch hin vom Autor geändert, ebenso die Namen von Ines Röder, Fabian Schürler, Thomas Bader, Thorsten Kerler, Leonie Dietrich, der Familie Mertens und der Familie Nieder.